高校生のための

語彙＋漢字 2000

円満字二郎 著

筑摩書房

この本の特色と使い方

みなさんは、高校生になって習うようになった国語の文章が、これまで習ってきたものに比べて難しくなったと感じていませんか？　大学入試の問題文になると、難度はさらに上がります。その一因は、そこで使われていることば（語彙）の難しさにあります。

難しいことばの中には、いわゆる外来語もあります。しかし、多くは漢字が組み合わさった熟語です。それらの意味を適切に理解するためには、一つ一つの漢字の意味をきちんと把握することが重要です。

また、漢字には、一つの文字がいろいろなことばに用いられるという特徴もあります。たとえば、「駆」は、「駆《か》ける」「駆《か》り立《た》てる」といった訓読みで用いられるほか、「先《せん》駆《く》」「駆逐《くちく》」「駆除《くじょ》」「駆使《くし》」などの音読み熟語でも使われます。「駆」一字の意味をきちんと把握することは、多くのことばの意味を適切に理解することにつながるのです。

つまり、難しいことばを理解し、それを自分でも適切に用いることができるようになるためには、漢字の学習がとても効率的なのです。この本は、高校までに学習することになっている、いわゆる常用漢字を理解することを根本に置きつつ、それを踏まえて語彙力を育てることを目指す、画期的な漢字ドリルです。

この本は、**漢字編・語彙編の二部から構成**されています。漢字編では、大学入試問題を分析するなどして精選した最重要漢字を取り上げ、語彙編では、意味や用法に注意すべき熟語や慣用的な表現などを幅広く収録しています。

それぞれの問題を作成するにあたっては、実際にそのことばが用いられる文脈が十分に伝わるような、**わかりやすくていねいな問題文**となるように心がけました。知らないことばに出会ったら、問題文をまるごと暗記するぐらい、くり返し読んでみてください。そのことばの意味や使い方が、自然と身につくはずです。

また、下段には、それぞれのことばを構成する漢字の意味をわかりやすく説明しつつ、それらの漢字を含む他の使用例も掲載した、学習が広がる豊富な解説を付してあります。書いてあることを全部、覚える必要はありません。気になるところを適宜、拾い読みするだけでも、漢字や語彙についての理解が深まるでしょう。

漢字編の第1・2章は、漢字の意味が理解しやすい、漢和辞典形式の構成としました。問題を漢字ごとにまとめ、本来の意味（原義）から後になって生じた意味（派生義）へと流れをたどることで、総合的な理解が容易になるように配慮してあります。また、第3章では、同訓異字や形の似ている漢字、読み間違えやすい漢字など、間違えやすい漢字を集中して学習できるようにしました。

語彙編では、まず第4章で、抽象的な意味を持つ熟語や、熟語の比喩的な用法にスポットを当てました。こういった意味の把握が難しい語彙は、複数の問題で攻略するのが有効です。そこで、それぞれに複数の問題文を示し、それらに接することでより実践的な意味の理解が可能になるようにしました。また、第5章には、合わせて覚えるとより効果的な同音異義語と対義語をまとめて収録し、効率的に学習ができるように配慮してあります。

最後の第6章では、語彙力アップには欠かせない、慣用表現を取り上げています。いわゆる慣用句や故事成語・四字熟語はもちろんですが、国語辞典やことわざ辞典などの項目にはあまり立てられないものの中にも、知っておきたい表現はたくさんあります。それらも含めて慣用的な表現を幅広くカバーしました。

豊かな語彙力は、社会で生きていくのに必要な力です。この本がみなさんの漢字に対する理解を深め、豊かな語彙力を育てる一助になることを願っています。

第3章 間違えやすい漢字 087

語彙編

第4章 意味に注意すべき語 117

第5章 合わせて覚えるべき語 143

●解説の振り仮名について

音読みと訓読みの違いを意識してもらうために、下段の解説の振り仮名では、音読みはカタカナ、訓読みはひらがなを用いました。

●解説中の記号について

✖ よく見られる間違った字形
+α さらに知っておきたい意味・用法
同訓 第3章「同訓異字」での掲載ページ
似形 第3章「形の似ている漢字」での掲載ページ
誤 注意すべき誤った用法
音 音読みの熟語
類 同じような意味のことば
対 ペアになる意味を持つことば
参 関連して知っておくといいことば
! その他の注意事項

第1章 訓読みのある漢字

漢字編

漢字の意味は、訓読みに端的に現れます。
そこで、漢字の意味を理解するには、
訓読みを押さえることが基本となります。
この章では、学校で習う範囲で訓読みを持つ漢字について、
まずは訓読みを理解し、
その上で音読みのことばを学習するように構成しました。
漢字は、意味をさまざまに変化・発展させつつ、
さまざまなことばを生み出していきます。
その全体像を眺めることで、漢字への理解を深め、
語彙力の基礎を固めることができるでしょう。

□ 1a 電波の状況が**ワル**くて、電話がつながらない。
十分な状態ではない

□ 1b すぐに故障してしまう、**ソアク**な製品。
作りが雑で、質がよくない

□ 1c 許せない相手に**ゾウオ**の目を向ける。
相手を傷つけたいという強い気持ち

□ 2a 目印に気づかず、目的地を通り**ス**ぎる。
ある地点の先まで進む

□ 2b コンクールを前に緊張して、神経が**カビン**になる。
反応が必要以上に鋭い

□ 2c これは、初心者が陥りやすい**アヤマ**ちだ。
間違い

□ 2d 運転者の**カシツ**が招いた、重大な事故。
間違った行動や判断

□ 3a 反社会的な集団との関係を**タ**つ。
存在しないようにする

□ 3b 明日までに宿題を終わらせるのは**ゼツボウ**的だ。
実現する可能性がなくなる

□ 3c 社会から**カクゼツ**された、森の奥で隠れて暮らす。
かけ離れていて関係がない

□ 3d 今日はお花見には**ゼッコウ**のお天気だ。
これ以上ないくらい適した

悪 / 粗悪 / 憎悪

過 / 過敏 / 過 / 過失

絶 / 絶望 / 隔絶 / 絶好

悪

a b 行動や状態などが「**わる・い**」。「悪事《アクジ》をたくらむ」「今にもけんかしそうな険悪《ケンアク》なムード」。c 転じて、ひどく嫌う／ひどく嫌な。「勝手な振る舞いを嫌悪《ケンオ》する」「悪寒《オカン》(＝熱でも出そうな感じがする寒気)」。❗ c の場合はオと音読みする。

過

a 部首 辶《しんにょう》(＝移動)⇩基本、ある地点の先まで進む(＝**す・ぎる**)。「特急が駅を通過《ツウカ》する」。また、ある時間の先まで進む(＝**す・ぎる**)。「予定の時刻を過《す》ぎる」。b 転じて、ある限度を超える(＝**す・ぎる**)。「食べ過《す》ぎる」「地上波では放映できない、過激《カゲキ》な番組」。c d 許される限度を超える⇩間違ったことをする(＝**あやま・つ**)。

絶

a 部首 糸《いとへん》⇩本来、糸が切れる⇩つながりをなくす／つながりがなくなる(＝**た・つ／た・える**)。「友人からの連絡が絶《た》える」。同訓 断・絶・裁(p.96)。b 転じて、存在がなくなる／存在をなくす。「悪い習慣を根絶《コンゼツ》する」。c 特に、関係がない／関係をなくす。「親類と絶縁《ゼツエン》する」。d それ以上のものが存在しない。「幸福の絶頂《ゼッチョウ》」。

□ 4a 早春の草を**フ**みながら歩く。
上から足で押さえる

□ 4b 貴族の館で**ブトウ**会が催される。
足を動かして踊る

□ 4c 東京から京都まで、旧東海道を**トウハ**する。
端から端まで移動し抜く

踏
舞踏
踏破

□ 5a **ヨツユ**にぬれた草木の緑が美しい。
日没後の寒さで生じる水滴

□ 5b 冷え込みが厳しく、窓ガラスに**ケツロ**ができる。
水蒸気が固まってできる水滴

□ 5c 調査の結果、過去の悪事が**ロケン**する。
隠していたことがばれる

□ 5d 好き嫌いをそのまま、**ロコツ**な態度で示す。
包み隠そうともしない

夜露
結露
露見
露骨

□ 6a 机の**ハシ**から鉛筆が転がり落ちる。
中央から最も離れた部分

□ 6b 偶然の出会いが**ホッタン**となり、恋が始まる。
あるできごとの始まり

□ 6c **ハタ**で聞いているだけで、腹が立ってくる話。
すぐ近く

□ 6d 冬から春への**ハザカイキ**に役立つ、薄手のコート。
移り変わるころ

□ 6e **タンセイ**なルックスで人気を集めるアイドル。
乱れがなくてきれいな

端
発端
端
端境期
端整

踏

a 部首 足《あしへん》 ⇩本来、足で「**ふ・む**」。b 転じて、足を動かして移動する。c また、実際にその場所に行く。「ヨーロッパの地を踏《ふ》む」「状況を知るために実地踏《トウ》査《サ》をする」「人跡《ジンセキ》未《ミ》踏《トウ》のジャングル」。

✕ 踏

露

a b 部首 雨《あめかんむり》 ⇩雨粒などの「**つゆ**」。c「**つゆ**」が付いて外側が腐り、ぼろぼろになる⇩中をむき出しにする。表に現れる。「実力不足が露《ロ》呈《テイ》する」「積もり積もった不満の発《ハッ》露《ロ》」「企業の不正を暴《バク》露《ロ》する」。d 転じて、むき出しのままの。「露《ロ》天《テン》風呂」。

端

a ものの「**はし**」。「ナイフのとがった先《セン》端《タン》」。b 転じて、ものごとの始まり。「小さなミスが大量失点の端《タン》緒《チョ》となる」。c さらに、すぐ近くや横の部分（＝**はた**）。「道《みち》端《ばた》で立ち話をする」「井《い》戸《ど》端《ばた》会議」。d また、「**はし**」⇩残りや余り（＝**は**）。「端《は》数《スウ》を切り捨てる」「端《は》役《ヤク》を演じる、駆け出しの役者」。e そのほか、乱れがない。「容《ヨウ》姿《シ》端《タン》麗《レイ》で魅力的な人」。

✕ 端

1章 重要度ランクA②

- 1a 森の木を切り**タオ**す。　立っていられなくする　→ 倒
- 1b 痛いけれど心地よい、**トウサク**した感覚。　逆になって混乱した　→ 倒錯
- 1c あまりの力の差に**アットウ**される。　激しい勢いで押しつぶす　→ 圧倒

- 2a 技術革新によって、新しい産業が**オコ**る。　生まれて盛んになる　→ 興
- 2b 政界に、これまでにない勢力が**ボッコウ**する。　急に活発になる　→ 勃興
- 2c 本を読んで、夜も眠れないくらい**コウフン**する。　感情が高ぶる　→ 興奮
- 2d 音楽が聴衆の心に**カンキョウ**を呼び起こす。　心が動き、気持ちが引かれる状態　→ 感興

- 3a 飛ばされた帽子を追って**カ**けていく。　目標に向かって走る　→ 駆
- 3b 遺伝子治療の分野で、**センク**的な業績を上げる。　目標に向かっていち早く動き出すこと　→ 先駆
- 3c 羊たちを**カ**り立て、柵の中へと追い込む。　追いかけて移動させる　→ 駆
- 3d 薬剤を散布して害虫を**クジョ**する。　その場から追い払う　→ 駆除

倒
a 基本、立っているものを「**たお・す**」／立っているものが「**たお・れる**」。「花瓶が倒《たお》れる」「企業が倒産《トウサン》する」「政権を打倒《ダトウ》する」。b 転じて、上下を逆にする。「三点倒立《トウリツ》」。c また、激しい勢いで〇〇する。「政敵を罵倒《バトウ》する（＝激しく罵《ののし》る）」。

興
a b 基本、勢いが盛んになる（＝**おこ・る**）。「名門チームと新興《シンコウ》勢力の対戦」「災害からの復興《フッコウ》を果たす」。❗勃興の勃は、勢いよく動き出す。「事件が勃発《ボッパツ》する」。c 転じて、感情が高ぶる。d また、気持ちが引かれる。おもしろいと思う。「古代史に興味《キョウミ》を持つ」「宴会の余《ヨ》興《キョウ》」。❗dの場合はキョウと音読みする。

駆
a 部首 馬《うまへん》⇩本来、馬を走らせる⇩広く、何かを目指して走る（＝**か・ける**）。b 転じて、目標に向かって行動する。c また、追いかけて移動させる（＝**か・る**）。d 転じて、追い払う。「侵入してきた敵軍を駆逐《クチク》する」。+α また、強制的に何かをさせる（＝**か・る**）。「体育館の掃除に駆《か》り出《だ》される」。+α 馬を走らせる⇩広く、思い通りに操る。「知っている英単語を駆使《クシ》して、思いを伝える」。

- □ 4a 子どもを**ソソノカ**して、家の金を持ち出させる。（そうするように仕向ける）
- □ 4b 知り合いを**キョウサ**して、犯罪を実行させる。（情報を与えて、そうするように仕向ける）
- □ 5a たくさんの車が**カラ**む事故。（関係する）
- □ 5b 目先のことしか考えない、**タンラク**的な行動。（急いで結びつける）
- □ 6a 不在の先生に**カ**わって、臨時の医師が診察する。（その人の役割を別の人がする）
- □ 6b ゴミの中から、たいへんな**シロモノ**が出て来た。（値段が高かったり、取り扱いに手間がかかったりするもの）
- □ 6c 多くの犠牲を**ダイカ**として、平和を勝ち取る。（引き換えに支払うもの）
- □ 7a 着物の**フトコロ**から手拭いを取り出す。（胸あたりの衣服の内側）
- □ 7b 「あの時は大変だったなあ」と**ジュッカイ**する。（思っていることをことばにする）
- □ 7c 幼いころの**ナツ**かしい思い出。（昔が思い出されて心が引かれる）
- □ 7d 同窓会では、**カイキュウ**談に花が咲いた。（昔を思い出す）
- □ 7e 子どもたちが保育園の先生に**ナツ**く。（親しい態度を取る）

4a	4b	5a	5b	6a	6b	6c	7a	7b	7c	7d	7e
唆	教唆	絡	短絡	代	代物	代価	懐	述懐	懐	懐旧	懐

唆

a b 部首 口《くちへん》（＝ことば）⇩ことばをかけて、相手を「**そそのか・す**」。+α 転じて、それとなくわからせる。「日銀総裁が利上げを示唆《シサ》する」。

絡

部首 糸《いとへん》⇩本来、糸が「**から・む**／**から・まる**」。a 糸がひっかかる⇩関係する。「利害が絡《から》む問題」。b また、糸でつなぐ⇩結びつける。つながり。「話に脈絡《ミャクラク》がない」。

代

a 基本、あるものが別のものに「**か・わる**」／あるものを別のものに「**か・える**」。「社長の代理《ダイリ》」「業務を代行《ダイコウ》する」。同訓 変・換・代・替（p.98）。b c 転じて、あるものと同じ値打ちがある⇩あるもののために必要な金銭や手間（＝**しろ**）。「修理代《シュウリダイ》」「身《み》の代金《しろキン》」。

懐

a 本来、部首 忄《りっしんべん》（＝心や胸）⇩衣服の胸のあたりの内側（＝**ふところ**）。「懐中時計《カイチュウどけい》」。b 転じて、心の中⇩度量や考え（＝**ふところ**）。「何を言われても怒らない、懐《ふところ》の深い人物」。c d また、大切に思う。特に、昔のことが「**なつ・かしい**」。「青春時代を懐古《カイコ》する」。e 相手を大切だと思う⇩立場が上の人に対して、親しみを感じて「**なつ・く**」。似形 壊・懐（p.100）。+α このほか、胸から腹のあたり⇩妊娠する。「王妃がご懐妊《カイニン》になる」。

✕ 懐

- □ 1a このアパートは壁が**ウス**い。
  反対側までの距離が短い
- □ 1b 問題を掘り下げようとしない、**センパク**な態度。
  表面的で、内容が乏しい
- □ 1c 村人から年貢を搾り取る、**コクハク**な代官。
  厳しくて思いやりに欠ける

薄 / 浅薄 / 酷薄

- □ 2a 故郷から遠く**ヘダ**たった土地へ引っ越す。
  距離が遠い
- □ 2b 会場へのバスは十五分**カンカク**で運行している。
  次のものまでの時の長さ
- □ 2c この特売会は**カクシュウ**の月曜日に開かれる。
  十四日ごと
- □ 2d ウイルス感染者の**カクリ**措置が終わる。
  行き来のできない場所に置く

隔 / 間隔 / 隔週 / 隔離

- □ 3a あの人は都会育ちなので、農業には**ウト**い。
  薄っぺらい知識しかない
- □ 3b **クウソ**な議論に無駄な時間を費やす。
  中身がない
- □ 3c 幹線道路から離れ、**カソ**化の進んだ集落。
  度を超えて人口密度が低くなる
- □ 3d 親子の間で意思の**ソツウ**がよくできている。
  滞りなく相手に伝わること

疎 / 空疎 / 過疎 / 疎通

薄

a 基本、厚みが「**うす・い**」。「薄氷《ハクヒョウ》を踏むような勝利」。 b 転じて、色や味、香りなどが乏しい⇩内容が乏しい（＝**うす・い**）。「薄味《うすあじ》のみそ汁」「楽しければいいという、軽薄《ケイハク》な態度」。 c 特に、思いやりの心が乏しい。「簡単に友人を見捨てる、薄情《ハクジョウ》な人間」。 似形 薄・簿（p.104）。

隔

a 部首 阝《こざとへん》（＝土手や山）⇩本来、土手や山などを挟む⇩広く、距離が「**へだ・たる**」／距離を「**へだ・てる**」。「ドローンを遠隔《エンカク》で操作する」。 b c 時間をおく。「この十年の社会の変化に隔世《カクセイ》の感を抱く」。 d また、土手や山などで「**へだ・てる**」⇩行き来ができないようにする。「線路を隔《へだ》てた向こう側」「世間から隔絶《カクゼツ》された特殊な世界」。

× 隔

疎

a b c 基本、密度が低い。また、関係が薄い（＝**うと・い**）。「中学時代の友人と疎遠《ソエン》になる」「仲間外れにされて疎外感《ソガイカン》を抱く」。 +α 転じて、関係を薄くする（＝**うと・んじる**）。「口うるさい友人を疎《うと》んじる」。 d また、滞りなく移動する。「疎水《ソスイ》（＝水を滞りなく流す用水路。疏水と書くことも多い）」。

× 疎

- □ 4a ここの駅とバス停は、少し**ハナ**れている。（間の長さが長い）
- □ 4b グループから**リダツ**して、独自の道を歩む。（遠ざかって関係を断つ）

離
離脱

- □ 5a 年俸がアップし、一億円を**コ**える。（それより上のレベルになる）
- □ 5b 返却期限を**チョウカ**して、罰金を取られる。（限度より上のレベルになる）
- □ 5c 流行に踊らされない、**チョウゼン**とした態度。（世間とは関係がない）

超
超過
超然

- □ 6a 地下水の影響で、地面が**カンボツ**する。（表面が落ち込んで穴が空く）
- □ 6b 一点取られれば負けというピンチに**オチイ**る。（悪い状態にはまり込む）
- □ 6c 暗記に頼る勉強法には、大きな**ケッカン**がある。（不十分な点）

陥没
陥
欠陥

- □ 7a ぎょうざの皮をうまく包むのは**ムズカ**しい。（なかなかうまくいかない）
- □ 7b 立候補者が出ず、部長選出に**ナンジュウ**する。（うまくいかず、先に進まない）
- □ 7c 優勝候補が一回戦で負けるなんて、信じ**ガタ**い。（簡単には○○できない）
- □ 7d 警察のヘリが**ソウナン**者の救助に向かう。（命の危険にさらされること）

難
難渋
難
遭難

離
a 間が「**はな・れる**」。「戦争が起こり、親子が離別《リベツ》を余儀なくされる」。b あるものから「**はな・れる**」。「親元を離《はな》れる」「飛行機が離陸《リリク》する」。

超
a b 基本、あるラインより上のレベルになる（= **こ・える／こ・す**）。同訓 越・超（p.88）。c 転じて、ふつうよりはるかに上の⇩ふつうとはかけ離れた。ふつうのものとは無関係の。「苦しみを超越《チョウエツ》した境地」。

陥
a 部首 阝《こざとへん》（= 土手や山）⇩本来、土手や山などに穴が空く。b 転じて、穴に落ちる⇩悪い状態に「**おちい・る**」。「首位から陥落《カンラク》する」。+α また、悪い状態に「**おとしい・れる**」。「悪いうわさを流してライバルを陥《おとしい》れる」。c 空いている穴⇩足りない部分。

難
a b 基本、何かをするのが「**むずか・しい**」。「専門用語の多い難解《ナンカイ》な文章」「予約を取るのも困難《コンナン》な宿」。c 転じて、簡単には○○できない（= ○○し**がた・い**）。d また、なかなか乗り越えられないこと⇩苦しく危険なできごと。「前途には多くの苦難《クナン》が待ち受けている」。

× 難

□ 1a 手のひらの上に指輪を**ノ**せる。
上に置く

□ 1b 荷物を**マンサイ**したトラック。
いっぱいに積み込む

□ 1c 新聞の社会面に**ケイサイ**された小さな記事。
文章や写真などを収録して示す

□ 2a 泣きはらして目の**フチ**が赤くなる。
まわりとの境界

□ 2b 猫が**エンガワ**でひなたぼっこをする。
座敷の外にある板敷きの部分

□ 2c 人間とチンパンジーは**ルイエン**関係にある。
似ていてつながりがある

□ 2d **エンコ**を頼って、事業に出資してもらう。
親戚などのつながり

□ 3a 優勝を決め、**オド**り上がって喜ぶ。
跳び上がる

□ 3b 体操選手がみごとな**チョウヤク**を見せる。
ジャンプすること

□ 3c 努力の結果、成績が**ヒヤク**的に向上する。
途中の段階を跳び越えること

□ 3d 新人選手が**ヤクドウ**感のあるプレーをする。
勢いよく何かをする

載 満載 掲載

縁 縁側 類縁 縁故

躍 跳躍 飛躍 躍動

載

a b 部首 車《くるま》 ⇩本来、車に荷物を積む⇩広く、ものを上に「**の・せる**」/ものが上に「**の・る**」。同訓 乗・載(p.93)。 c 転じて、新聞や雑誌などに収録する/される(= **の・せる**/**の・る**)。「新聞に投書が載《の》る」「雑誌の連載《レンサイ》コラム」。似形 栽・裁・載(p.102)。

縁

a 部首 糸《いとへん》 ⇩本来、糸で作った織物の「**ふち**」⇩広く、まわりの部分。境界。「大都会の周縁部《シュウエンブ》」。 b 転じて、日本家屋で、外まわりにある板敷きの部分。「縁《エン》の下《した》の力持ち」。 c さらに、まわりとつながる部分⇩つながりがある/つながり。「不思議な縁《エン》に導かれる」。 d 特に、家族関係や人間関係のつながり。「親類縁者《エンジャ》」。

躍

a b 部首 足《あしへん》 ⇩基本、足をばねにしてジャンプする(= **おど・る**)。同訓 躍・踊(p.99)。 c 比喩的に、ジャンプするような勢いで。「八位から二位へと躍進《ヤクシン》する」「無名の俳優が一躍《イチヤク》、スターになる」。 d 広く、勢いがある。「めざましい活躍《カツヤク》を見せる」。誤 曜につられてヨウと読まない。

- □ **4a** 靴のひもが**ユル**んで、ほどけそうになる。
  動きやすい状態になる
- □ **4b** 渋滞を**カンワ**するため、新しい道路を造る。
  ゆとりがある穏やかな状態にする
- □ **4c** **カンマン**なプレーで相手に得点を許す。
  集中力を欠き、動作が遅い

緩　緩和　緩慢

- □ **5a** がんばった人には努力賞が**アタ**えられる。
  渡して相手のものにする
- □ **5b** 資金として百万円が役所から**タイヨ**される。
  渡して一時的に相手のものにする
- □ **5c** チームの一員として勝利に**キヨ**する。
  関わって役に立つ

与　貸与　寄与

- □ **6a** 生まれた子どものへその**オ**を取って置く。
  胎児と母体をつなぐひも状の器官
- □ **6b** 小さなできごとが、大騒動の**タンチョ**となる。
  きっかけ。始まり
- □ **6c** 冬の**ジョウチョ**にあふれた、里山の雪景色。
  ある気分を感じるきっかけとなる雰囲気

緒　端緒　情緒

- □ **7a** 力を入れすぎて筋肉が**コ**る。
  固くなる
- □ **7b** 肉のうまみが**ギョウシュク**されたスープ。
  集中させて密度を濃くする
- □ **7c** 島を探し、水平線のかなたを**ギョウシ**する。
  意識を集中して見る

凝　凝縮　凝視

緩

a 部首 糸《いとへん》⇩本来、糸が「**ゆる・む**」／糸を「**ゆる・める**」。**b c** 転じて、緊張が解ける／緊張を解く（＝**ゆる・む**／**ゆる・める**）。緊張感がない。「警戒を緩《ゆる》める」「対立する勢力の間に緩衝《カンショウ》地帯を設ける」。似形 緩・暖・援・媛（p.101）。

✕ 緩

与

a b 基本、相手に「**あた・える**」。「表彰状を授与《ジュヨ》する」「記念品を贈与《ゾウヨ》する」。**c** また、相手に手を差し出す⇩関わりを持つ。一緒に何かを行う。「文化祭の運営に関与《カンヨ》する」「与党《ヨトウ》（＝内閣と一緒に国を動かす政党）」。

緒

a 部首 糸《いとへん》⇩本来、糸で作ったひもや、ひも状のもの（＝**お**）。「下駄の鼻緒《はなお》」。**b c** ひもの最初の部分⇩ものごとの始まり。「古くから伝わる由緒《ユイショ》ある品」。❗音はショもジョも使われる。端緒・情緒は、タンショ・ジョウショと読んでも可。

凝

部首 冫《にすい》（＝氷）⇩本来、凍って固まる。「水分が凝固《ギョウコ》する」。**a** 広く、固くなる（＝**こ・る**）。かたまりになる。「水蒸気が凝結《ギョウケツ》して雨粒になる」。**b** 転じて、ある部分に集中する。**c** 意識や技術を集中する（＝**こ・らす**）。「目を凝《こ》らす」「工夫を凝《こ》らす」。

✕ 凝

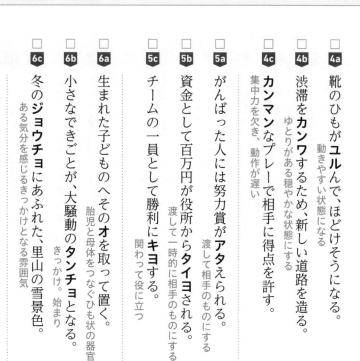

1a 戦争の影響が物価にまで**オヨ**ぶ。
達する

1b 博士が実験中止の可能性に**ゲンキュウ**する。
話題がそのことにまで広がる

1c タブレット端末が全国の学校に**フキュウ**する。
広い範囲に行き届く

2a 気に入った生地を**タ**って、洋服に仕立てる。
布を切り取る

2b **サイホウ**箱から針と糸を取り出す。
布を切ったり糸で合わせたりする

2c 罪を犯した者を法廷で**サバ**く。
有罪かどうかや、罪を償う方法を決定する

2d 議長が**ドクサイ**的な権力を振るっている会議。
ある人だけが重要な決定を行うこと

3a **オゴソ**かな雰囲気の中、卒業式が行われる。
張り詰めた緊張感がある

3b 先輩のアドバイスを**ゲンシュク**な態度で聴く。
緊張感のある

3c コーチの**キビ**しい指導を受ける。
手加減をしない

3d 敵チームの速攻を**ゲンジュウ**に警戒する。
決して許さないように

及　言及　普及

裁　裁縫　裁　独裁

厳　厳粛　厳　厳重

及
基本、手が届く。a 転じて、AがBにまで影響を与える(＝**およ・ぶ**)。「暴動が各地に波及《ハキュウ》する」。b また、Aが進んである状態になる。あるレベルに達する。「試験に及第《キュウダイ》する」。c AがBにまで行き届く。

裁
a b 部首衣《ころも》⇩衣服を作るために布を切る⇩広く、布や紙などを「**た・つ**」。「コピー用紙を裁断《サイダン》する」。同訓 断・絶・裁(p.96)。c 目的に合わせて切り取る⇩きまりに合わせて人の行いを「**さば・く**」。「土地の所有権をめぐって裁判《サイバン》で争う」「けんかを仲裁《チュウサイ》する」。d 転じて、どのようにすべきか決める。「各自の裁量《サイリョウ》で仕事を進める」。似形 栽・裁・載(p.102)。

厳
a b 基本、緊張感がある(＝**おごそ・か**)。転じて、軽々しくは近寄れない。安易には関われない。「王者らしい威厳《イゲン》のある態度」「お寺の鐘の荘厳《ソウゴン》な響き」。c d 軽々しくない⇩いい加減では許さない(＝**きび・しい**)。「全寮制の学校で厳格《ゲンカク》な教育を受ける」「費用を厳密《ゲンミツ》に計算する」。

✕ 厳

□ 4a ガーゼをアルコールに**ヒタ**して消毒する。
液体を行き渡らせる
→ 浸

□ 4b 岸が**シンショク**され、川幅が広くなる。
水の力で少しずつ崩す
→ 浸食

□ 5a 野犬の群れが旅人を**オソ**う。
近づいて攻める
→ 襲

□ 5b 油断している敵に**キシュウ**をかける。
思いがけない攻撃
→ 奇襲

□ 5c 創業家によって社長が**セシュウ**される会社。
親から子へと受け継ぐ
→ 世襲

□ 6a 国境を**コ**えて友情の輪が広がる。
向こう側まで進む
→ 越

□ 6b 秋になるとやって来て**エットウ**する渡り鳥。
春になるまでその地で過ごす
→ 越冬

□ 6c プロ選手の中でも、**タクエツ**した才能の持ち主。
群を抜いて優れている
→ 卓越

□ 7a 海底に沈んだ海賊船を、**センスイ**して調査する。
水面より下に入り込む
→ 潜水

□ 7b モグラが穴を掘って地下に**モグ**る。
地面より下に入り込む
→ 潜

□ 7c カーテンの裏に**ヒソ**んでいた泥棒を見つける。
隠れる
→ 潜

□ 7d 安定した時代にも危機は**センザイ**している。
隠れてそこに位置している
→ 潜在

浸

a b 部首氵《さんずい》(=水)⇩全体を液体に「**ひた・す**」/全体が液体に「**ひた・る**」。「水分が布の内側まで浸透《シントウ》する」。❗浸食は浸蝕とも書く。似形 浸・侵(p.103)。

襲

a b 基本、危害を加えようと「**おそ・う**」。「暴漢の襲撃《シュウゲキ》に遭う」「劣勢から逆襲《ギャクシュウ》に転じる」。c ただし、本来、部首衣⇩ある衣服を着たまま、上に別の衣服を着る⇩前のものをそのまま、次のものが引き継ぐ。「前例を踏襲《トウシュウ》する」。

越

a b 基本、あるものの向こう側まで進む(=**こ・える**/**こ・す**)。「峠を越《こ》す」「前の人を追《お》い越《こ》す」「越境《エッキョウ》入学」。同訓 越・超(p.88)。c あるものより先まで進む⇩優れている。「優越感《ユウエツカン》に浸る」。❗卓越の卓は、ひときわ。群を抜いて。「卓抜《タクバツ》な演技力」。

潜

a 部首氵《さんずい》(=水)⇩基本、水の中に「**もぐ・る**」。「素潜《スもぐ》りでアワビを取る」。b 広く、何かの下や内側に「**もぐ・る**」。「ふとんの下に潜《もぐ》り込《こ》む」。c d 転じて、見えないところに隠れる(=**ひそ・む**)。「犯人はこの町に潜伏《センプク》している」「秘密結社に潜入《センニュウ》する」。

✕ 潛

1章 重要度ランクA ⑥

□ 1a 山道の**キワ**まったところに、一軒の小屋がある。
行き止まりになる

□ 1b 事業に失敗し、生活が**コンキュウ**する。
どうにもできないほど苦しむ

窮 / 困窮

□ 2a 表通りの混雑を**サ**け、裏道を進む。
行き当たらないようにする

□ 2b 何があっても戦争だけは**カイヒ**すべきだ。
そういう事態にならないようにする

□ 2c 自分にとって不都合な現実から**トウヒ**する。
直面しないようにする

避 / 回避 / 逃避

□ 3a カーテンが**ス**けるので、部屋の中が丸見えだ。
光が通り抜ける

□ 3b **トウメイ**なガラスの箱に収められた展示品。
向こう側がはっきり見える

□ 3c **トウテツ**した目で問題のありかを探り出す。
全体を隅々まで理解する

透 / 透明 / 透徹

□ 4a ダムに**タクワ**えられた水が、流れ出す。
ためておく

□ 4b 非常用に食料を**ビチク**する。
何かのために前もってためておく

□ 4c 読んだ本の内容が、頭の中に**チクセキ**される。
たまっていく

蓄 / 備蓄 / 蓄積

窮

a 部首 穴《あなかんむり》 ⇩基本、穴に入り込む⇩どちらにも動けない(= **きわ・まる**)。同訓 極・究・窮(p.90)。「進退が窮《きわ》まる」。b どうにも行動できない。「戦時中の窮乏《キュウボウ》した暮らし」。

避

a 部首 辶《しんにょう》 (= 移動)⇩基本、移動してあるものを「**さ・ける**」。「災害の危険を感じて避難《ヒナン》する」。b c 転じて、ある事態にならないようにする(= **さ・ける**)。「最悪の事態だけは避《さ》けたい」。

透

部首 辶《しんにょう》 (= 移動)⇩基本、向こう側まで移動する。「泥水が靴の中まで浸透《シントウ》する」。a b 特に、光が通り抜け、向こう側が「**す・ける**」。c 見えないところまで見える⇩隅々まで理解する。

蓄

a b 部首 艹《くさかんむり》 (= 植物)⇩本来、収穫した植物などを「**たくわ・える**」。「子どもの教育資金を貯蓄《チョチク》する」。c 比喩的に、中身を充実させる(= **たくわ・える**)。「練習して実力を蓄《たくわ》える」。似形 畜・蓄(p.105)。

- □ **5a** 遊ぶ前に宿題を済ませるよう、**ウナガ**す。
  そうするように働きかける
- □ **5b** 借金の返済を**トクソク**する。
  きちんと見張ってそうするように仕向ける
- □ **6a** 期末試験の時期が**セマ**る。
  すぐそばまで近づく
- □ **6b** 観客を感動させる、**ハクシン**の演技。
  リアルにとても近い
- □ **6c** 残り時間がわずかな、**セッパク**した場面。
  ひどく追い詰められた
- □ **7a** 強い向かい風に**アラガ**って歩く。
  逆らう
- □ **7b** 当局の開発計画に地元住民が**テイコウ**する。
  反対する
- □ **7c** 不良グループ同士の**コウソウ**に巻き込まれる。
  互いに敵視してぶつかり合うこと
- □ **8a** パンを少し**コ**げるくらいに焼く。
  焼き目が付く
- □ **8b** 空襲によって都市は**ショウド**と化した。
  焼けて黒くなった大地
- □ **8c** あと十分しかない、と気が**アセ**る。
  心配で落ち着いていられない
- □ **8d** 計画通りに進まず、**ショウリョ**の色が濃くなる。
  いらいらして心配な思い

5a 促　5b 督促

6a 迫　6b 迫真　6c 切迫

7a 抗　7b 抵抗　7c 抗争

8a 焦　8b 焦土　8c 焦　8d 焦慮

促

a **b** ある状態になるように「**うなが・す**」。「新商品の販売を促進《ソクシン》する」「イチゴを促《ソク》成《セイ》栽培する」。❗督促の督は、きちんと見張る。「試験監督《カントク》」。

迫

a 部首 辶《しんにょう》（＝移動）⇩基本、すぐそばに「**せま・る**」。「敵チームのゴールに肉迫（ニクハク）する」。 **b** 転じて、とても近い状態になる（＝**せま・る**）。「写真に迫《せま》るほどリアルな絵」。**c** また、近づいて働きかける⇩何かをさせようと追い詰める。「脅迫《キョウハク》して口止め料を要求する」。

抗

a **b** 基本、逆らう（＝**あらが・う**）。「審判の判定に抗議《コウギ》する」「命令に反抗《ハンコウ》する」。**c** 転じて、互いに競い合う。「ライバル店に対抗《タイコウ》して値下げする」。

焦

a **b** 部首 灬《れっか》（＝火）⇩火に当たって「**こ・げる**」／火に当てて「**こ・がす**」。「焦点（＝レンズなどで、光が集まって高温になる場所）」。**c** **d** 色が変わるほど熱くなる⇩胸が熱くなる⇩気持ちが「**あせ・る**」。「何とかしなくては、という焦燥感《ショウソウカン》に駆られる」。

□ 1a お気に入りのバッグを手に**サ**げて歩く。（垂らして持つ）

□ 1b 部活動の新たなあり方を**テイショウ**する。（はっきり示して主張する）

□ 2a 缶ジュースをよく**フ**ってから飲む。（上下や左右などに揺り動かす）

□ 2b エンジンがかかり、車体が**シンドウ**し始める。（小刻みに揺れ動く）

□ 2c 新しい市長が、市政の改革に手腕を**フ**るう。（力を見せつける）

□ 3a 足りない栄養素をサプリメントで**オギナ**う。（足りないものを足す）

□ 3b 欠けている才能を、努力で**ホカン**する。（足りないところを足して、十分な状態にする）

□ 3c 副社長として、社長を**ホサ**する。（仕事の手助けをする）

□ 4a CMを**フク**めて一時間の番組。（ある範囲の中に入れる）

□ 4b このお菓子は食塩の**ガンユウ**量が多い。（中に成分として持つ）

□ 4c このことばは多くの意味を**ホウガン**している。（中に取り込んでいる）

1a 提
1b 提唱

2a 振
2b 振動
2c 振

3a 補
3b 補完
3c 補佐

4a 含
4b 含有
4c 包含

提

a 部首扌《てへん》(＝手)⇩本来、手から「**さ・げる**」。 b 転じて、手で持ち上げて示す⇩はっきりわかるように示す。「宿題を提《テイ》出《シュツ》する」「計画の中止を提案《テイアン》する」。

振

a 部首扌《てへん》(＝手)⇩手で「**ふ・る**」。「棒を振《ふ》り回《まわ》す」「傘についた雨粒を振《ふ》り落《お》とす」。 b 広く、揺り動かす／揺れ動く。 c 勢いよく動かす⇩力を見せる。いい状態にする(＝**ふ・るう**)。「経済が振《ふ》るわない」「成績不振《フシン》でレギュラーから外される」。

補

a b 部首衤《ころもへん》(＝衣服)⇩本来、衣服の破れを直す⇩広く、足りない部分を「**おぎな・う**」。「燃料を補充《ホジュウ》する」「水分の補給《ホキュウ》」。 c 転じて、手助けする。「生活費を補助《ホジョ》する」。 ! 補佐の佐は、助ける。「佐官《サカン》(軍隊で、将官を助ける階級。大佐《タイサ》など)」。

✕ 補

含

部首口《くち》⇩本来、口の中に「**ふく・む**」。「口に含《ふく》んだ水を吐き出す」。 a b c 転じて、広く、中に入れる。中に抱えている(＝**ふく・む**)。「消費税を含《ふく》んだ金額」「含蓄《ガンチク》に富んだ表現」。

□ 5a お客様からのご注文を**ウケタマワ**る。
「受ける」の謙譲語
承

□ 5b 体育祭の計画が職員会議で**ショウニン**される。
受け入れて許可する
承認

□ 6a 相手チームが反則をした、と審判に**ウッタ**える。
自分の主張を認めてもらおうとする
訴

□ 6b 損害賠償を求めて**ソショウ**を起こす。
裁判所に主張を認めてもらおうとすること
訴訟

□ 7a **タク**みなドリブルで、敵陣へと攻め込む。
上手な
巧

□ 7b 金庫の鍵を**コウミョウ**に隠す。
ふつうよりもはるかに上手に
巧妙

□ 8a ジャムの瓶の**フタ**をきちんと締める。
開いた部分をふさぐための器具
蓋

□ 8b **ズガイ**骨を折る大けがをする。
脳を覆っている骨
頭蓋

□ 9a プロ選手がチームとの契約を**コウシン**する。
これから先のために改める
更新

□ 9b 今日は暑かったが、明日は**サラ**に暑くなるだろう。
よりいっそう
更

□ 9c 将来の夢について、夜が**フ**けるまで語り合う。
遅くなる
更

□ 9d 会議は、その日の**シンコウ**に至るまで続いた。
とても遅い時間
深更

承
a b 基本、受け入れる(=**うけたまわ・る**)。「持ち主の承諾《ショウダク》を得る」「伝統を継承《ケイショウ》する」。❗「**うけたまわ・る**」は、「聞く」の謙譲語としても使う。「先生のお話を承る」。

訴
a 部首 言《ごんべん》(=ことば)⇩基本、ことばで「**うった・える**」。「時給アップを店長に直訴《ジキソ》する」。b 特に、裁判に「**うった・える**」。「横領の罪で訴追《ソツイ》される」。

✕ 訴

巧
a b 部首 工《たくみへん》(=技術)⇩基本、手先などを使う技術が優れている(=**たく・み**)。
❗巧妙の妙は、ふつうよりも優れている。「絶妙《ゼツミョウ》なタイミング」。

蓋
a 基本、箱や瓶などの「**ふた**」。b 転じて、開いている部分を覆う。+α このほか、推測する。「蓋然性《ガイゼンセイ》(=推測がどれほど確実かという程度)」。

✕ 蓋

更
a 基本、古いものを改める。「約束の日時を変更《ヘンコウ》する」「不祥事を起こした大臣が更迭《コウテツ》される」。b 転じて、今までよりも「**さら・に**」。「今更《いまさら》そう言われてももう遅い」。c d 古いものを改める⇩事態が進む⇩遅い時間になる(=**ふ・ける**)。+α また、遅い時間まで起きている(=**ふ・かす**)。「ゲームに熱中して夜更《よふ》かしをする」。

✕ 更

□ 1a **ハナ**やかなファッションショーが行われる。
美しくて魅力があるようす

□ 1b ダンサーが**カレイ**なステップを披露する。
目立って素晴らしい

華
華麗

□ 2a 企業努力によって販売価格を**オサ**える。
低くとどめる

□ 2b この新薬は、病気の進行を**ヨクセイ**する。
勢いをとどめてコントロールする

□ 2c 過度な規制は自由を**ヨクアツ**する。
押さえ付けて勢いをとどめる

抑
抑制
抑圧

□ 3a 相手が有名人だと知り、急に態度を**ヒルガエ**す。
逆向きにする

□ 3b 部活を辞めようと思っていたが、**ホンイ**した。
考えを逆にする

□ 3c アラビア語のニュースを日本語に**ホンヤク**する。
別の言語に置き換える

翻
翻意
翻訳

□ 4a 流行のアイテムも、すぐに**スタ**れてしまう。
使われなくなる

□ 4b 不合理な校則は**テッパイ**すべきだ。
取り除いて不要とする

□ 4c 行き詰まった時代が、**タイハイ**した芸術を生む。
活力がなくなり、健全ではなくなる

廃
撤廃
退廃

華 部首艹《くさかんむり》（＝植物）⇩本来、植物の花。a b 転じて、花のように美しくて目立つ（＝**はな・やか**）。「レストランで豪華《ゴウカ》なランチをいただく」。

抑 a 部首扌《てへん》（＝手）⇩本来、手で低く押しとどめる⇩広く、高まろうとするものを低く「**おさ・える**」。b c 転じて、何かをしようとする勢いを「**おさ・える**」。「戦争が起こるのを抑止《ヨクシ》する」。

✕ 抑

翻 部首羽《はね》⇩基本、羽のようにひらひらする／させる（＝**ひるがえ・る／ひるがえ・す**）。「校旗が青空に翻《ひるがえ》る」「ドレスの裾を翻《ひるがえ》す」。a b 転じて、表裏を逆にする。c 表のものを裏のもので置き換える⇩ある言語を別の言語に置き換える。

廃 a 基本、活動や利用を停止する（＝**すた・れる**）。「バス路線を廃止《ハイシ》する」「お店が廃業《ハイギョウ》する」。b 転じて、不要となる／不要にする。「産業廃棄物《ハイキブツ》」。c また、正常な状態ではなくなる。「災害によって荒廃《コウハイ》した村」。

✕ 癈

□ 5a はるかふるさとへと思いを**イタ**す。
持っていく

□ 5b 世界大会を我が町に**ショウチ**する。
呼び寄せて連れてくる

□ 5c 理論に基づく予測が、現実と**ガッチ**する。
同じ状態になる

致　招致　合致

□ 6a 忙しくて、他を**カエリ**みる余裕がない。
そちらに意識を向ける

□ 6b 親の思いを**コリョ**して、家業を継ぐ。
特に気に懸ける

□ 6c うちの店をひいきにしてくれる**コキャク**。
特別よく利用してくれる人

顧　顧慮　顧客

□ 7a 先生の話を**ダマ**って聞く。
ことばを発しない

□ 7b 話題がなくなり、気まずい**チンモク**が続く。
静かにして声を出さないでいること

□ 7c 生徒の間で**アンモク**の了解となっている事項。
きちんと表されていない

黙　沈黙　暗黙

□ 8a 画像が**アラ**くて、細かい部分がよく見えない。
おおざっぱで品質が悪い

□ 8b 古い布をつないで作った、**ソマツ**な衣服。
品質が悪く立派でない

□ 8c **ソヤ**な言動を繰り返すと、嫌われる。
まわりへの配慮に欠け、下品な

粗　粗末　粗野

致
基本、あるところへと移動させる。ⓐあるところまで持っていく（＝**いた・す**）。ⓑあるところまで連れてくる。「商業施設を誘致《ユウチ》する」。ⓒ転じて、ある状態に行き着く。「二人の思いが一致《イッチ》する」。+α「**いた・す**」は、「する」の謙譲語としても使う。「承知致《いた》しました」。

顧
部首頁《おおがい》（＝頭や顔）⇩本来、顔をある方向に向ける（＝**かえり・みる**）。同訓 省・顧（p.91）。ⓐ転じて、ある方向に意識を向ける。「子ども時代を回顧《カイコ》する」。ⓑⓒあることに特別な意識を払う。「テニス部の顧問《コモン》となる」「ご愛顧《アイコ》いただき感謝します」。

黙
ⓐⓑ基本、声を出さず「**だま・る**」。「教科書を黙読《モクドク》する」「いつも集中して作業をしている寡黙《カモク》な職人」。ⓒ広く、きちんとした反応を示さない。「貴重な意見が黙殺《モクサツ》される」「ルール違反が黙認《モクニン》される」。

粗
ⓐ部首米《こめへん》⇩本来、品質の整っていない米⇩きめ細かくなく「**あら・い**」。「失敗の原因は計画の粗《あら》さにある」。同訓 荒・粗（p.93）。ⓑ広く、品質が悪い。「粗大《ソダイ》ゴミ」。ⓒまた、細かい点への配慮が足りない。「輪郭を描いた程度の粗雑《ソザツ》なスケッチ」。

□ 1a 先輩の志を**ツ**ぎ、全国大会出場を目指す。
後を続ける
継

□ 1b 先代の社長から事業を**ケイショウ**する。
受け取って、後を続ける
継承

□ 1c 携帯電話の電波を**チュウケイ**する基地局。
間でつなぐ
中継

□ 2a 麦茶を飲んで、渇いたのどを**ウルオ**す。
水分を含ませる
潤

□ 2b 日本の大部分は、温暖**シツジュン**気候の地域だ。
雨などの水分が多い
湿潤

□ 2c ブドウの木が**ホウジュン**な実を付ける。
たくさんあって養分が多い
豊潤

□ 2d 見たままを**ジュンショク**を交えずに話す。
内容を大げさに飾ること
潤色

□ 3a スマートフォンの画面に**フ**れる。
指を軽く当てる
触

□ 3b 貴重な文化財だから、手で**サワ**ってはいけない。
手を当てたり手に持ったりする
触

□ 3c 無断で早退するのは、校則に**テイショク**する。
規則に違反する
抵触

□ 3d 入門書に**ショクハツ**され、考古学に興味を持つ。
刺激を与えて何かを感じさせる
触発

継

a b 部首 糸《いとへん》⇩本来、ある糸の端に別の糸を結んで足す⇩広く、後を「**つ・ぐ**」。先につなげる。「次期国会での継続《ケイゾク》審議とする」。c 転じて、何かと何かをつなぐ。「板と板の継《つ》ぎ目《め》」。

潤

a b 部首 氵《さんずい》(＝水)⇩基本、水分で「**うるお・す**／**うるお・う**」。「肌に潤《うるお》いを与える」。c 転じて、養分や利益が多い。また、養分や利益。「潤沢《ジュンタク》な資金を用いて企業を買収する」「コストを削減して利潤《リジュン》を上げる」。+α また、豊かにする／なる(＝**うるお・す**／**うるお・う**)。「工場が出来て地元が潤《うるお》う」。d 豊かに見せる⇩大げさに飾り立てる。

✕ 潤

触

a b 部首 角《つのへん》⇩動物の角が何かに当たる⇩手などが軽く当たる(＝**ふ・れる**／**さわ・る**)。「自動車と自転車の接触《セッショク》事故」。c 当たる⇩打ち破る⇩きまりを破る(＝**ふ・れる**)。「法に触《ふ》れる行為」。d また、当たる⇩刺激を与える。「触媒《ショクバイ》(＝他の物質を刺激して、化学反応を起こさせる物質)」。

□ 4a 地球の表面の七割は海で**オオ**われている。（上からかぶせる）
□ 4b **フクメン**の調査員が、こっそりと調査する。（本当の身分を明かさないこと）
□ 4c 地動説は、当時の人々の常識を**クツガエ**した。（ひっくり返す）
□ 4d 列車が脱線して**テンプク**する、大きな事故。（ひっくり返る）

覆 / 覆面 / 覆 / 転覆

□ 5a ピストルに**タマ**を込める。（飛ばして標的に当てる丸いかたまり）
□ 5b 落とした消しゴムが、**ハズ**んでどこかへ消える。（跳ねて飛ぶ）
□ 5c 不祥事を起こした議員が、世間から**シダン**される。（厳しく批判してのけ者にする）
□ 5d 友だちとバンドを組み、ギターを**ヒ**く。（演奏する）

弾 / 弾 / 指弾 / 弾

□ 6a 重いリュックサックを**カツ**ぐ。（持ち上げる）
□ 6b 病人を**タンカ**に載せて運ぶ。（横になった人を載せて運ぶ器具）
□ 6c 職場では教師、家では親という役割を**ニナ**う。（その仕事をする立場になる）
□ 6d 通販の量が増えると、配達員に**フタン**がかかる。（引き受けた仕事をするための労力）

担 / 担架 / 担 / 負担

覆

a 上から何かで「**おお・う**」。「目を覆《おお》わんばかりのひどい情景」。b 転じて、実態を見えなくする（＝**おお・う**）。「真実を覆《おお》い隠す」。c d そのほか、上下を逆にする（＝**くつがえ・す**）。+α また、組織の上にいる者を下にいる者が倒す。「過激派が政権の転覆《テンプク》を謀る」。

弾

a 部首 弓《ゆみへん》⇩弓のような器具に張った弦ではじいて飛ばす丸いかたまり⇩鉄砲や大砲などの「**たま**」。「弾丸《ダンガン》を放つ」。b また、はじいた弦が勢いよく元に戻る⇩跳ね返る⇩「**はず・む**」。c さらに、指で勢いよくはじく⇩指で強く打つ⇩厳しく批判する。「研究論文の盗用を糾弾《キュウダン》する」。d そのほか、弦をはじく⇩弦を張った楽器を「**ひ・く**」。「二人でピアノを連弾《レンダン》する」。

担

a b 部首 扌《てへん》（＝手）⇩基本、手などで持ち上げ肩の上に「**かつ・ぐ**」。❗担架の架は、支えの間を差し渡す板。c d 特に、荷物などを肩に載せて運ぶ（＝**にな・う**）⇩ある仕事を引き受ける。「アナウンサーとして番組を担当《タントウ》する」「みんなで作業を分担《ブンタン》する」。❗負担の負は、訓「お・う」。背中に載せる⇩引き受ける。「仕事を請け負《お》う」。

1章 重要度ランクB ②

□ 1a 朝食に**アツ**く切ったパンを食べる。
反対側まで距離がある

□ 1b けっして怒ることのない、**オンコウ**な人柄。
穏やかで思いやりがある

□ 2a 子どものころから憧れていた職業に**ツ**く。
安定して働き始める

□ 2b 現在の日本の**シュウガク**年齢は満六歳だ。
教育を受ける立場になる

□ 2c 問題を起こした大臣の**キョシュウ**が注目される。
仕事を続けるか辞めるか

□ 3a すごい作品になりそうだ、と期待が**フク**らむ。
勢いよく大きくなる

□ 3b 費用が**ボウチョウ**して、予算をオーバーする。
目立って数量が増える

□ 3c 辞書を作るのには**ボウダイ**な手間がかかる。
数量が非常に多い

□ 4a この町では、緑が北部にだけ**カタヨ**っている。
ある部分ばかりにある

□ 4b 外国人は漢字が書けない、という**ヘンケン**。
公正ではない考え方

□ 4c 新しい考え方を毛嫌いする、**ヘンキョウ**な人物。
公平でなく、度量が小さい

厚 温厚

就 就学 去就

膨 膨張 膨大

偏 偏見 偏狭

厚

a 本来、深さや幅がある。(=**あつ・い**)。「厚手《あつで》の紙」。+α 転じて、中身が充実している。「濃厚《ノウコウ》な味」。b 心がこもっている。「病人を手厚《てあつ》く看護する」。同訓 暑・熱・厚(p.92)。

就

基本、安定した状態になる。a b ある状態・立場になって安定する(=**つ・く**)。「眠りに就《つ》く」「社長に就任《シュウニン》する」「最新型の客船が就航《シュウコウ》する」。c 安定した状態を続ける。! 去就の去は、職を離れる。

× 

膨

a 部首 月《にくづき》(=肉体)⇩本来、腹や胸などが大きくなる⇩広く、「**ふく・らむ**/**ふく・れる**」。「焼いたお餅が膨《ふく》れる」。b c 転じて、数量が増える。! 熟語は、膨張と膨大の二つを知っておけば十分。

偏

基本、ある方に「**かたよ・る**」。「偏西風《ヘンセイフウ》」。a 広く、あるものばかりに集中する。「野菜が嫌いな偏食家《ヘンショクカ》」「鉄道を偏愛《ヘンアイ》する」。b c 転じて、公平・公正でない。「偏屈《ヘンクツ》な考え方」「特定の団体を批判するばかりの偏向《ヘンコウ》した報道」。

× 

- □ 5a 納豆菌を**バイヨウ**して納豆を作る。（世話をして成長させる） 培養
- □ 5b 生徒会活動を通じて、友情を**ツチカ**う。（育てる） 培
- □ 6a 強力粉を**ネ**って、パン生地を作る。（こねてなめらかにする） 練
- □ 6b 板前さんの**ジュクレン**した包丁さばき。（時間をかけて完成させる） 熟練
- □ 6c 上品で**センレン**されたデザインの家具が欲しい。（美しく上質なものにする） 洗練
- □ 7a 社長が秘書を**トモナ**って外出する。（一緒に連れる） 伴
- □ 7b 学生時代に生涯の**ハンリョ**とめぐりあう。（一緒に生きていく相手） 伴侶
- □ 7c 合唱コンクールで、ピアノ**バンソウ**を受け持つ。（メロディに合わせて弾くこと） 伴奏
- □ 8a スキー選手が斜面を勢いよく**スベ**り降りる。（表面上を抵抗なく動く） 滑
- □ 8b プロスケーターが華麗な**カッソウ**を披露する。（氷の上を素早く抵抗なく移動すること） 滑走
- □ 8c やすりで削って表面を**ナメ**らかにする。（でこぼこや引っかかりなどがないようす） 滑
- □ 8d 卒業する先輩からの引き継ぎを**エンカツ**に行う。（滞りなく） 円滑

培

部首 土《つちへん》⇩基本、土に植えて育てる（＝**つちか・う**）。「アサガオの栽培《サイバイ》」。a 転じて、植物や微生物を育てる。b 広く、人格や才能などを育てる。「長年の経験で培《つちか》われた技術」。

練

a 部首 糸《いとへん》⇩本来、糸を煮てやわらかくする⇩こねてなめらかにする（＝**ね・る**）。b 転じて、時間をかけてよいものにする。❗熟練の熟は、十分な状態になる。「柿の実が熟《ジュク》する」「成熟《セイジュク》したおとな」。c 時間をかけて身につける。「サーブの練習《レンシュウ》」。

伴

a 部首 亻《にんべん》（＝人）⇩人を連れている（＝**ともな・う**）。b c 広く、何かに従って一緒にいる／ある／する（＝**ともな・う**）。「危険を伴《ともな》う仕事」「病気に随伴《ズイハン》する症状」。❗伴侶の侶は、仲間。「僧侶《ソウリョ》（＝本来、僧たちの仲間）」。

滑

a 部首 氵《さんずい》（＝水）⇩本来、表面が水にぬれているなどして「**すべ・る**」。b 転じて、「**すべる**」ように動く。「グライダーが滑空《カックウ》する」。c また、表面がよく「**すべ・る**」⇩「**なめ・らか**」。d 転じて、滞りがない／滞りをなくす。「歯車に潤滑油《ジュンカツユ》を差す」。

1章 重要度ランクB ③

- □ 1a しゃべりすぎて、のどが**カワ**いた。（水を飲みたくなる）
- □ 1b 乱作していると、いずれ才能が**コカツ**する。（あふれ出なくなる）

渇
枯渇

- □ 2a カラオケに行こうと**サソ**う。（一緒に何かをしようと働きかける）
- □ 2b 割引券を配布して、観光客を**ユウチ**する。（働きかけて連れてくる）
- □ 2c 危険な運転が交通事故を**ユウハツ**する。（引き起こす）

誘
誘致
誘発

- □ 3a 布に突き刺してある縫い針を**ヌ**く。（ひっぱり出す）
- □ 3b 活躍が認められ、日本代表に**センバツ**される。（目を付けて取り出す）
- □ 3c 他人にはまねできない、**キバツ**な発想。（目立って珍しい）

抜
選抜
奇抜

- □ 4a 果物ナイフの**スルド**い刃先。（細くとがった）
- □ 4b 包丁のような**エイリ**な刃物で切りつける。（よく切れる）
- □ 4c わずかな変化を**エイビン**に感じ取る。（すぐに勢いよく反応する）

鋭
鋭利
鋭敏

渇

a 部首 氵《さんずい》（＝水）⇩基本、水分が足りなくてのどが「**かわ・く**」。同訓 乾・渇（p.89）。b 広く、何かを生み出す元になるものがなくなる。似形 喝・渇・褐（p.100）。

誘

a 部首 言《ごんべん》（＝ことば）⇩何かをしようと声をかけて「**さそ・う**」。「新入生を部活に勧誘《カンユウ》する」。b 転じて、働きかけて移動させる。「係員が誘導《ユウドウ》する」「子どもを誘拐《ユウカイ》する」。❗ 誘致の致は、連れてくる。c また、働きかけて引き起こす。

抜

a 基本、あるところに収まった細長いものを「**ぬ・く**」。b 広く、目的のものだけを取り出す。「名場面を抜粋《バッスイ》する」。c 転じて、多くのものの中で特に目立つ。「抜群《バツグン》のできばえ」。

鋭

ab 部首 金《かねへん》⇩基本、金属製の刃が「**するど・い**」。切れ味がいい。c 転じて、能力が高く勢いがある。「うちのチームは少《ショウ》数《スウ》精《セイ》鋭《エイ》だ」「新《シン》進《シン》気《キ》鋭《エイ》の評論家」。❗ 鋭敏の敏は、反応が素早い。「敏《ビン》速《ソク》に行動する」。

□ 5a ＡＩによって人間の仕事が**ウバ**われる。
強制的に取り上げる
奪

□ 5b 禁止薬物の使用により、メダルを**ハクダツ**する。
大切なものを強制的に取り上げる
剝奪

□ 6a タヌキを猟師が鉄砲で**ウ**つ。
弾丸を放つ
撃

□ 6b 相手チームの激しい**コウゲキ**をしのぐ。
戦いをしかけること
攻撃

□ 7a 難破した船が海の底に**シズ**む。
水の中に潜り込む
沈

□ 7b 地下水のくみ上げにより、地盤が**チンカ**する。
低くなる
沈下

□ 7c 大量失点をして、**チンタイ**ムードが漂う。
落ち込んだ状態にはまりこむ
沈滞

□ 7d 救済策が発表され、騒ぎは**チンセイ**化した。
落ち着いていること
沈静

□ 8a 明日の準備をきちんとしてから、**トコ**に入る。
布団やベッドなど、眠る場所
床

□ 8b 新薬の**リンショウ**試験が行われる。
実際の治療の現場で行う
臨床

□ 8c この山には、ダイヤモンドの**コウショウ**がある。
金属などの資源がまとまって存在している地層
鉱床

□ 8d 大理石でできた**ユカ**に、ごろんと寝そべる。
建物内部の人が立つ面
床

奪

a b 基本、力ずくで「**うば・う**」。「現金を強奪《ゴウダツ》する」「花見の場所の争奪戦《ソウダツセン》」「世界一の座を奪回《ダッカイ》する」。❗剝奪の剝は、訓「は・がす」。剥と書いても可。

撃

基本、強くたたく。「ぶつかった衝撃《ショウゲキ》を感じる」。a 転じて、銃などを「**う・つ**」。「ライフル銃で狙撃《ソゲキ》する」。b また、相手に害を与えようとする。「謎の集団に襲撃《シュウゲキ》される」。

沈

a 部首氵《さんずい》（＝水）⇩基本、水の中に「**しず・む／しず・める**」。「船が沈没《チンボツ》する」。b 広く、位置が低くなる／低くする（＝**しず・む／しず・める**）。「柔らかいソファに体を沈《しず》める」。c 転じて、気分が落ち込む。「悲報を耳にして沈痛《チンツウ》な表情になる」「試合に負けて意気《イキ》消沈《ショウチン》する」。d 浮つかず、落ち着いている。「冷静沈着《レイセイチンチャク》な対応」。

✕ 沈

床

a b 部首广《まだれ》（＝建物）⇩基本、建物内部の眠る場所（＝**とこ**）。「患者が多くて病床《ビョウショウ》が足りない」「毎朝、六時に起床《キショウ》する」。c 転じて、何かが広がって存在する場所。「稲の苗床《なえどこ》」「犯罪の温床《オンショウ》（＝本来、温かくして苗を早く育てる場所）」。d また、建物内部の眠る場所⇩建物内の平面⇩建物の「**ゆか**」。

1章 重要度ランクB④

□ 1a 食べ過ぎ飲み過ぎは健康に**サワ**る。
害になる

□ 1b 遅刻の多さは、単位の認定に**シショウ**となる。
妨げ

□ 2a 着古して裾が**ホコロ**びたズボン。
縫い目がほどける

□ 2b いい加減な経営の結果、事業が**ハタン**する。
まとまりがなくなり、うまくいかなくなる

□ 3a 優勝した選手が、頭上にトロフィーを**カカ**げる。
高く上げて目立たせる

□ 3b 開会式の最初に、大会旗を**ケイヨウ**する。
高い所に上げて風になびかせる

□ 3c 閉店を知らせる紙を、入り口に**ケイジ**する。
はっきりと見えるところに出す

□ 4a 表面に美しい模様が**キザ**み付けられた土器。
削って形を作る

□ 4b 記念メダルに今日の日付を**コクイン**する。
切り込みを入れる

□ 4c **シンコク**な人手不足に悩まされる。
ひどい苦しみを与えるような

□ 4d 列車は**テイコク**通りに出発した。
決められた通りの時間

障
支障

綻
破綻

掲
掲揚
掲示

刻
刻印
深刻
定刻

障

部首 阝《こざとへん》(＝土手や山)⇩本来、土手を築いて敵の侵入を妨げる。a 広く、妨げとなる(＝**さわ・る**)。「差《さ》し障《さわ》りがある」。b 妨げとなることがら。「機械の故障《コショウ》」「障害物《ショウガイブツ》」。

綻

a 部首 糸《いとへん》⇩基本、縫い目が「**ほころ・びる**」。b 転じて、ばらばらになる。+α また、固く閉じていたものが開く(＝**ほころ・ぶ**)。「つぼみが綻《ほころ》び花が咲く」「口元が綻《ほころ》ぶ」。

掲

a b 基本、目立つように高く「**かか・げる**」。c 広く、はっきり見えるような場所に出す。はっきりわかるような状態にする(＝**かか・げる**)。「広告を新聞に掲載《ケイサイ》する」「目標を掲《かか》げる」。

✕ 揭

刻

a b 部首 刂《りっとう》(＝刃物)⇩基本、刃物で「**きざ・む**」。「彫刻刀《チョウコクトウ》」「玉ねぎを細かく刻《きざ》む」。c また、刃物で傷を付ける⇩苦しみを与える。「刻苦勉励《コックベンレイ》して研究を続ける」。d そのほか、昔の水時計で時間を計る目盛りとした切り込み⇩時間。「時刻《ジコク》」「刻一刻《コクイッコク》と締切が迫る」。

□ 5a おやつ代を**ケズ**って貯金に回す。（一部分を取り去る）
□ 5b 温室効果ガスの排出量を**サクゲン**する。（一部分を取り去って少なくする）

削
削減

□ 6a 探検隊は、大きな川に行く手を**ハバ**まれた。（進めないように邪魔をする）
□ 6b 迅速な対応で、被害の拡大を**ソシ**する。（事態が進まないようにする）

阻
阻止

□ 7a 偉大な仕事を成し**ト**げる。（実現させる）
□ 7b 命令を無事に**スイコウ**できて、ほっとする。（きちんと果たす）

遂
遂行

□ 8a 調査結果が正しいかどうか、**ハナハ**だ疑問だ。（非常に）
□ 8b 強い台風が**ジンダイ**な被害をもたらす。（非常に程度が激しい）

甚
甚大

□ 9a いくら憎くても、**コロ**そうとまでは思わない。（命を奪う）
□ 9b 大統領の**アンサツ**事件が起こる。（ひそかに計画して命を奪う）
□ 9c むやみな**セッショウ**を繰り返す、罪深き人間。（人や動物の命を奪うこと）
□ 9d 利益と損失が**ソウサイ**され、＋－《プラスマイナス》0《ゼロ》だ。（打ち消し合う）

殺
暗殺
殺生
相殺

削
部首 刂《りっとう》(＝刃物)⇩本来、刃物で「**けず・る**」。 a b 広く、一部分を取り去る。「不要な画像を削除《サクジョ》する」「添削《テンサク》(＝文章を書き加えたり、文章の一部を取り去ったりする)」。

阻
a 部首 阝《こざとへん》(＝土手や山)⇩基本、土手などで行く手を「**はば・む**」。 b 転じて、ものごとが進展しないようにする。「相手チームの優勝を阻《はば》む」「都市の発展を阻害《ソガイ》する」。

遂
a b 基本、最後まで行う(＝**と・げる**)。「思いを遂《と》げる」「依頼された仕事を完遂《カンスイ》する」「強盗未遂《ミスイ》事件」。 誤 遂行をツイコウと読まない。 似形 遂・逐(p.105)。

甚
a b 基本、ふつうの程度をはるかに超える(＝**はなは・だ**)。「甚《はなは》だしい勘違い」「激甚《ゲキジン》災害」「深甚《シンジン》なる敬意を表する」。

殺
a b c 基本、命を奪う(＝**ころ・す**)。 ❗ 音は、ふつうはサツ。セツは、殺生以外ではまれ。 d また、少なくする。「増税により、景気回復の効果が減殺《ゲンサイ》される」。 ❗ この場合は音サイ。 +α このほか、これ以上ないほど○○になる。「クレームの対応に忙殺《ボウサツ》される」。

1章 重要度ランクB ⑤

1a あまり強く引っ張ると、布が**サ**けてしまう。
無理に切り開かれる

1b 敗戦のショックで、チームに**キレツ**が走る。
考えや気持ちに不一致や対立が生じる

裂
亀裂

2a 生産が追いつかず、商品の供給が**トドコオ**る。
作業がうまく進まない

2b 事故のため、幹線道路が**ジュウタイ**する。
ある場所に止まって進まない

2c 大会出場のため、一週間、京都に**タイザイ**する。
ある場所にしばらくいる

滞
渋滞
滞在

3a 夏の夜、墓地で**キモ**試しをする。
度胸

3b 不注意で、**カンジン**なことを見逃してしまった。
大切で、なくてはならない

3c 上達するには、基礎練習こそが**カンヨウ**だ。
とても大切なポイント

肝
肝心
肝要

4a 試合を前に、監督が選手を**フル**い立たせる。
気持ちを高める

4b 先生に叱られ**フンキ**して、勉強に励む。
やる気を高める

4c 夢の実現のために、都会で一人、**フントウ**する。
やる気を持って努力する

奮
奮起
奮闘

裂

a 部首 衣《ころも》⇩衣服などが「**さ・く／さ・ける**」。「水道管が破裂《ハレツ》する」。b 人間関係を分断する(＝**さ・く**)。「二人の仲を裂《さ》く」「交渉が決裂《ケツレツ》する」。同訓 裂・割(p.99)。

滞

a 部首 氵《さんずい》(＝水)⇩基本、水がうまく流れない⇩ものごとがうまく進まない(＝**とどこお・る**)。「会費を滞納《タイノウ》する」。b 転じて、ある場所から移動しない。「梅雨前線が停滞《テイタイ》する」。c また、ある場所に存在し続ける。「物資が倉庫に滞留《タイリュウ》している」。

肝

部首 月《にくづき》(＝肉体)⇩本来、内臓の一つ、「**きも**」。「肝臓《カンゾウ》」。a 昔の考えでは、精神力が宿る臓器⇩度胸。「度肝《ドぎも》を抜く」。b c 大切な臓器⇩なくてはならないほど大切な。

✕ 肝

奮

a b c 基本、気持ちを高める(＝**ふる・う**)。「勇気を奮《ふる》ってオーディションを受ける」「白熱した試合展開に興奮《コウフン》する」「弱点を指摘されて発奮《ハップン》する」。

□ 5a 柱に頭をぶつけ、おでこに**キズ**ができる。
肉体の損なわれた部分
傷

□ 5b 台風で**イタ**んだ屋根を修理する。
ものが損なわれる
傷

□ 5c 引っ越す友だちを見送り、**カンショウ**的になる。
心が揺れ動き、もの悲しくなること
感傷

□ 6a タレント活動の傍ら、小説を**アラワ**す。
本や文章などを書く
著

□ 6b 貧困問題に関する専門家の**チョジュツ**を読む。
考えや思いをことばにしたもの
著述

□ 6c この工場は、環境に**イチジル**しい影響を及ぼす。
はっきりとわかる
著

□ 6d 外国からの観光客が**ケンチョ**に増加する。
はっきりと目立つ
顕著

□ 7a 隊長が消防隊を**ヒキ**いて火災現場に向かう。
従えて行く
率

□ 7b 先生が生徒を**インソツ**して博物館に行く。
監督しながら連れて行く
引率

□ 7c 思っていることを**ソッチョク**に告げる。
隠したり飾ったりしない
率直

□ 7d **ケイソツ**なプレーをきっかけに、ピンチに陥る。
深く考えずに急に行動するようす
軽率

□ 7e 時間がないので、**コウリツ**のよい練習を心がける。
成果が上がる割合
効率

傷

a 部首亻《にんべん》(=人)⇩人の体に付いた「**きず**」。「腕の負傷《フショウ》」。b 転じて、ものに「**きず**」が付く(=**いた・む**)。「車の損傷《ソンショウ》」。c また、心に「**きず**」が付く⇩悲しみで心がぼんやりする。「失恋して傷心《ショウシン》の旅に出る」。
同訓 痛・悼・傷(p.96)。
✕ 傷

著

a b 基本、本や文章などを「**あらわ・す**」。また、そうやってできた本や文章など。「著作《チョサク》がとても多い作家」「天文学入門の名著《メイチョ》」。同訓 表・現・著(p.97)。c d 文章にはっきり書く⇩はっきりしている(=**いちじる・しい**)。「著名《チョメイ》な芸術家」。

率

a b 基本、人々の先頭に立って導く(=**ひき・いる**)。「率先《ソッセン》して後輩の面倒を見る」。c 人々を導く⇩人々にきちんと向き合う⇩隠しごとをしない。「真率《シンソツ》な人柄で信頼される」。d また、急な。❗ a b c との関係は不詳。e 以上の他、割合。「内閣の支持率《シジリツ》」「番組の視聴率《シチョウリツ》」。❗ e の場合だけは音リツ。

1章 重要度ランクB ⑥

□ 1a 軍隊の一部がクーデターを**ハカ**る。
たくらむ

□ 1b 闇組織の**インボウ**により、事件がもみ消される。
ひそかに計画されている悪事

□ 2a 校門の**カタワ**らに植えてある桜の木。
すぐ近く

□ 2b 苦しんでいる友人を**ボウカン**するしかない。
関わらずにただ見ている

□ 3a 放たれた矢が的を**ツラヌ**く。
突き抜ける

□ 3b 山の南北を結ぶトンネルが**カンツウ**する。
向こう側まで届く

□ 4a 隣町から帰る途中、道に**マヨ**う。
進むべき方向がわからなくなる

□ 4b 首相が辞任し、政局が**コンメイ**を深める。
入り乱れて判断ができない

□ 5a 皿の上に肉を高く**モ**る。
積み上げるように置く

□ 5b 新作ドラマをテレビが**サカ**んに宣伝する。
勢いよく

□ 5c 古代エジプト文明の**リュウセイ**と衰退。
勢いがいいこと

1a 謀
1b 陰謀
2a 傍
2b 傍観
3a 貫
3b 貫通
4a 迷
4b 混迷
5a 盛
5b 盛
5c 隆盛

謀
本来、計画を立てる。「大将軍の参謀《サンボウ》役」。a b 転じて、悪事を計画する（＝**たくら・む**）。また、悪事の計画。「共謀《キョウボウ》して犯罪を行う」「首相暗殺の謀略《ボウリャク》」。

傍
a 基本、何かのすぐ近く（＝**かたわ・ら**）。「文章の重要な箇所に傍線《ボウセン》を引く」「路傍《ロボウ》（＝道端）」。b 転じて、直接的ではない。「通信を傍受《ボウジュ》する」。

✕ 倖

貫
a 基本、向こう側まで「**つらぬ・く**」。b 転じて、端から端まで通す。+α また、すべてにわたって。「あの人の態度は首尾一貫《シュビイッカン》している」。

迷
a 部首⻌《しんにょう》（＝移動）⇩基本、道に「**まよ・う**」。b 広く、するべきことや正しいことがわからない。「他人の意見を聞かない頑迷《ガンメイ》な性格」「迷信《メイシン》にとらわれる」。

盛
a 部首皿《さら》⇩基本、皿にものを「**も・る**」⇩広く、高く積み上げる。「大雨で盛《も》り土《ド》が崩れる」。b c 高くなる⇩勢いがよくなる／勢いがいい（＝**も・る**／**さか・ん**）。「雰囲気が盛《も》り上《あ》がる」「食欲が旺盛《オウセイ》な若者」。

□ **6a** 日常会話程度の**ヤサ**しい英語。（難度が低い）

□ **6b** 部屋に備え付けの**カンイ**ベッドで仮眠を取る。（作りが単純な）

□ **6c** 外国との**ボウエキ**で利益を上げる。（商品を取引すること）

□ **7a** 辞書に十年ぶりの大改訂を**ホドコ**す。（内容に手を加える）

□ **7b** 防犯のため、窓をきちんと**セジョウ**する。（鍵を掛ける）

□ **7c** 修学旅行についてのアンケートを**ジッシ**する。（公に具体的に行う）

□ **8a** お気に入りのラケットを後輩に**ユズ**る。（他人のものにする）

□ **8b** 土地の所有権を管理会社に**ジョウト**する。（相手に与える）

□ **8c** お互いが**ジョウホ**して、交渉を成立させる。（自分の主張の一部を取り下げる）

□ **9a** このおまんじゅうはとても**アマ**い。（砂糖のような味がする）

□ **9b** 聴く者をうっとりさせる、**カンビ**な音楽。（きれいで心地よく、満ち足りた気分にさせる）

□ **9c** 自分のしたことだから、批判は**カンジュ**しよう。（しかたなく容認する）

易　簡易　貿易

施　施錠　実施

譲　譲渡　譲歩

甘　甘美　甘受

易

a 困難や抵抗がなく「**やさ・しい**」。「この問題は容易《ヨウイ》に解ける」。同訓 優・易（p.97）。**b** 困難がない⇩単純な。「よく考えず安易《アンイ》に返答する」。**c** その他、取り換える。また、変化する。「交易《コウエキ》の拠点となる港」。❗c の場合は音エキ。

✕ 易

施

a **b** 基本、よりよい状態にしようと手を加える（＝**ほどこ・す**）。「患者に手術を施《ほどこ》す」。**c** 転じて、公共のために行う。公に行う。「法律が施行《シコウ》される」「市民のための施設《シセツ》を作る」。❗「施行」の他、「施工《シコウ》」「施術《シジュツ》」などでは、セと読んでも可。

譲

a **b** **c** 部首 言《ごんべん》（＝ことば）⇩本来、話し合って相手の主張を認める⇩自分のものを他人に「**ゆず・る**」。「領土を割譲《カツジョウ》する」「分譲《ブンジョウ》住宅」。❗譲歩の歩は、訓「ある・く」。転じて、そのためのスペース。道。

甘

a 基本、味が「**あま・い**」。**b** 転じて、心地よくて満足させる。「詐欺師の甘言《カンゲン》にだまされる」。**c** 満足はできないがしかたない（＝**あま・んじる**）。「優勝候補だったが、準優勝に甘《あま》んじる」。

□ 1a 積み上げた荷物が**クズ**れる。
細かく分かれて落ちる
崩

□ 1b 身分制社会が**ホウカイ**し、奴隷が自由になる。
ばらばらになって、機能を失う
崩壊

□ 2a 良質な水を利用して、日本酒を**ジョウゾウ**する。
原料を発酵させて酒などを作る
醸造

□ 2b 古ぼけたトランクが、旅の気分を**カモ**し出す。
ある雰囲気を作り出す
醸

□ 3a 画用紙の**ハバ**をいっぱいに使って絵を描く。
横方向の長さ
幅

□ 3b 狭い道路の**カクフク**工事を行う。
横方向に長くする
拡幅

□ 3c 相手の失礼な態度が不満を**ゾウフク**させる。
大きくする
増幅

□ 4a 立ち聞きされないよう、入り口のドアを**シ**める。
通り道をふさぐ
閉

□ 4b まぶたを**ト**じて、昔のことを思い出す。
二つに分かれているものを合わせる
閉

□ 4c 謎の組織によってビルの一室に**ユウヘイ**される。
外部には知られない場所に押し込んで、外に出さない
幽閉

□ 4d 資金難により、工場は**ヘイサ**された。
活動を終える
閉鎖

崩

a 部首山《やま》⇩本来、山肌が「**くず・れる**」⇩広く、「**くず・す／くず・れる**」。「堅い壁を崩《くず》す」「天井が崩落《ホウラク》する」。 b 比喩的に、ばらばらになる。

✕ 崩

醸

a 部首酉《とりへん》（＝酒）⇩本来、酒などを作る。「大吟醸《ダイギンジョウ》の日本酒」。 b 転じて、ある雰囲気を作り出す（＝**かも・す**）。「一体感を醸成《ジョウセイ》する」。

幅

a b 基本、ものの横方向の「**はば**」。「肩幅《かたはば》が広い」。 c 比喩的に、ものごとの程度、大きさ。「感情の振幅《シンプク》が大きい」「全幅《ゼンプク》の信頼を置く」。 似形 福・幅・副（p.106）。

閉

a b 部首門《もんがまえ》⇩基本、門やふたなどを「**し・める／と・じる**」。「通用門の閉門《ヘイモン》時間」「容器をきちんと密閉《ミッペイ》する」。 同訓 閉・締（p.99）。 c 転じて、ある場所に出入りさせない。「閉鎖的《ヘイサテキ》なサークル」。 ！ 幽閉の幽は、はっきりとは見えない。 d 門を「**し・める／と・じる**」⇩施設などが活動や業務を終える。「夜八時に店を閉《し》める」「十年続いた店を閉《と》じる」「博覧会が閉幕《ヘイマク》する」。

□ 5a 若いころの過ちを、成長してから**ツグナ**う。
埋め合わせる

□ 5b 事故を起こし、**バイショウ**金を請求される。
埋め合わせとして金銭を支払う

□ 6a プレゼントにカードを**ソ**える。
足し加える

□ 6b メールに写真を**テンプ**する。
加えてひとまとめにする

□ 6c イギリス人に英作文を**テンサク**してもらう。
ことばを加えたり取り除いたりして、適切な文章にする

□ 7a 自転車のハンドルを**ニギ**る。
手のひらでしっかり包む

□ 7b 社長となり、会社の実権を**ショウアク**する。
しっかり手にして思い通りにする

□ 7c 問題点を**ハアク**して、解決法を考える。
しっかり理解する

□ 8a 恋人たちがしっかりと**ダ**き合う。
相手を両腕で包み込む

□ 8b 大きな荷物を**カカ**えて階段を昇る。
両腕で包むようにして持つ

□ 8c 大きな夢を**イダ**いてアメリカへ行く。
強い思いを持つ

□ 8d 書き初めで、今年の**ホウフ**を書く。
ぜひしようと思っていること

償　賠償

添　添付　添削

握　掌握　把握

抱　抱　抱　抱負

償

a 基本、埋め合わせる(＝**つぐな・う**)。「刑務所で罪を償《つぐな》う」。b 特に、埋め合わせとして金品を与える。「壊した機械を弁償《ベンショウ》する」。似形 賞・償(p.102)。

✕ 償

添

a b 基本、何かに加えて一緒にする／何かに加わって一緒になる(＝**そ・える**／**そ・う**)。「夫婦が寄り添《そ》って立つ」「団体旅行のバスにガイドが添乗《テンジョウ》する」。c 特に、文章にことばを加える。同訓 沿・添(p.88)。

✕ 添

握

a 部首扌《てへん》(＝手)⇩基本、手で「**にぎ・る**」。「握手《アクシュ》する」。b 転じて、しっかり手に入れる(＝**にぎ・る**)。「権力を握《にぎ》る」。c また、頭の中にしっかり入れる。理解する。

抱

a 部首扌《てへん》(＝手)⇩腕で人や生き物を「**だ・く**／**いだ・く**」。「赤ん坊が母親の懐に抱《いだ》かれる」「再会した親子が固い抱擁《ホウヨウ》を交わす」。b また、腕でものを「**かか・える**」。+α 比喩的に、扱いが大変なものを持つ。「大きな仕事を抱《かか》える」。c d 転じて、心に強い思いを「**いだ・く**」。! cdの意味では、ふつうは「**だ・く**」は用いない。

□ 1a 劇団員の中で、あの人の演技が**キワ**立ってうまい。
まわりとの違いがはっきりしている

□ 1b バイト先で出会った人と**コウサイ**する。
付き合う

際
交際

□ 2a 毎晩、遅くまで練習に**ハゲ**む。
熱心に行う

□ 2b 助成金を出して、太陽光発電を**ショウレイ**する。
もっと行うように力を添える

励
奨励

□ 3a 調査結果を**ナガ**め、だいたいの傾向をつかむ。
広い範囲を見渡す

□ 3b 山の上からの**チョウボウ**を楽しむ。
遠く広い範囲を見渡せること

眺
眺望

□ 4a パラソルを差して日の光を**サエギ**る。
届かないようにする

□ 4b 他人の意見を**シャダン**して、独りで考える。
つながりをなくし、入って来ないようにする

遮
遮断

□ 5a 入り口で靴を脱ぎ、スリッパを**ハ**く。
足に着ける

□ 5b 状況が変わり、約束の**リコウ**が困難になる。
実際にきちんとやる

□ 5c ホームページの閲覧**リレキ**を削除する。
実際にしてきたことの記録

履
履行
履歴

際
部首は阝《こざとへん》(=土手や山)⇩本来、境界に築いた土手⇩広く、境界線(=**きわ**)。「波打ち際《ぎわ》」。a 転じて、何かと何かの違い。b 境界を越えて付き合う。「国際的《コクサイテキ》」。

励
a b 部首力《ちから》⇩基本、力を入れて「**はげ・む**」。また、そうするように「**はげ・ます**」。「がんばれ、と激励《ゲキレイ》する」「早寝早起きを励《レイ》行《コウ》する」。! 奨励の奨は、力添えする。

眺
a b 部首目《めへん》⇩基本、広い範囲を「**なが・める**」。! 熟語は、眺望を知っておけば十分。眺望の望は、遠くを見る。「望遠鏡《ボウエンキョウ》」「展望台《テンボウダイ》」。

遮
a b 部首⻌《しんにょう》(=移動)⇩基本、移動する経路を「**さえぎ・る**」。+α 広く、進展しないようにする(=**さえぎ・る**)。「先生の話を遮《さえぎ》って質問する」。

履
a 基本、靴やスリッパなどを「**は・く**」。また、はきもの。「草履《ぞうり》」「上履《うわば》き」。b c 転じて、足で踏む⇩その場所へ実際に赴く⇩実際にきちんとやる。「資格取得に必要な科目を履修《リシュウ》する」。

□ 6a 二人は義兄弟の**チギリ**を交わした。
将来にわたる重大な取り決め
契

□ 6b 正社員として働く**ケイヤク**をする。
これからのことを法的に取り決める
契約

□ 7a フラメンコはスペイン**ブヨウ**の一つだ。
ダンス
舞踊

□ 7b 風に吹かれ、木の葉が宙を**マ**う。
ひらひらと飛ぶ
舞

□ 8a ひどい環境破壊に対して**イキドオ**る。
激しく怒る
憤

□ 8b SNSで中傷を受け、**フンガイ**する。
怒りで心がいっぱいになる
憤慨

□ 9a すばらしい記録に**キョウタン**する。
思わず声が出るほどびっくりする
驚嘆

□ 9b もっと努力していれば……、と**ナゲ**く。
後悔を声に出す
嘆

□ 9c 親しかった人が亡くなり、**ヒタン**に暮れる。
悲しみを声に出す
悲嘆

□ 10a お弁当を**タズサ**えてピクニックに行く。
荷物の中に入れる
携

□ 10b 折りたたんで**ケイタイ**できるテーブル。
荷物として持ち運ぶ
携帯

□ 10c バス会社とホテルが業務**テイケイ**をする。
協力すること
提携

契

a b 将来のことを取り決める(= **ちぎ・る**)。「夫婦の契《ちぎ》りを結ぶ」「都心への出店が、店の発展の契機《ケイキ》となる」。

✕ 契

舞

a 基本、リズムに合わせて体を動かす(= **ま・う**)。「勝利の舞《まい》を舞《ま》う」「狂喜乱舞《キョウキランブ》」。 b 比喩的に、軽やかに飛びながら移動する。「鳥が舞《ま》い降《お》りる」。

憤

a b 部首 忄《りっしんべん》(= 心)⇩激しい怒りを態度に表す(= **いきどお・る**)。「鬱憤《うっぷん》を晴らす」。 ! 憤慨の慨は、心がいっぱいになる。「感慨《カンガイ》に浸る」。 似形 憤・噴・墳(p.107)。

嘆

a 部首 口《くちへん》(= ことば)⇩基本、感動を声に出す。「美しい景色を見て感嘆《カンタン》する」。 b c 特に、悲しいことや苦しいことなどを「**なげ・く**」。「信頼できる人がいない、と嘆息《タンソク》する」。

携

a b 部首 扌《てへん》(= 手)⇩基本、手に持って運ぶ⇩広く、持ち運ぶ(= **たずさ・える**)。「非常用の食糧を携行《ケイコウ》する」。 c 転じて、手を取り合う⇩協力する。「他のメンバーと連携《レンケイ》してプレーする」。 +α また、関係して働く(= **たずさ・わる**)。「飲食店の経営に携《たずさ》わる」。

- □ 1a **ジュンスイ**な水だけで作った透明な氷。（他のものが混じっていない）
- □ 1b 古風な中にも流行を取り入れた、**イキ**な服装。（洗練された）

1a	1b
純粋	粋

- □ 2a うわさに**マド**わされずに、真実を見抜く。（きちんと判断できなくさせる）
- □ 2b 意外な事実を発見して、**コンワク**する。（どうすればいいか判断できず悩む）
- □ 2c 一緒に練習をさぼろうよ、と**ユウワク**する。（判断を誤るように働きかける）

2a	2b	2c
惑	困惑	誘惑

- □ 3a 人手が足りず、本部に増員を**コ**う。（お願いする）
- □ 3b 仕事の料金を**セイキュウ**する。（支払いをお願いする）
- □ 3c リフォーム工事を格安で**ウ**け負う。（責任を持ってその仕事をすると約束する）

3a	3b	3c
請	請求	請

- □ 4a 傘の**エ**に持ち主のイニシャルを彫る。（手で持つ部分）
- □ 4b あの先生は頭もいいが、**ヒトガラ**もいい。（性格）
- □ 4c 人気のある**メイガラ**の米を買う。（その商品特有の名前。ブランド）

4a	4b	4c
柄	人柄	銘柄

粋

a 部首 米《こめへん》⇩本来、混じりけのない米⇩広く、混じりけがなくて良質な。また、良質なもの。「要点だけを抜粋《バッスイ》する」。b 転じて、あか抜けた（＝**いき**）。

惑

a b 部首 心《こころ》⇩基本、心が乱れ、きちんとした判断ができなくなる（＝**まど・う**）。「あの人が犯人ではないか、と疑惑《ギワク》の念を抱く」。c 転じて、判断を誤らせる。「見た目の美しさに幻惑《ゲンワク》される」。

請

a b 部首 言《ごんべん》（＝ことば）⇩何かをして欲しいとことばで頼む（＝**こ・う**）。c 転じて、何かをさせて欲しいと頼む⇩何かをすると約束する（＝**う・ける**）。「翻訳の下請《したう》けの仕事」「期日に必ず間に合わせる、と請《う》け合《あ》う」。

柄

a 部首 木《きへん》⇩道具などに付いている、木などで作られた細長い持ち手（＝**え**）。b c また、そのもの独特の性格や性質、特徴など（＝**がら**）。「大柄《おおがら》な人」「二人は幼なじみの間柄《あいだがら》だ」「花柄《はながら》のハンカチ」。❗ aとbcの関係は不詳。❗ 銘柄の銘は、本来、商品の製作者の名前。

□ 5a 昔のけがの**アト**が、今でも残っている。
過去に肉体が損なわれたことを示す印

□ 5b ここで誰かが弁当を食べた**コンセキ**がある。
過去に何かがあったことを示す印

□ 6a **シオ**が引いて海底が現れる。
月などの影響で、地球の海面の高さが変わること

□ 6b 今日、**マンチョウ**になるのは午後四時ごろだ。
海面が最も高くなること

□ 6c 時代の**チョウリュウ**に乗り、新事業を始める。
世の中の動き

□ 7a 自動車が入れないほど**セマ**い一本道。
幅がない

□ 7b 授業で習うことは、**キョウギ**の勉強にすぎない。
限られた範囲での意味

□ 7c わがままで**キョウリョウ**な小人物。
他人の意見を受け入れられない

□ 8a 関係ない人に口を挟まれるのは**イヤ**だ。
気持ちの上で受け入れたくない

□ 8b 人の悪口ばかり言う人は、**キラ**われる。
気持ちの上で受け入れない

□ 8c 金銭をめぐる醜い争いを**ケンオ**する。
関わりたくないと思う

□ 8d 情報を漏らしたという**ケンギ**をかけられる。
悪事を働いたのではないかという推測

痕　痕跡
潮　満潮　潮流
狭　狭義　狭量
嫌　嫌　嫌悪　嫌疑

痕

a 部首 疒《やまいだれ》（＝病気やけが）⇩基本、病気やけがなどの「**あと**」。b 広く、何かが残した変化。「事故現場に残る血痕《ケッコン》」。

✕ 痕

潮

a b 部首 氵《さんずい》（＝水）⇩基本、海が満ちたり引いたりする現象（＝**しお**）。c 比喩的に、世の中であるものが盛んになったり、衰えたりする傾向。「手書きを軽視する風潮《フウチョウ》は、デジタル時代の特徴だ」。

狭

a 基本、幅や広さが「**せま・い**」。「単身者向けの狭小《キョウショウ》なマンション」。b 転じて、範囲が限られている（＝**せま・い**）。「見識が狭《せま》い」。c 特に、受け入れられる範囲が限られている。「伝統にしがみついた偏狭《ヘンキョウ》な考え方」。

嫌

a 部首 女《おんなへん》（＝感情）⇩基本、好きではなく、「**いや**」だという気持ち。b c また、好きとは思えず「**きら・う**」。❗嫌悪の悪は、憎む。この意味の場合の音はオ。「裏切り者を憎《ゾウ》悪《オ》する」。d 転じて、良いとは思えず、悪いのではないかと推測する。

□1a 島へと渡る橋を**カ**ける。
空中に差し渡す

□1b 道路の**コウカ**の下に、ツバメが巣を作る。
地面から上に離れたところを通るようにしたもの

□2a 実際にあったことを**コチョウ**して話す。
大げさに表現する

□2b あの人は、我が町が**ホコ**るスーパースターだ。
自慢する

□2c 軍事演習を行い、軍事力を**コジ**する。
自慢げに見せる

□3a 荷台に荷物を積んで、ひもでしっかり**シバ**る。
縄やひもなどで固定する

□3b 沿岸警備隊が海賊たちを**ホバク**する。
縄を掛けて動けないようにする

□3c 失敗してはいけない、という**ジュバク**。
正当な理由もなく行動を制限するもの

□4a 一瞬でも注意を**オコタ**ると、大事故につながる。
気持ちを緩める

□4b 勉強を**ナマ**けて、遊んでばかりいる。
するべきことをしないでいる

□4c 市民の声を取り上げないのは、行政の**タイマン**だ。
気が緩んでいて、するべきことをしないこと

架
高架

誇張
誇
誇示

縛
捕縛
呪縛

怠
怠
怠慢

架
ab 部首 木《きへん》⇩基本、支えと支えの間に板やひもなどを差し渡す／板やひもなどが差し渡されている（＝**か・ける**／**か・かる**）。「電柱の架線《カセン》に風船がひっかかる」。

誇
a 部首 言《ごんべん》（＝ことば）⇩基本、大げさに言う。「誇大《コダイ》な宣伝に注意する」。bc 転じて、自分に関係するものごとを「**ほこ・る**」。「一位になって勝《か》ち誇《ほこ》る」「我が子の活躍を誇《ほこ》らしく思う」。

縛
ab 部首 糸《いとへん》⇩基本、縄やひもなどで「**しば・る**」。c 転じて、動きを制限する（＝**しば・る**）。「伝統に縛《しば》られて、自由な発想ができない」。❗呪縛の呪は、訓「のろ・う」。誰かに不幸をもたらすように神や仏に祈る。

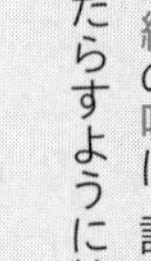

怠
a 部首 心《こころ》⇩基本、心に緩みが生じる（＝**おこた・る**）。bc 転じて、するべきことをしないで「**なま・ける**」。「病気でしばらく休んだら、すっかり怠惰《タイダ》になってしまった」。❗「おこた・る」「なま・ける」の送りがなの違いに注意。

□ 5a 重要な問題だから、全員で**トウギ**しよう。
意見を戦わせる
討議

□ 5b 政府軍が反乱軍を**ウ**つ。
戦って倒す
討

□ 6a 湯につかっているうちに熱さに**ナ**れる。
平気でいられるようになる
慣

□ 6b お祭りの夜には花火を上げるのが**カンレイ**だ。
いつも繰り返していること
慣例

□ 7a 列車がゴトゴト**ユ**れながら走る。
不安定に小刻みに動く
揺

□ 7b 知らない人に話しかけられて**ドウヨウ**する。
心が不安定になる
動揺

□ 8a 韓国ウォンを日本円に**リョウガエ**する。
価値は同じまま別の種類のお金にする
両替

□ 8b 生産が終了した商品の**ダイタイ**品を探す。
別のものだが同じ役割を果たす
代替

□ 9a 昔のことを記録を**サカノボ**って確認する。
逆向きにたどる
遡

□ 9b この川では、秋になるとサケが**ソジョウ**する。
上流に向かって泳いでいく
遡上

□ 10a お殿様に**ミツ**ぎ物をして、願いを聞いてもらう。
地位が上の人への贈り物
貢

□ 10b 営業成績を伸ばし、会社の発展に**コウケン**する。
力を尽くして役に立つ
貢献

討
a 部首言《ごんべん》(＝ことば)⇩基本、話し合って意見をぶつけ合う。「評論家たちが討論《トウロン》する」。b 転じて、敵にぶつかって倒す(＝**う・つ**)。「山賊を討伐《トウバツ》する」。

慣
a 部首忄《りっしんべん》(＝心)⇩基本、時間が経って心が(＝**な・れる**)⇩広く、「**な・れる**」。b これまで繰り返してきたこと。「帰宅したら手を洗うのが習慣《シュウカン》になった」。

揺
a 基本、上下や左右に「**ゆ・れる**」。b 広く、不安定になる。❗熟語は動揺くらいだが、「ゆ・らす」「ゆ・さぶる」「ゆ・るぐ」など、同源の訓が多い。
✕ 揺

替
ab 基本、役割や性能は同じだが別のものにする／なる(＝**か・える**／**か・わる**)。「人形の服を着《き》せ替《か》える」「一時間ごとに受付係が交替《コウタイ》する」。同訓 変・換・代・替(p.98)。

遡
ab 部首辶《しんにょう》(＝移動)⇩基本、流れや時間を「**さかのぼ・る**」。❗遡の辶は、印刷文字では点二つが正式だが、手書きでは点一つでも可。

貢
部首貝《かい》(＝金品)⇩基本、金品などを差し出す。「年貢《ネング》を納める」。a 広く、金品などを贈り物として差し出す(＝**みつ・ぐ**)。b 転じて、自分の持つ力を捧げる。

□ 1a トラが鋭い目つきで**エモノ**を狙う。
つかまえる相手の獣

□ 1b 圧政と闘い、表現の自由を**カクトク**する。
手に入れる

□ 2a 山のふもとから頂上を**アオ**ぎ見る。
顔を上に向ける

□ 2b あまりの値段の高さに**ギョウテン**する。
神に救いを求めたくなるほどびっくりする

□ 2c 教会を訪ね、**シンコウ**の道に入る。
救いを求めて神に身を委ねること

□ 3a 問い合わせに対する返事を**サイソク**する。
するように働きかける

□ 3b 地球温暖化に関するシンポジウムを**モヨオ**す。
人が集まるようなことを行う

□ 3c 全国大会が来月、**カイサイ**される。
イベントを行う

□ 4a 門が開かないよう、**クサリ**で固定する。
輪を多数つないだもの

□ 4b さまざまな問題が**レンサ**的に発生する。
いくつかのものがつながっている状態

□ 4c デモ隊が路上に座り込み、道路を**フウサ**する。
行き来できないようにする

獲物
獲得
仰
仰天
信仰
催促
催
開催
鎖
連鎖
封鎖

獲
a 部首 犭《けものへん》(＝動物)⇩本来、動物をつかまえる(＝**え・る**)。「野犬を捕獲《ホカク》する」「サンマの漁獲量《ギョカクリョウ》」。b 広く、手に入れる。

仰
a 基本、上を向く(＝**あお・ぐ**)。「仰向《あおむ》けに寝る」「仰臥《ギョウガ》して天井を見つめる」。+α 転じて、目上の者に指導を求める(＝**あお・ぐ**)。「上司の指示を仰《あお》ぐ」。b c また、神に救いを求める。! 音コウは、信仰以外ではまれ。

✕ 

催
a 基本、何かをするように働きかける。「催眠術《サイミンジュツ》」。+α また、何かをしたいという生理的欲求が高まる(＝**もよお・す**)。「吐き気を催《もよお》す」。b c 転じて、イベントなどを「**もよお・す**」。「音楽祭を主催《シュサイ》する」。

鎖
a 部首 金《かねへん》⇩基本、金属の輪がつながった「**くさり**」。b 転じて、つながる／つなげる。「鎖骨《サコツ》(＝胸骨と肩甲骨をつなぐ骨)」。c また、門を「**くさり**」で縛って開けられなくする⇩出入りできなくする。「徳川幕府の鎖国《サコク》政策」。

□ 5a 弱い立場にある人を**サゲス**んではいけない。
見下す

□ 5b あのやり方は時代遅れだ、と**ブベツ**する。
馬鹿にして見下す

□ 6a お金がないので、遊びに行くのを**アキラ**める。
思いを断ち切る

□ 6b やっぱり社会は変えられない、と**テイカン**する。
思いを断ち切った態度を取る

□ 7a 祖父を亡くして**モ**に服す。
人の死を悲しんで行動を慎むこと

□ 7b 事故で頭を強く打ち、記憶を**ソウシツ**する。
大切なものをなくす

□ 8a 今日は休日で、**ミナ**が遊びに行っている。
全員

□ 8b 無遅刻無欠席で**カイキン**賞をもらう。
すべて出席すること

□ 8c あの人のことを悪く言う者は**カイム**だ。
一人もいない

□ 9a この曲には、新しい音楽の**キザ**しが感じられる。
あるものごとが起こる気配

□ 9b 災害の**ゼンチョウ**を見逃さず行動する。
先立って生じる現象

□ 9c 一点を返し、逆転へのかすかな希望が**キザ**す。
育ち始める

蔑 / 侮蔑

諦 / 諦観

喪 / 喪失

皆 / 皆勤 / 皆無

兆 / 前兆 / 兆

蔑

ab 基本、劣っていると考えて見下す(＝**さげす・む**)。「他人の悪口ばかり言う人は、他人から軽蔑《ケイベツ》される」。

諦

部首 言《ごんべん》(＝ことば)⇩本来、ことばではっきり理解する。ab 可能性がないと理解する⇩「**あきら・める**」。「戦争はなくならない、という諦念《テイネン》を抱く」。

喪

a 本来、親しい人を亡くすこと(＝**も**)。「喪服《もフク》を着る」。b 転じて、大切なものをなくす。「先輩に怒られて意気阻喪《イキソソウ》する」。

× 喪

皆

ab 基本、すべての人／もの(＝**みな**)。「免許皆伝《メンキョカイデン》(＝教えるべき内容をすべて教えること)」。c 転じて、まったく。「どういう結果になるか、皆目《カイモク》見当が付かない」。

× 皆

兆

ab 何かが起ころうとする「**きざ・し**」。「地震の予兆《ヨチョウ》」「茶柱が立つのは吉兆《キッチョウ》だ」。c また、ある感情や状態などが生じ始める(＝**きざ・す**)。

1章 重要度ランクC ④

□ 1a ぜひ出席したい、というムネの連絡を入れる。
主な内容
□ 1b 転校生を歓迎するのが、この会のシュシだ。
基本的な方向性

旨 / 趣旨

□ 2a レモンをシボって果汁を飲む。
圧力を加えてしみ出させる
□ 2b 芸能事務所がタレントをサクシュする。
他人を働かせて不当に利益を奪う

搾 / 搾取

□ 3a 尊敬する先生にお手紙をタテマツる。
差し上げる
□ 3b 毎朝、道を清掃して、地域の美化にホウシする。
相手や公共のために働く

奉 / 奉仕

□ 4a 学校から帰る途中に、にわか雨にアう。
突発的に経験する
□ 4b 天体観測中、不思議な光景にソウグウする。
思いがけず目にする

遭 / 遭遇

□ 5a がんばったね、とホめられる。
すばらしいと評価する
□ 5b 長年の功績に対してホウショウが与えられる。
高く評価したことを示す贈り物
□ 5c 百点を取ったので、親からごホウビをもらった。
高く評価した結果、与える金品

褒 / 褒賞 / 褒美

旨
a b 基本、発言や記述などの中心となる内容（＝**むね**）。「演説の要旨《ヨウシ》をまとめる」「論旨《ロンシ》が明快な文章」。❗趣旨は、主旨と書いても意味はほぼ同じ。

搾
a 部首扌《てへん》（＝手）⇩基本、手などで果汁や乳などを「**しぼ・る**」。「牧場で搾《サク》乳《ニュウ》を体験する」。b 比喩的に、他人から無理に奪う。
✕ 拃

奉
a 基本、差し上げる（＝**たてまつ・る**）。「新米を神社に奉納《ホウノウ》する」。b 差し上げる⇩主人や国家などに尽くす。「呉服屋に奉《ホウ》公《コウ》する」。

遭
a 部首辶《しんにょう》（＝移動）⇩基本、移動の途中で出会う⇩広く、思いがけず「**あ・う**」。b 思いがけない場面に直面する。「嵐で遭《ソウ》難《ナン》する」。同訓 合・会・遭（p.88）。

褒
a b c 基本、相手を「**ほ・める**」。「あの人を天才だと評価するのは、過褒《カホウ》のきらいがある」。❗褒賞は、報奨と書いても可。褒美は本来、高く評価する。美も、高く評価する。「神の偉大さを賛美《サンビ》する」。

□ 6a 雑巾でテーブルの上を**フ**く。
なでて汚れを取る

□ 6b あの人はうそつきだ、という疑念が**ヌグ**えない。
きれいに消し去る

拭　拭

□ 7a イチゴの実を**ツ**んで、かごに入れる。
目的のものだけを取る

□ 7b 防火設備の不具合を**シテキ**する。
ある部分を選んで示す

□ 7c 病巣を**テキシュツ**する手術を受ける。
悪い部分を取り除く

摘　指摘　摘出

□ 8a 竹ひごを火であぶって**タ**めて、竹細工を作る。
力を加えて曲げたり真っ直ぐにしたりする

□ 8b 歯並びの乱れを**キョウセイ**する。
力を加えて整える

□ 8c **キキョウ**な振る舞いをして人目を引く。
ふつうから外れて変わっている

矯　矯正　奇矯

□ 9a 犯罪の増加が、地域の安全を**オビヤ**かす。
危険にする

□ 9b ナイフを突きつけ、「殺すぞ」と**オド**す。
危険だと感じさせる

□ 9c 「命が惜しければ金を出せ」と**キョウハク**する。
危険を感じさせて従わせようとする

□ 9d 物陰から急に飛び出して、友だちを**オド**かす。
びっくりさせる

脅　脅　脅迫　脅

拭

a 部首扌《てへん》(=手)⇩手などでものの表面を「**ふ・く**」。b 転じて、悪い思いなどを消し去る(=**ぬぐ・う**)。「疑惑を払拭《フッショク》する」。! 「**ぬぐ・う**」は汚れに対しても使う。「汗を拭《ぬぐ》う」。

摘

a 部首扌《てへん》(=手)⇩基本、ある部分を手で本体から切り離す(=**つ・む**)。b 転じて、全体の中からある部分だけを選び取る。c 特に、悪い部分を選んで取り出す。「政治家の汚職を摘発《テキハツ》する」。似形 適・滴・敵・摘(p.105)。

✕ 摘

矯

部首矢《やへん》⇩本来、矢の棒を真っ直ぐに整える。ab 転じて、曲げたり真っ直ぐにしたりして、形を整える(=**た・める**)。c また、無理に元の形を変える⇩ふつうの状態から外れた。「矯激《キョウゲキ》な言動が問題となる」。

脅

a 基本、危険な状態にする(=**おびや・かす**)。bc 転じて、危険だと感じさせて不安がらせる(=**おど・す**)。「新人選手の活躍は、ベテランにとって脅威《キョウイ》だ」。d 不安がらせる⇩びっくりさせる(=**おど・かす**)。! 「おびや・かす」と「おど・かす」は、漢字だけでなく送りがなも同じになるので注意。

□ 1a 靴下の破れた部分を**ツクロ**う。
糸や布を使ってふさぐ

□ 1b 雨漏りがする屋根を**シュウゼン**する。
壊れたところを直す

繕　修繕

□ 2a 他人の失敗を**アザケ**るのはよくない。
見下しておかしがる

□ 2b ぶざまに失敗して**チョウショウ**される。
馬鹿にしておかしがる

嘲　嘲笑

□ 3a 人間関係に**ワズラ**わされ、勉強に集中できない。
悩ませる

□ 3b 遺産を受け取るための**ハンザツ**な手続き。
面倒で細々とした

煩　煩雑

□ 4a 敗北を成長の機会として**トラ**える。
意味づけして理解する

□ 4b 事故の原因を**ハソク**して、対策を考える。
しっかりと理解する

捉　把捉

□ 5a ネットに出回っている**ニセ**の情報に気をつけよう。
本物ではない

□ 5b 自分は大学生だ、と身分を**イツワ**る。
本物だと見せかける

□ 5c 強者が弱者を支援するのは、**ギゼン**にも見える。
見かけだけ正しく見せること

偽　偽　偽善

繕
a 部首 糸《いとへん》⇩基本、糸で衣服などを「**つくろ・う**」。b 広く、だめになったものを直す。「うっかり口を滑らせたが、なんとか取《と》り繕《つくろ》って面接を終える」。

嘲
a b 基本、見下しておかしがる（＝**あざけ・る**）。「私はダメな人間だ、と自嘲《ジチョウ》する」。❗嘲の月の部分は、手書きでは月と書いても可。

煩
a 部首 頁《おおがい》（＝頭や顔）⇩基本、頭で悩む／悩ませる（**わずら・う**／**わずら・わす**）。「将来を思《おも》い煩《わずら》う」「煩悩《ボンノウ》の多い人生」。b 転じて、面倒な。❗「繁雑《ハンザツ》（＝数が多くて細々とした）」。

捉
a b 部首 扌《てへん》（＝手）⇩本来、手でつかまえる⇩きちんと理解する（＝**とら・える**）。「話の要点を捉《とら》える」。❗つかまえるという意味の「とらえる」は、「捕らえる」と書く方が無難。

偽
a 部首 亻《にんべん》（＝人）⇩人がわざと手を加える⇩本物ではなく「**にせ**」の。「犯罪者が偽名《ギメイ》を使う」。b 転じて、本物だと「**いつわ・る**」。「食品の産地を偽装《ギソウ》する」。c また、見せかけだけの。

□ 6a アルバイトをしてお小遣いを**カセ**ぐ。
働いて収入を得る
稼

□ 6b 最新の設備を備えた工場が**カドウ**する。
機械が動く
稼働

□ 7a 帰宅ラッシュの人の**ウズ**に飲み込まれる。
回るように動く流れ
渦

□ 7b 騒動の**カチュウ**にあっても、冷静さを保つ。
混乱している状態の内部
渦中

□ 8a 人前で土下座させて、**ハズカシ**める。
恥をかかせる
辱

□ 8b 顔写真を破るのは、その人に対する**ブジョク**だ。
見下して恥をかかせること
侮辱

□ 9a 自転車で世界を一周しようと**クワダ**てる。
実現しようと考える
企

□ 9b 販売部長が売り上げの倍増を**キト**する。
目標を立てて実現しようとする
企図

□ 10a 友だちの姿が、人混みに**マギ**れて見えなくなる。
混じってわからなくなる
紛

□ 10b 会員証を**フンシツ**したので、再発行してもらう。
どこにあるかわからなくなり、なくす
紛失

□ 10c **フンソウ**状態だった二つの国が、和解する。
入り乱れてぶつかり合う
紛争

□ 10d 反則だと疑われるような**マギ**らわしい動作。
他と間違えやすい
紛

稼
a 部首 禾《のぎへん》（＝穀物）⇩本来、穀物を育てて食糧を得る⇩お金を「**かせ・ぐ**」。「サラリーマン稼業《カギョウ》」。b 機械で何かを生み出す。❗稼働は、稼動とも書く。

渦
部首 氵《さんずい》（＝水）⇩本来、水が回転して流れる「**うず**」。「渦巻《うずま》き」「鳴門《なると》の渦潮《うずしお》」。ab 広く、回転するように動くもの。混乱している状態。

辱
ab 恥ずかしい思いをさせる（＝**はずかし・める**）。また、恥ずかしい思いをさせられる。「屈辱的《クツジョクテキ》な負け方」「前回の負けの雪辱《セツジョク》を果たす」。

企
ab 実現しようと考えをめぐらす（＝**くわだ・てる**）。「新しい参考書の企画《キカク》を立てる」「農作物を販売する企業《キギョウ》で働く」。

紛
部首 糸《いとへん》⇩本来、糸がもつれる。ab 広く、入り乱れてどこにあるかわからなくなる／わからなくする（＝**まぎ・れる**／**まぎ・らわす**）。「体を動かして不安を紛《まぎ》らわす」。c 入り乱れてどうなっているかわからない。「事態が紛糾《フンキュウ》する」「首脳陣の間で内紛《ナイフン》が生じる」。d また、どこにあるかわからない⇩間違えやすい（＝**まぎ・らわしい**）。

- 1a 練習を重ね、不安を**フッショク**する。 きれいに取り除く — 払拭
- 1b バーコード決済で代金を**シハラ**う。 金銭を相手に渡す — 支払
- 1c 年長者に敬意を**ハラ**う。 気持ちを向ける — 払

- 2a 泥棒に入られないように**ケイカイ**する。 非常事態に備える — 警戒
- 2b 「居眠りはしないように」と**イマシ**める。 注意する — 戒
- 2c 三回以上の遅刻は**チョウカイ**の対象となる。 不正を繰り返さないように罰すること — 懲戒

- 3a 飛んで来た球を**ト**って、投げ返す。 手でつかむ — 捕
- 3b クマが川で魚を**ト**らえて食べる。 手でつかんで逃がさない — 捕
- 3c 夏の森でカブトムシを**ツカ**まえる。 手に入れて放さない — 捕
- 3d 動物園から逃げ出したサルを**ホカク**する。 生きたまま取り押さえる — 捕獲
- 3e 警察官が犯人を**タイホ**する。 罪を問うために取り押さえる — 逮捕

払

a 部首扌《てへん》(＝手)⇩基本、手でほこりなどを「**はら・う**」⇩広く、取り除く。「厄払《ヤクばら》い」「在庫品を売《う》り払《はら》う」。b また、ある方向へ動かす。「相手の足を払《はら》って押し倒す」。c 転じて、ある方向へ気持ちを向ける。「細心の注意を払《はら》う」。

戒

a 部首戈《ほこ》(＝武器)⇩本来、武器を持って敵に備える⇩広く、非常事態に備える。「厳戒《ゲンカイ》態勢で要人を護衛する」。b c 転じて、いけないことをしないように「**いまし・める**」。「仏教の厳しい戒律《カイリツ》」。! 懲戒の懲は、訓「こ・らしめる」。二度としないように思い知らせる。

捕

a 部首扌《てへん》(＝手)⇩基本、動いているものを手などで押さえる(＝**と・る**)。b c d e 広く、動けないように取り押さえる／取り押さえられる(＝**と・らえる**／**と・らわれる**／**つか・まえる**／**つか・まる**)。「戦争で敵の捕虜《ホリョ》となる」「鳥が昆虫を捕食《ホショク》する」。! 逮捕の逮は、追いついてつかむ。同訓 取・採・捕・撮・執(p.92)。

× 捕

□ 4a 独自の産業を育て、経済発展の**イシズエ**（土台）を築く。

□ 4b 数学を**キソ**（そもそもの根本）から勉強し直す。

□ 5a 先生が「もっと努力しなさい」と生徒を**サト**（言い聞かせる）す。

□ 5b 英語の**キョウユ**（小学校・中学校・高校などの正規の先生）になるための勉強をする。

□ 6a 社会への貢献を根本に**ス**（ぶれないようにしっかり置く）えて活動する。

□ 6b 将来の就職を**ミス**（しっかりと目を向ける）えて、今から準備をしておく。

□ 7a 人里から遠く離れた、**サビ**（人の気配がない）しい山奥。

□ 7b 騒ぎが収まり、あたりに**セイジャク**（音もなく人の気配もしない状態）が戻る。

□ 8a ゆっくり眠って、傷ついた体を**イ**（健康な状態に戻す）やす。

□ 8b 発熱も痛みもなくなり、病気が完全に**チユ**（健康な状態に戻る）する。

□ 9a 箱の中にミカンが**イク**（何個）つあるか、数える。

□ 9b 好きな音楽を聴くと、悲しみが**イクブン**（ある程度）和らぐ。

- 4a 礎　4b 基礎
- 5a 諭　5b 教諭
- 6a 据　6b 見据
- 7a 寂　7b 静寂
- 8a 癒　8b 治癒
- 9a 幾　9b 幾分

礎
部首 石《いしへん》⇩本来、建物の土台とする石。「昔、建物があったところに、礎石《ソセキ》だけが残っている」。ab 広く、土台となるもの（＝**いしずえ**）。

諭
ab 部首 言《ごんべん》（＝ことば）⇩基本、話して理解させる（＝**さと・す**）。「いたずらが見つかり、警察官から説諭《セツユ》を受ける」。

据
ab 部首 扌《てへん》（＝手）⇩手できちんと「**す・える**」。また、ものが安定する（＝**す・わる**）。「この瓶をここに置くのは据《す》わりが悪い」。転じて、ぶれずに何かをする。

寂
ab 部首 宀《うかんむり》（＝建物）⇩人の気配がしない建物⇩「**さび・しい**」。「閑寂《カンジャク》なお寺の庭」。+α 仏教用語で、死ぬこと。「寂滅《ジャクメツ》（＝死去）」。

✕ 寂

癒
ab 部首 疒《やまいだれ》（＝病気）⇩病気やけがなどを「**い・やす**」／病気やけがなどが「**い・える**」。「傷が癒《い》えて試合に復帰する」。

幾
a 数を問う疑問詞（＝**いく・つ**）。b 転じて、不特定の数量。「幾《いく》重《え》にも重なる山々」。

□ **1a** 同じ部のかっこいい先輩に**アコガ**れる。
心が強く引かれる

□ **1b** 古代ギリシャの芸術に**ショウケイ**を抱く。
理想的だと思って強く引かれる気持ち

憧
憧憬

□ **2a** **キタ**え抜かれた、鋼のような肉体。
トレーニングを積んで強くする

□ **2b** 正確な技術は、日ごろの**タンレン**のたまものだ。
心身を強くすること

鍛
鍛錬

□ **3a** 気分が悪くて食べたものを**ハ**く。
口から外に出す

□ **3b** 胃潰瘍が悪化して、**トケツ**する。
赤い体液を口から出す

□ **3c** これまで語らなかった本心を**トロ**する。
ことばにして明らかにする

吐
吐血
吐露

□ **4a** 先例に**カンガ**みると、この提案は認められない。
照らし合わせて判断する

□ **4b** **カンテイ**の結果、血液型は○だとわかった。
規準と照らし合わせて判定すること

□ **4c** 採集した植物について、**ズカン**で調べる。
絵や写真を中心とした事典

□ **4d** 契約書に署名して**インカン**を押す。
本人であることを示すはんこ

鑑
鑑定
図鑑
印鑑

憧

ab 部首 忄《りっしんべん》(=心)⇩すばらしいと思って「**あこが・れる**」。❗熟語は憧憬のみ。ショウケイが伝統的な読み方だが、ドウケイと読んでも可。

鍛

部首金⇩本来、金属を熱してたたき、強度を上げる(=**きた・える**)。「刀を作るため、鉄を鍛《きた》える」。ab 転じて、心身を「**きた・える**」。

吐

ab 部首 口《くちへん》⇩基本、口からものを「**は・く**」。「ほっとして吐《ト》息《いき》をもらす」。c 転じて、ことばにして口から出す。「日ごろの不満を一気に吐《は》き出《だ》す」。❗土《ド》につられてドと読まない。

鑑

部首 金《かねへん》⇩本来、昔使われた、金属製の鏡。ab 鏡で照らして見る⇩何かと照らし合わせてチェックする(=**かんが・みる**)。「証拠を鑑識《カンシキ》係《がかり》が調べる」。c 転じて、チェックする際に参照する書物。「気になる選手について名鑑《メイカン》で調べる」。d チェックしたことを示すもの。「飼い犬を役所に登録して鑑札《カンサツ》をもらう」。

□ 5a 失敗が続いて、すっかり気持ちが**ナ**える。（元気がなくなる）
□ 5b 校長先生の前に出ると、**イシュク**してしまう。（元気がなくなり態度も小さくなる）

萎
萎縮

□ 6a 英語は得意なので、テストでは高得点を**ネラ**う。（目標とする）
□ 6b 大臣が**ソゲキ**されて重傷を負う。（目標として銃を発射する）

狙
狙撃

□ 7a 自分の能力の限界を**サト**る。（最終的に理解する）
□ 7b 不合格も**カクゴ**の上で、第一志望を受ける。（可能性をきちんと理解する）

悟
覚悟

□ 8a 書道の半紙を**ブンチン**で押さえる。（紙が動かないようにするおもし）
□ 8b 部長はたったひと言で部内の争いを**シズ**めた。（静かにさせる）
□ 8c 警官隊が、暴徒化したデモ隊を**チンアツ**する。（強い力で静かにさせる）

文鎮
鎮
鎮圧

□ 9a 株価の大暴落により、損害を**コウム**る。（影響を受ける）
□ 9b 台風に襲われたが、幸いにも**ヒガイ**は少なかった。（悪い影響）
□ 9c 殺人の罪に問われた**ヒコク**を弁護する。（裁判に訴えられた人）

被
被害
被告

萎
部首 艹《くさかんむり》（＝植物）⇩本来、植物の茎や枝葉の元気がなくなる（＝**な・える**）。a b 転じて、気力が衰える。❗熟語は、萎縮を知っておけば十分。

狙
a b 目標・目的として「**ねら・う**」。「矢で的を狙《ねら》う」「走らせて疲れさせるのが、相手の狙《ねら》いだ」。❗熟語は狙撃を知っておけば十分。

悟
a b 部首 忄《りっしんべん》（＝心）⇩きちんと理解して、もう心を変えない（＝**さと・る**）。「悩んだ末に悟《さと》りの境地に達する」。

鎮
a 部首 金《かねへん》⇩本来、金属製のおもし。b c 押さえて安定させる⇩広く、騒ぎや痛みなどを「**しず・める**」。「薬で痛みを鎮《しず》める」「火災が鎮火《チンカ》する」「死者に捧げる鎮魂《チンコン》の曲」。
同訓 静・鎮（p.94）。

被
部首 衤《ころもへん》（＝衣服）⇩本来、衣服で体を覆う⇩頭からかぶる。a b 水などをかぶる⇩影響を受ける（＝**こうむ・る**）。「経済発展の恩恵を被《こうむ》る」。c また、何かをされる。「カメラの被写体《ヒシャタイ》になる」。

□ 1a 綿から繊維を引き出し、糸を**ツム**ぐ。
繊維をより合わせる
紡

□ 1b このボウセキ工場では、大量の綿糸が作られる。
繊維をより合わせ、引き伸ばす
紡績

□ 2a ぬかるみで転んで**ドロ**だらけになる。
水が混じった土
泥

□ 2b 溝にたまった**オデイ**を取り除く。
不純物の混じった水や土
汚泥

□ 2c 勝ち負けに**コウデイ**せず、試合を楽しむ。
そのことばかりを気にする
拘泥

□ 3a お坊さんがお寺の庭の落ち葉を**ハ**く。
ほうきで取り除く
掃

□ 3b 新学期に備えて、学校をきれいに**セイソウ**する。
ゴミや汚れを取り除く
清掃

□ 3c 社会から暴力を**イッソウ**する。
すべてきれいに取り除く
一掃

□ 4a 災害の犠牲者の**ミタマ**をまつる。
魂
御霊

□ 4b 殺された人の**オンリョウ**がたたりをなす。
この世に不満を持った人の魂
怨霊

□ 4c あの学校のトイレには**ユウレイ**が出るらしい。
お化け
幽霊

紡
a b 部首 糸《いとへん》 ⇩繊維をより合わせて糸を「**つむ・ぐ**」。 +α 比喩的に、文章や関係などを長く続くものにする。「ことばを紡《つむ》いで物語を作る」「二人で愛を紡《つむ》ぐ」。

泥
a b 部首 氵《さんずい》（＝水）⇩水を含んだ「**どろ**」。「雲泥《ウンデイ》の差（＝空高く浮かぶ白い雲と、地中に低く沈む黒い「**どろ**」のような違い）」。 c 「**どろ**」に足を取られる⇩身動きがとれない⇩気持ちが離れない。

掃
a 部首 扌《てへん》（＝手）⇩手に持ったほうきで「**は・く**」。 b 広く、ゴミなどを取り除く。 c さらに、取り除いて何もない状態にする。「敵軍の残った部隊を掃討《ソウトウ》する」。

霊
a b 基本、肉体を離れて存在すると信じられている精神（＝**たま**）。「霊魂《レイコン》の不滅を信じる」。 c 転じて、常識では理解できない不思議なものごと。「心霊《シンレイ》現象」。 ! 音はレイが基本。リョウは、他に「悪霊《アクリョウ》」「死霊《シリョウ》」など。

× 霊

□ 5a 試験に落ちた友人を**ナグサ**める。
気持ちを和らげようとする
慰

□ 5b 有名な歌手が高齢者施設を**イモン**する。
ようすを尋ねて気持ちを和らげる
慰問

□ 6a 生徒会の役員への立候補を**ツノ**る。
呼びかけて応じてもらう
募

□ 6b 会社が新入社員を**ボシュウ**する。
呼びかけて来てもらう
募集

□ 7a 変装して人の目を**アザム**く。
だます
欺

□ 7b 医者だと名乗っていたが、実は**サギ**師だった。
うそをついて人をだますこと
詐欺

□ 8a 親に愛されてすくすくと**ソダ**つ。
成長する
育

□ 8b ウサギをペットとして**シイク**する。
餌を与えて成長させる
飼育

□ 8c 自由な教育環境が創造性を**ハグク**む。
大切にして成長させる
育

□ 9a ほどけた靴のひもをきつく**シ**める。
ゆるまないようにきちんと縛る
締

□ 9b 核軍縮に関する条約を**テイケツ**する。
きちんとした文書にして約束する
締結

□ 9c リクエストは今日の午後五時で**シ**め切ります。
ある時点で終わりにする
締

慰

a b 部首 心《こころ》⇩心を落ち着かせようと「**なぐさ・める**」。「事故の犠牲者の慰霊碑《イレイヒ》」「辞めたいと言い出した人を慰留《イリュウ》する」。

募

a b 基本、何かを求めて呼びかける(＝**つの・る**)。「アルバイトを急募《キュウボ》する」。+α また、呼びかけて量を増やす⇩勢いが増す(＝**つの・る**)。「恋しい思いが募《つの》る」。

欺

a b 偽りを信じさせる(＝**あざむ・く**)。
! 詐欺の詐は、うそを言う。「経歴を詐《サ》称《ショウ》する」。

育

a b 基本、子どもが「**そだ・つ**」／子どもを「**そだ・てる**」。「子どもが生まれ、育児《イクジ》休業を取得する」「親のない子どもを引き取って養育《ヨウイク》する」。c 子どもを成長させる⇩能力や感情などを成長させる(＝**はぐく・む**)。

締

a 部首 糸《いとへん》⇩基本、縄やひもを「**し・める**」。同訓 閉・締(p.99)。b 縄やひもで固定する⇩きちんと仕上げる。また、ゆるみをなくす(＝**し・める**)。「心を引《ひ》き締《し》める」。c 転じて、終わりにする(＝**し・める**)。「パーティーの締《し》めの挨拶」。

column

訓読みすれば意味がわかる

日本列島へと漢字が伝わって来たのは、おそらく紀元二〜三世紀ごろのこと。その漢字が、日本語を書き表すために本格的に使われるようになったのは、五〜六世紀ごろのことだと考えられます。

漢字はもともと、中国で作り出された文字ですから、中国語としての読み方しかありませんでした。それが日本語風に変化して定着したのが、音読みです。そこで、漢字を使って日本語を書き表す場合も、当初は、一つ一つの漢字の意味とは関係なく、音読みを使って当て字をするしかありませんでした。

しかし、それではあまり便利ではありません。そのため、漢字の意味を日本語に翻訳し、それを読み方として用いる方法が考え出されました。たとえば、中国語としての「悪」が表している意味は、日本語では「わるい」に当たります。そこで、「悪」を「わる(い)」と読むことにしたわけです。これが、訓読みです。

つまり、訓読みとは、その漢字の意味そのものなのです。漢字の勉強でまず重点を置くべきは、訓読みだといえるでしょう。ただ、逆に考えれば、訓読みのない漢字は意味の理解が難しいということにもなります。本書で、学校で訓読みを習う漢字を第1章で取り上げ、そうではない漢字を第2章で取り上げる形にしてあるのは、そのためです。

なお、第2章の漢字の中には、学校では習わないものの訓読みが存在しているものもあります。「虚」を「むな(しい)」と読んだり、「衝」を「つ(く)」と読んだりするのがその例です。漢和辞典にはそういう訓読みが載っていることがありますので、それらを参考にすると、意味が理解しやすくなるでしょう。

第2章 訓読みのない漢字

漢字編

漢字の中には、訓読みが存在しないものや、
存在していても一般にはあまり使われないものもあります。
そういう漢字の場合は、訓読みに頼ることができないので、
意味の理解がやや難しくなります。
この章では、学校では訓読みを習わない漢字を取り上げ、
基本となる意味から発展的な意味へと
順を追って把握しながら学習できるように構成しました。
第１章と同様に、漢字の意味を総合的に捉えることで、
多くの音読みのことばを理解することが
できるようになります。

2章 重要度ランクA ①

□ 1a ネット上の**キョギ**のニュースにだまされる。
　事実ではなく、うその

□ 1b **コクウ**を見つめてぼんやりとしている。
　何も存在しないところ

虚偽
虚空

□ 2a 冬なのに三十度を超える、**キミョウ**な天候。
　ふつうとは違って不思議な

□ 2b お年寄りを助けてくれるとは、**キトク**な方だ。
　とりわけすばらしい

□ 2c 3、5、7は**キスウ**である。
　2で割り切れない

奇妙
奇特
奇数

□ 3a 荷物が壊れないよう、箱に**カンショウ**材を詰める。
　ぶつかった時の勢いを和らげる

□ 3b 自分の過ちに気付き、**ショウゲキ**を受ける。
　感情を激しく揺さぶられること

□ 3c いくつもの幹線道路が通る、交通の**ヨウショウ**。
　交通上、大事な地点

緩衝
衝撃
要衝

□ 4a スマホのデータの**ヨウリョウ**が足りなくなる。
　中に入れられる多さ

□ 4b 悩みをよく聞いてくれる、**ホウヨウ**力のある人。
　他人を受け止める

□ 4c あの人は、**ヨウシ**も心も美しい。
　外見

容量
包容
容姿

虚

a b 基本、中身がない⇩実質がない。「生きがいのない空虚《クウキョ》な生活」。❗音コは、他に「虚《コ》仮《ケ》にする(＝馬鹿にする)」「虚《コ》無《ム》僧《ソウ》(＝時代劇などに出て来る一種の修行僧)」ぐらい。

奇

a ふつうとは違って目立つ。「奇《キ》怪《カイ》な事件」「奇《キ》声《セイ》を上げる」。b 転じて、目立って優れている。「神が起こした奇《キ》跡《セキ》」「ここで君と会うとは奇《キ》遇《グウ》だね」。c 余りが出て目立つ⇩2で割り切れない。

衝

a 部首 行《ぎょうがまえ》(＝移動)⇩勢いよく移動してぶつかる⇩広く、激しくぶつかる。b 転じて、意見や感情がぶつかる⇩心がゆさぶられる。「ラーメンを衝《ショウ》動《ドウ》的《テキ》に食べたくなる」。c また、道と道がぶつかる⇩道が集まる場所。

容

a 部首 宀《うかんむり》(＝建物)⇩本来、建物などの中に入れる。「けが人を病院に収《シュウ》容《ヨウ》する」「水を入れる容《ヨウ》器《キ》」。b 転じて、他人の行動や考えを受け入れる。「移民に寛《カン》容《ヨウ》な国」。c また、何かを入れた物の形⇩広く、外から見える状態。「美《ビ》容《ヨウ》院《イン》」「阿蘇山の威《イ》容《ヨウ》」。

✕容

□ 5a それぞれの生徒の**コセイ**を伸ばす教育。
各自の特質

□ 5b 先生は、涙もろい**ショウブン**の人だ。
生まれ持った心情的な傾向

□ 6a 食中毒の予防のため、衛生管理を**テッテイ**する。
上から下までやり尽くす

□ 6b この改革は、何があっても**カンテツ**すべきだ。
それだけは必ずやり抜く

□ 7a 社会の**キハン**を守って暮らす、よき市民。
従うべききちんとしたきまり

□ 7b 行方不明者を、**ハンイ**を広げて捜索する。
ある一定の広がり

□ 8a B5判とは、紙の大きさの**キカク**の一つだ。
公的に定められた基準

□ 8b 試験を受けて調理師の**シカク**を取得する。
ある技能を持つことの公的な証明

□ 8c 消火用ホースが**カクノウ**されている箱。
他と区別できるようにしてしまう

□ 9a 教科書に**ジュンキョ**した参考書。
基づいて参考にする

□ 9b **コンキョ**が薄弱で、信頼できない主張。
判断の土台になる理由

□ 9c 地方都市を**キョテン**として活動するバンド。
活動の中心となる場所

個性　性分

徹底　貫徹

規範　範囲

規格　資格　格納

準拠　根拠　拠点

性

a b 部首 忄《りっしんべん》（＝心）⇩心情的な傾向や特質⇩広く、さまざまな傾向や特質。「性《セイ》別《ベツ》で分ける」「化合物の性質《セイシツ》」。❗音ショウは、他に「気《キ》性《ショウ》」「凝《こ》り性《ショウ》」「根《コン》性《ジョウ》」「性《ショウ》根《ね》」など。

徹

a 部首 彳《ぎょうにんべん》（＝移動）⇩終わりまで進む。「徹《テツ》夜《ヤ》で勉強する」。b 転じて、そればかりやる。「守りに徹《テツ》する」「頑固一徹《イッテツ》」。似形 撤・徹（p.106）。

✖ 徹

範

a 従うべき前例やきまり。「先輩は後輩の模範《モハン》となるべきだ」。b 転じて、あるものがその中に入るべき広がり。「広範《コウハン》な知識を誇る」。

格

a はっきり定められたきまりや基準。「試験に合格《ゴウカク》する」「破格《ハカク》の待遇を受ける」。b 他とははっきり区別できる特徴や性質、技能など。「負けず嫌いな性格《セイカク》」「がっちりとした体格《タイカク》」「格《カク》の違いを見せる」。c はっきりと区別できる。「格段《カクダン》の進歩」。

拠

a b それに基づいて判断したり行動したりする。判断や行動の土台とする。c 転じて、ある場所を活動の土台とする。「デモ隊が広場を占拠《センキョ》する」「プロバスケットボールチームの本拠地《ホンキョチ》」。

□ 1a 悲しみと憎しみが**コウサク**する、複雑な気持ち。
ぶつかってごちゃ混ぜになる
交錯

□ 1b 才能がないのに、才能があると**サッカク**する。
勘違いする
錯覚

□ 2a 我が校の歴史について簡単に**ガイカン**する。
だいたいのところを見る
概観

□ 2b 物語の**コウガイ**を四百字以内でまとめる。
だいたいの内容
梗概

□ 3a 不幸な**キョウグウ**にあっても前向きに生きる。
置かれている状態・状況
境遇

□ 3b ゲストとして特別な**タイグウ**を受ける。
その人に対する接し方
待遇

□ 4a データの分析を専門家に**イライ**する。
お願いして力を借りる
依頼

□ 4b 議論を重ねたが**イゼン**として結論が出ない。
それまでと変わらず
依然

□ 5a 容疑者の自宅を**ソウサク**して、証拠品を押収する。
目的のものを見つけようとする
捜索

□ 5b ネットでスープのレシピを**ケンサク**する。
調べて見つけようとする
検索

□ 5c 生きることの意味について、深く**シサク**する。
考えて知ろうとする
思索

錯
a 部首 金《かねへん》⇩貴金属をちりばめて文様を作る⇩ごちゃ混ぜにする／なる。「意識が錯乱《サクラン》する」。b 転じて、勘違いする。「家事は妻がすべきだという、時代錯誤《ジダイサクゴ》な考え」。

概
a b おおよその。「かかる費用を概算《ガイサン》する」「会議の内容を概括《ガイカツ》する」。+α 転じて、一般的にまとめる。「概して言えば、日本人は勤勉だ」。似形 慨・概（p.102）。

遇
部首 辶《しんにょう》(=移動)⇩本来、移動していて思いがけず出会う。「未知の生物に遭遇《ソウグウ》する」。a b 出会う⇩もてなす。ある扱い方でその人に接する。「特別顧問として遇《グウ》する」。

依
a 力を借りる。よりかかる。「石油の供給を中東に依存《イソン》する」。b 過去によりかかる⇩過去から変化しない。

索
部首 糸《いと》⇩本来、ロープやケーブル。「索《サク》条《ジョウ》鉄道(=ケーブルカー)」。a b c ロープを伝ってたどる⇩見つけようとする。「辞典の索引《サクイン》で知りたい用語を探す」「未知の世界を探索《タンサク》する」。! 検索の検は、調べる。「身体検査《ケンサ》」「問題点を検討《ケントウ》する」。
× 索

第2章

- □ 6a プールサイドで走るのは禁止、という**キソク**。（従うべききまり） — 規則
- □ 6b 混雑を避けるため、入場を**キセイ**する。（ある方針に従わせる） — 規制
- □ 7a 舞台を客席が**エンカン**状に取り巻く劇場。（ぐるっと一周する形） — 円環
- □ 7b 湿気が多く、かびが生えやすい**カンキョウ**。（まわりの状態や状況） — 環境
- □ 8a さまざまなお店がひしめく**ハンカ**街。（にぎやかで人目が集まる） — 繁華
- □ 8b 庭に**ハンモ**した雑草を刈り取る。（本数や枚数などが多くなる） — 繁茂
- □ 9a 民間企業の人事に政府高官が**カイニュウ**する。（間に割り込む） — 介入
- □ 9b 弁護士を**カイ**して相手に苦情を申し立てる。（間に立てる） — 介
- □ 9c 福祉施設で高齢者を**カイゴ**する。（守り助ける） — 介護
- □ 10a このふすま絵は、さる**ガハク**の手に成る作品だ。（名高い絵描き） — 画伯
- □ 10b 独創的な発想に基づく、**カッキ**的なSF小説。（新しい時代の始まりとなる） — 画期
- □ 10c 夏休みに海外旅行を**ケイカク**する。（プランを考え組み立てる） — 計画

規 本来、コンパス。a b 転じて、円⇩中心から一定の距離にある⇩一定のきまりに従う。「規律《キリツ》正しい生活」「入会には規約《キヤク》への同意が必要だ」。

環 部首 王《たまへん》（＝宝石）⇩本来、ドーナツ型にカットした宝石。a 転じて、ドーナツ型のもの。「環状線《カンジョウセン》」。b まわりを取り巻く。「環《カン》太平洋地域」。似形 還・環（p.100）。

繁 a 部首 糸《いと》⇩本来、たくさんの糸で飾る⇩数が多くてにぎやかな。「国が繁栄《ハンエイ》する」「商売が繁盛《ハンジョウ》する」。b また、動植物がよく育って数が増える。「動物たちの繁殖期《ハンショクキ》」。

介 a b 本来、間に置く。間をつなぐ。「人間と神の間に介在《カイザイ》する神官」「売り手と買い手を業者が媒介《バイカイ》する」。c 転じて、人と人をつなぐ⇩人を助ける。「手足が不自由な人のための介助犬《カイジョケン》」。

画 a 基本、絵。「美術館で絵画《カイガ》を見る」「版画《ハンガ》を刷る」。また、動きのある映像。「お祭りのようすを動画《ドウガ》に撮る」。b 線を引く⇩区切る。「敷地を三つの区画《クカク》に分ける」。c 転じて、考えを組み立てる。「イベントを企画《キカク》する」。
❗ bとcの場合は音カク。

1a 細胞の状態を**ケンビキョウ**で観察する。
とても小さいものを大きくはっきり見せる器具
顕微鏡

1b 先人の功績を**ケンショウ**する石碑を建てる。
はっきりと世の中に知らせる
顕彰

2a 新兵器が**イリョク**をまざまざと見せつける。
恐ろしいほどの強さ
威力

2b 国の代表として、**イシン**を懸けて戦う。
まわりに従われ、頼りにされるような風格
威信

3a 全国有数の**キボ**を誇るテーマパーク。
同じタイプのもので比べた時の大きさ
規模

3b 下級生の**モハン**となるよう、心がける。
手本
模範

3c 対立する双方が納得する解決策を**モサク**する。
手探りで見つけようとする
模索

4a 神社で、豊作を神に祈る**ギシキ**を行う。
作法に従って行われる行事
儀式

4b 自分の**リュウギ**で勉強を進める。
独特のやり方
流儀

4c ハワイの場所を**チキュウギ**で確認する。
人類が住む惑星の姿を示す器具
地球儀

4d あの人を主将に推薦する**ギ**は、立ち消えになった。
その話題
儀

顕
a b はっきりと見えるようにする。また、はっきりと目立つ。「東北地方の方言に顕著《ケンチョ》な特徴」「隠されていた問題が顕在化《ケンザイカ》する」。

威
部首戈《ほこ》(＝武器)⇩本来、武器でおどす。a 広く、恐れさせる。「脅威《キョウイ》的な強さ」「ウイルスが猛威《モウイ》を振るう」。b 転じて、まわりを従わせる。「王としての威厳《イゲン》」「物理学の権威《ケンイ》」。

模
a 部首木《きへん》⇩本来、木などで作った型。「船の模型《モケイ》」。転じて、同じ型のもの。b 型を作る⇩手本にする。まねる。「他人の作品を模倣《モホウ》する」「文化祭で模擬店《モギテン》を出す」。c また、手探りする。❗この場合、昔は扌《てへん》で「摸」と書かれた。似形 膜・漠・模(p.107)。

儀
a 基本、行動の規準となるような作法。「礼儀《レイギ》正しい挨拶」「行儀《ギョウギ》よく座る」。b 転じて、ものごとの進め方。「余儀《ヨギ》ない(＝他の方法がない)」。c また、規準やモデルを示す器具。「水準儀《スイジュンギ》で高低差を測る」。d このほか、ある話題。そのこと。「私儀《わたくしギ》(＝私のことですが)、このたび転居いたしました」。

□ 5a 厳しい**シンサ**を経て、合格者が発表される。
詳しく調べて、能力などを明らかにする
審査

□ 5b 多くの芸術作品に接して、**シンビ**眼を養う。
きれいで整っているかどうかを明らかにする
審美

□ 6a **ハイキ**される食糧の量を減らす。
利用をやめて、捨てる
廃棄

□ 6b 遺産を相続する権利を**ホウキ**する。
自分のものを手放す
放棄

□ 7a テストの結果が悪くて、**ラクタン**する。
気力がなくなる
落胆

□ 7b あの笑顔の裏には、何か**コンタン**がありそうだ。
秘めた考え
魂胆

□ 8a 病気になり、両親の手厚い**カンゴ**を受ける。
変化を注意して見守り、悪化を防ぐ
看護

□ 8b 陰謀を**カンパ**して、事件を未然に防ぐ。
注意して真相を見抜く
看破

□ 9a 頭痛に対して**ソッコウ**性のある薬。
よい結果がすぐに出る
即効

□ 9b あれを食べたいという、**ソクブツ**的な欲求。
具体的なものと直接、関係する
即物

□ 9c 実情に**ソク**した解決法を考える。
離れずにぴったり合う
即

□ 9d 新しい王が**ソクイ**する。
ある社会的な立場に就く
即位

審
ab 基本、基準に合っているかどうかを明らかにする。「どのような処分を下すか審議《シンギ》する」「審判《シンパン》が試合終了を告げる」。
✕ 審

棄
ab 基本、手放す。「契約を破棄《ハキ》する」「けがのため、大会への出場を棄権《キケン》する」。❗ 廃棄の廃は、利用するのをやめる。「バスの路線が廃止《ハイシ》される」。

胆
本来、内臓の一つ。「胆嚢《タンノウ》」。a 昔は精神力が宿ると考えられた⇩気力。「ものおじしない大胆《ダイタン》な振る舞い」。b 転じて、本当に考えていること。

看
ab 部首目《め》＋手⇩目に手をかざす⇩注意してよく見る。「病人を看病《カンビョウ》する」「刑務所の看守《カンシュ》」。

即
a 基本、その場ですぐに。「質問に即座《ソクザ》に答える」「展示即売会《ソクバイカイ》」「即興《ソッキョウ》で演奏する」。b 転じて、直接的に結び付いた。c また、離れない。「事実に即《ソク》して判断する」。d 離れずにくっつく⇩ある社会的な立場に就く。
✕ 即

□ 1a 好調を**イジ**したまま、試合の日を迎える。
しばらく保ち続ける

□ 1b 明治**イシン**により、日本の近代が始まった。
政治や社会が勢いよく改まること

維持
維新

□ 2a 前年の優勝校が優勝旗を**ヘンカン**する。
元あったところに戻す

□ 2b 商品を運ぶトラックが国道を**オウカン**する。
行ったり戻ったりする

□ 2c 五十八歳の祖父は、再来年、**カンレキ**を迎える。
干支がひとめぐりする

返還
往還
還暦

□ 3a 気になる相手に**ヒンパン**に連絡する。
何度も何度も

□ 3b 事故が**ヒンパツ**している、危険な交差点。
何度も起こる

□ 3c アラスカは、オーロラが出現する**ヒンド**が高い。
どれくらい起こるかを示す数値

頻繁
頻発
頻度

□ 4a 私情を**ハイ**して、規則通りに処分する。
追い出す

□ 4b 業界から悪徳業者を**ハイジョ**する。
追い出して中に入れない

□ 4c お風呂場の**ハイスイ**口を掃除する。
汚れた水を外に出す

排
排除
排水

維

部首 糸《いとへん》⇩細長い糸や綱。「植物の繊《セン》維《イ》」。**a** 転じて、ある程度、長く続ける。**b** また、昔の中国語で、文章に勢いを付けるために使われたことば。実質的な意味はない。

還

a **b** 部首 辶《しんにょう》（＝移動）⇩元の方向に移動する／移動させる。「宇宙飛行士が帰還《キカン》する」「犯罪者を本国へ送還《ソウカン》する」。**c** 転じて、ひとまわりする。似形 還・環（p.100）。

✕ 還

頻

a **b** **c** 基本、何回も繰り返す。「入試に頻《ヒン》出《シュツ》する漢字」。❗ 頻繁の繁は、数が多い。「旅行客が多い繁忙期《ハンボウキ》」。

排

a **b** 部首 扌《てへん》（＝手）⇩手で押しのける⇩広く、追い出す。「外国製品をボイコットする、排他的《ハイタテキ》な運動」。**c** 転じて、不要なものを外に送り出す。「エンジンから排気《ハイキ》ガスが出る」。

□ 5a **ビミョウ**な色合いが美しい写真。
はっきりとは指摘できないくらいかすかな

□ 5b 人生経験を重ね、人情の**キビ**をよく理解する。
とても小さいが重要なことがら

微妙
機微

□ 6a 仲間の信頼を裏切る**コウイ**はするな。
何かをすること

□ 6b **イセイシャ**は国民の信頼に応えるべきだ。
法律を定めたりそれを実行したりする人

□ 6c アンケート結果を**サクイ**的に書き変える。
意図的に何かをすること

行為
為政者
作為

□ 7a 勝利するための**サクリャク**を練る。
方法や計画

□ 7b 利権が手に入るよう、裏で**カクサク**する。
方法を具体的に考える

□ 7c 休憩時間に公園を**サンサク**する。
ぶらぶらと歩く

策略
画策
散策

□ 8a 社会のルールから**イツダツ**した、勝手な行い。
あるべき状態から外れる

□ 8b 子ども時代はガキ大将だった、という偉人の**イツワ**。
正式な記録には収められていないエピソード

□ 8c 相手の堅い守備により、得点の機会を**イッ**する。
取り逃がす

□ 8d 作者の才能を示す、**シュウイツ**な作品。
とても優れている

逸脱
逸話
逸
秀逸

微

a b かすかな。とても小さい。「食欲は戻ったがまだ微熱《ビネツ》がある」「口元に微笑《ビショウ》を浮かべる」「目では見えない微生物《ビセイブツ》」。

似形 徴・黴(p.105)。

為

a b 基本、何かをする。行う。「休日を無《ム》為《イ》に過ごす」「人為的《ジンイテキ》(=人間が行った)」。c 転じて、目的を意識して何かをする。わざわざ何かをする。

✕ 為

策

a b 部首 竹《たけかんむり》 ⇩昔、国を治める方法や方針を書き記し、君主に提出するのに使った竹の札⇩方法・方針。「感染対策《タイサク》にマスクをする」「相手を説得するための方《ホウ》策《サク》」。c また、竹製の杖《つえ》⇩杖をついて歩く⇩歩き回る。

✕ 策

逸

a 部首 辶《しんにょう》(=移動)⇩ある枠の外に移動する。b 転じて、ある枠の中に収められていない。c ある枠の中に入れ損なう⇩取り逃がす。「転がってきたボールを後逸《コウイツ》する」。d また、ふつうのレベルより上に出る⇩優れている。「十年に一度の逸材《イツザイ》」。+α このほか、義務から逃れる⇩気ままに楽しむ。「安逸《アンイツ》な暮らし」。

2章 重要度ランクA ⑤

□ 1a 新しい駅ができ、この道も人の**オウライ**が増えた。
行ったり戻ったりすること

□ 1b **キオウショウ**のある人は、健康に注意が必要だ。
過去にかかった病気

□ 2a ラフなプレーに**シンパン**が警告を発する。
ルールに従って良い悪いをはっきりと決める役

□ 2b 怪しい人物の正体が**ハンメイ**する。
はっきりとわかる

□ 2c 誓約書に関係者全員が**レンパン**する。
横並びで印鑑を押す

□ 3a 大勢の中に**マイボツ**して、個性が発揮できない。
存在がわからなくなる

□ 3b 勉強に**ボットウ**して、ほとんど遊ばない。
ほかのことを考えなくなる

□ 3c 老衰のため、九十九歳で**ボツ**する。
亡くなる

□ 4a 狭いベッドで**キュウクツ**そうに眠る。
自由に動けず、体を縮こまらせる

□ 4b 待ち時間が長くて**タイクツ**する。
つまらない思いをする

□ 4c あまりの力の差に、**クツジュウ**するしかない。
しかたなく言われた通りにする

往来
既往症
審判
判明
連判
埋没
没頭
没
窮屈
退屈
屈従

往
a 部首 彳《ぎょうにんべん》（＝移動）⇩ある場所へ行く。「学校まで往復《オウフク》する」「医師が患者宅まで往診《オウシン》する」。b 転じて、過ぎ去る。また、過去の。「昭和に活躍した往年《オウネン》のスター」。

判
a 基本、はっきり区別する⇩善悪をはっきりさせる。「他人の間違いを批判《ヒハン》する」「裁判《サイバン》で争う」。b 転じて、はっきりしている。「だれがやったか判然《ハンゼン》としない」。c また、はっきり確認したことを示す印⇩印鑑など。「書類に判子《ハンこ》を押す」。

没
部首 氵《さんずい》（＝水）⇩水の中に沈む。「船が沈没《チンボツ》する」。a 転じて、隠れて見えなくなる。「日没後《ニチボツゴ》の暗さ」。b さらに、なくなる／なくす／ない。「あの人とはここ一年、没交渉《ボッコウショウ》だ」。c また、命がなくなる。「若くして病没《ビョウボツ》する」。

屈
a 基本、体を折り曲げる⇩広く、折り曲げる／折れ曲がる。「光が屈折《クッセツ》する」。b 転じて、心が折れる。晴れ晴れとしない。「自信を失い卑屈《ヒクツ》になる」。c 相手の前で膝を折り曲げてしゃがむ⇩負ける。「武力で相手を屈服《クップク》させる」。

□ 5a 失業率の改善は、景気回復の**チョウコウ**だ。
はっきりわかる印

□ 5b 毎月、会員から会費を**チョウシュウ**する。
きちんと取り立てる

□ 6a 子どものいたずらを許す**カンヨウ**な人。
心が広く、他者をよく受け入れる

□ 6b 事情を考え、違反者に**カンダイ**な処分を下す。
心が広く、細かいことにこだわらない

□ 7a 緑に囲まれた**カンセイ**な住宅街。
騒音がなく落ち着いた雰囲気の

□ 7b 十一月ごろは、この村では**ノウカンキ**に当たる。
田畑での仕事があまりない

□ 8a 長時間勤務が続き、従業員たちが**ヒヘイ**する。
へとへとになる

□ 8b 工業の発展が、環境汚染という**ヘイガイ**を生む。
悪い影響や損失

□ 8c **ゴヘイ**がないよう、注意してことばを選ぶ。
ことばが引き起こす誤解や反発

□ 9a 事態は複雑な様相を**テイ**しはじめた。
はっきりと示す

□ 9b 実戦形式の練習で、チームの弱点が**ロテイ**する。
隠れていたものをはっきりと示す

□ 9c 副賞として米一年分を**ゾウテイ**する。
プレゼントとして差し出す

5a 徴候
5b 徴収

6a 寛容
6b 寛大

7a 閑静
7b 農閑期

8a 疲弊
8b 弊害
8c 語弊

9a 呈
9b 露呈
9c 贈呈

徴

a はっきりと示す。「Z世代の特徴《トクチョウ》」。❗兆候は、前触れとなる印。意味が微妙に異なる。b 命令して差し出させる。「学業の途中で徴兵《チョウヘイ》される」。似形 徴・微(p.105)。

寛

a b 部首 宀《うかんむり》(=建物)⇩本来、建物が広い⇩心が広い。「民衆に対して寛仁《カンジン》な君主」。❗「寛解《カンカイ》(=病気の症状がなくなる)」は、本来、心に余裕ができ悩みがなくなる。

閑

a 基本、のんびりと落ち着いているようす。「南の島で過ごす、閑雅《カンガ》な休日」。b することがない。「出世争いに敗れ、閑《カン》職《ショク》に追いやられる」。

弊

a 部首 廾《にじゅうあし》(=両手)⇩両手で引き裂く⇩ぼろぼろにする／なる。「弊衣《ヘイイ》(=ぼろぼろの衣服)」。b c 転じて、悪い影響や結果。「余裕を持ちすぎて注意を怠る、という悪弊《アクヘイ》を断ち切る」「現代社会の病弊《ビョウヘイ》を指摘する」。誤 誤弊。似形 幣・弊(p.107)。

呈

a b はっきりと示す。「市場が活況を呈《テイ》する」「受付でマイナンバーカードを呈示《テイジ》する」。c 相手にはっきり見せる⇩差し出す。差し上げる。「粗品を進呈《シンテイ》する」「苦言を呈《テイ》する」。

□ 1a 外来の生物が、元いた生物を**クチク**する。
追い立ててどこかへ行かせる

□ 1b メールが来ると、**チクイチ**、返信する。
そのたびごとに

□ 2a **ゼント**に待ち受けるいくつもの苦難。
これから進む道筋

□ 2b 充電器は、**ベット**お買い求めください。
違う方法で。違う機会に

□ 2c 会計監査の結果、多額の**シト**不明金が見つかる。
用いた目的

□ 3a 歩いて島の最南端に**トウタツ**する。
行き着く

□ 3b **トウテイ**信じられない、ばかげた話。
どうしても○○できない

□ 3c 春が**トウライ**し、花が咲き始める。
あるタイミングが訪れる

□ 4a 甘さとしょっぱさが**ゼツミョウ**にマッチした味。
これ以上ないくらいすばらしい

□ 4b ネズミが猫を追いかけるとは、**ミョウ**な話だ。
ふつうとは異なった

□ 4c 和服にハイヒールという、**チンミョウ**な服装。
変わっていてめったに見かけない

駆逐
逐一
前途
別途
使途
到達
到底
到来
絶妙
妙
珍妙

逐

a 部首 辶《しんにょう》（＝移動）⇩基本、迫って移動させる。「残虐な王を放逐《ホウチク》する」。b 後ろから迫る⇩追いかける⇩順を追って作業する。「入荷次第、逐次《チクジ》、発送する」。似形 遂・逐（p.105）。

途

a 部首 辶《しんにょう》（＝移動）⇩移動する際に通る道。「学校からの帰途《キト》、友人と会う」。b 転じて、何かを行う際の方法や機会。「どうすればいいか、途方《トホウ》に暮れる」。c さらには、何かを行う目的。「さまざまな用途《ヨウト》に使える便利な道具」。

✕ 途

到

a b 基本、ある場所に行き着く。「目的地に到着《トウチャク》する」。到底**できない**は、本来、最も低いところまでは行き着けない。c 転じて、ある状態に行き着く。ある時間や状態になる。「前人未到《ゼンジンミトウ》の大記録」。

妙

a 本来、細かいところまでよくできていて、すばらしい。「巧妙《コウミョウ》な作戦」「難局を打開できる妙案《ミョウアン》」。b c 転じて、ふつうとは違っている。「夢を見ているかのような奇妙《キミョウ》な経験」。

□ 5a 谷川を**トショウ**して対岸にたどりつく。
水の流れを横断する

□ 5b 試合の日程を、相手チームと**コウショウ**する。
取り決めるためにやり取りする

渡渉
交渉

□ 6a 生き物は必ず死ぬのが、自然の**セツリ**だ。
この世を支配しているきまりごと

□ 6b 病後で体が弱っているので、**セッセイ**に努める。
体調を管理すること

□ 6c 健康のため、過剰な糖分の**セッシュ**を控える。
養分をきちんと体内に入れる

摂理
摂生
摂取

□ 7a 生き残りを懸けた**カコク**な競争を強いられる。
手ひどく厳しい

□ 7b 部下をこき使う、**レイコク**な上司。
思いやりがなく厳しい

□ 7c 盗作が疑われるほど、**コクジ**した文章。
ものすごくそっくりな

苛酷
冷酷
酷似

□ 8a 発掘の結果、縄文時代の**ドグウ**が出土した。
陶器の人形

□ 8b 転勤のため、**ハイグウシャ**と別居する。
婚姻の相手

□ 8c 2、4、6、8は**グウスウ**である。
2で割り切れる

□ 8d **グウハツ**的な軍事衝突が、戦争に発展する。
意図的にではなくたまたま起こる

土偶
配偶者
偶数
偶発

渉
a 部首氵《さんずい》(＝水)＋歩⇩基本、水の中を歩く。b 転じて、川の向こう側に行く⇩相手側とやり取りする。「渉外《ショウガイ》担当者として、取り引き先と打ち合わせをする」。

摂
a b 基本、きちんとコントロールする。⇩支配する。管理する。「摂政《セッショウ》(＝君主の代わりに政治をコントロールする役職)」。c 転じて、管理しながら中に入れる。

✕ 攝

酷
a b 部首酉《とりへん》(＝酒)⇩本来、度数のきつい酒⇩相手にきつく当たる。「残酷《ザンコク》な体罰」「肉体を酷使《コクシ》する」。❗過酷《カコク》は、厳しさの度合いが過ぎる。苛酷と過酷は意味がよく似ているので、どちらで書いても可。c 転じて、程度が激しい。

偶
a 部首イ《にんべん》(＝人)⇩本来、人形。「神の偶《グウ》像《ゾウ》を崇拝する」。b また、二つで一組の。❗本来、二つ一組の人形を指したところから、という説がある。c 転じて、ある数を二倍した。d そのほか、たまたま。「偶然《グウゼン》の一致」。❗a bcとdとの関係は不詳。

2章 重要度ランクB ①

□ 1a 平成の大ヒット曲の数々を**モウラ**したCD。
残らずひっくるめる

□ 1b 単語を**ラレツ**しただけでは、文にはならない。
ずらずら並べる

□ 2a 専門知識はあるが、常識が**ケツジョ**した研究者。
足りない状態にある

□ 2b 建物の残骸が、被害の大きさを**ニョジツ**に物語る。
本当にあった通りに

□ 3a 法律は、人間の行動を**コウソク**する力を持つ。
捕まえて自由を奪う

□ 3b 有罪判決を受け、刑務所に**コウキン**される。
捕まえて閉じ込める

□ 4a 苦手な科目を**コクフク**して、得点源とする。
打ち勝って自分のものとする

□ 4b 見聞きしたことを**コクメイ**に書き記す。
これ以上ないくらいはっきりと

□ 5a テストの結果を**コウリョ**して、志望校を決める。
きちんと検討する

□ 5b 戦争が世界経済に与える影響を**ユウリョ**する。
心配していろいろ思いをめぐらす

□ 5c **フリョ**の事故により、大会への出場を辞退する。
思ってもみなかった

1a 網羅
1b 羅列
2a 欠如
2b 如実
3a 拘束
3b 拘禁
4a 克服
4b 克明
5a 考慮
5b 憂慮
5c 不慮

羅

a 部首 罒《あみがしら》(＝網)⇩基本、網で捕まえる⇩残らず捕まえる。b 転じて、網の目のように並べる。「羅《ラ》針盤《シンバン》(＝ぐるりと並んだ方位の中から、現在の向きを針で示す器具)」。

如

a ○○な状態であるようす。「突如《トツジョ》(＝突発的であるようす)」。b ○○のように。○○の通りに。「如意《ニョイ》(＝やりたいように)」。❗ 音ニョは、他に「釈迦如来《シャカニョライ》」など。

拘

a b 基本、捕まえる。「罪を犯して拘留《コウリュウ》される」。+α 転じて、気持ちがとらわれる。「過去の失敗に拘泥《コウデイ》せず、未来を見る」。

克

a 基本、打ち勝つ。「厳しい修行で克己心《コッキシン》を鍛える」「悩みを超克《チョウコク》する」。b 転じて、これ以上ないレベルまでやり遂げる。

× 克

慮

a b c 部首 心《こころ》⇩心や頭を使う⇩いろいろと思いをめぐらす。「相手の気持ちに配慮《ハイリョ》する」「丸一日、熟慮《ジュクリョ》して決断を下す」「思慮《シリョ》深く信頼できる人柄」。❗ 憂慮の憂は、心配する。「一喜一憂《イッキイチユウ》」。似形 膚・慮・虜(p.106)。

× 慮

□ 6a 左右のおもりを調整して、**ヘイコウ**を保つ。
つり合い
平衡

□ 6b 1対1の**キンコウ**が破れる。
つり合いが取れている状態
均衡

□ 6c **ドリョウコウ**の単位を国際的に統一する。
長さ・容積・重さ
度量衡

□ 7a 熱せられた金属が、**ユウカイ**して液状となる。
固体が液体となる
融解

□ 7b 分裂して争う二つの組織が、**ユウワ**姿勢に転じる。
対立をやめて穏やかな関係になる
融和

□ 7c 銀行から**ユウシ**を受け、新工場を建設する。
元手となるお金を貸す
融資

□ 8a 卒業式で合唱隊を**シキ**する。
合図を出してみんなを歌わせる
指揮

□ 8b 緊張が解け、本来の力を**ハッキ**する。
はっきりわかるように示す
発揮

□ 8c ガソリンは、**キハツ**性の高い液体だ。
気体となって空中に飛び散る
揮発

□ 9a この包丁には、製作者を示す**メイ**がある。
刻み込まれた文字
銘

□ 9b 先生の教えを心に**メイキ**する。
しっかりと刻み込む
銘記

□ 9c 苦しくても前向きに生きる姿に**カンメイ**を受ける。
心が動いて記憶に残ること
感銘

衡
a b 基本、バランスが取れている。c おもりとバランスを取ってものの重さをはかる、てんびん⇩重さ。+α 転じて、水平な。「連衡《レンコウ》(＝水平方向につなげる⇩国や組織が同盟を結ぶ)」。! 「衝突《ショウトツ》」の衝と形が似ているので注意。

融
a 基本、熱せられて固体が液体になる。「原子炉の炉心が溶融《ヨウユウ》する」。b 液体になって混ざり合う⇩一体になる。「二つの文化が融合《ユウゴウ》する」。c 液体になって流れていく⇩順調に相手に届く⇩金銭を貸す。「足りないお金を融通《ユウズウ》する」「金融《キンユウ》業」。

揮
部首扌《てへん》(＝手)⇩手で振り回す。a 棒を振って合図する⇩先頭に立って人々を動かす。b 目立つように振り回す⇩存在を示す。c 空中に向けて振り回す⇩飛び散る。

銘
a 部首金《かねへん》⇩本来、金属に刻み込まれた文字⇩広く、刻み込まれた文字。「墓碑《ボヒ》銘《メイ》」。b c 消えないように深く刻む⇩しっかり記憶する。+α また、製作者の名が刻まれている⇩製造元の名がよく知られている。本物の。「銘茶《メイチャ》」「銘酒《メイシュ》」「正真正銘《ショウシンショウメイ》」。

□ 1a 高い**ホウシュウ**が得られる専門的な職業。
仕事に対して支払われるお金

□ 1b 観客同士がヤジの**オウシュウ**をする。
互いにやり返す

□ 2a 連日の**モウショ**で、動物たちも元気がない。
ものすごく気温が高い状態

□ 2b 台風が**モウイ**を振るい、大きな被害を与える。
人々を怖がらせるような強い力

□ 3a エコなリフォームには、自治体から**エンジョ**がある。
力添え

□ 3b ひきこもりの人の社会復帰を**シエン**する。
失敗しないように力を添える

□ 4a さまざまな課題を**ホウカツ**的に解決する。
すべてをひっくるめる

□ 4b 代金百万円を**イッカツ**して支払う。
すべてをまとめる

□ 5a 資料館に**チンレツ**された貴重な品々。
見えるところに並べる

□ 5b 記者会見を開き、不祥事について**チンシャ**する。
おわびのことばを述べる

□ 5c だれも興味を持たなくなった、**チンプ**な芸術。
時代遅れで魅力がない

1a 報酬
1b 応酬

2a 猛暑
2b 猛威

3a 援助
3b 支援

4a 包括
4b 一括

5a 陳列
5b 陳謝
5c 陳腐

酬
部首酉《とりへん》(＝酒)⇩本来、酒をついでくれた相手につぎ返す。a お礼をする。b 転じて、やり返す。❗熟語はこの二つを知っておけば十分。

猛
部首犭《けものへん》(＝動物)⇩本来、動物の力が強い⇩広く、力強くて勢いがある。「猛犬《モウケン》に注意」「勇猛《ユウモウ》果敢《カカン》な武将」。ab 転じて、強くて危害を及ぼす。「青酸カリは猛毒《モウドク》だ」。

援
ab 部首扌《てへん》(＝手)⇩基本、手で力を添える。⇩広く、力添えする。「被災地に救《キュウ》援《エン》物資を届ける」「ひいきのチームを応援《オウエン》する」。似形 緩・暖・援・媛(p.101)。

括
ab 部首扌《てへん》(＝手)⇩基本、手を使ってひもなどで縛る⇩ものを一つにまとめる。「この一年間の活動を総括《ソウカツ》する」「会話文の前後に鍵括弧《かぎカッコ》を付ける」。

陳
a 本来、並べる。b ことばを並べる⇩述べる。「自分の考えを開陳《カイチン》する」「裁判で証人として陳述《チンジュツ》する」。c そのほか、古い。「新陳代謝《シンチンタイシャ》(＝新しいものと古いものが入れ替わること)」。

第2章

6a 疲れたら**テキギ**、休憩を取ってください。
よい具合に
適宜

6b 対戦を組む**ベンギ**上、クラスを四チームに分ける。
ちょうどよくて役に立つこと
便宜

7a 自分勝手に行動して、グループ内で**コリツ**する。
ひとりぼっちになる
孤立

7b 自分の信念を貫き通す、**ココウ**の政治家。
集団にならず、自分の生き方を大切にする
孤高

8a 税収不足が放置され、**コウジョウ**化する。
いつでも同じ状態である
恒常

8b 世界の**コウキュウ**的な平和を祈念する。
いつまでも変わらずに続く
恒久

9a ハンドルを目一杯に切ると、車は急**センカイ**する。
カーブしながら動く
旋回

9b フルートの美しい**センリツ**に聞きほれる。
メロディー
旋律

10a 食べては眠るだけの**タイダ**な生活。
だらけていて気力がない
怠惰

10b もう好きでもない人と**ダセイ**で付き合う。
それまで続けてきたからというだけの理由で
惰性

11a 音楽・美術・書道の中から一つを**センタク**する。
目的とするものを決める
選択

11b 国連で、温暖化をめぐる宣言が**サイタク**される。
議論の結果として承認される
採択

宜
ab 基本、ちょうどよい。「時宜《ジギ》にかなう（＝その時の状態にちょうどよい）」。❗便宜は、ビンギと読んでも可。❗宣と形が似ているので注意。
× 宣

孤
ab 部首 子《こどもへん》 ⇩本来、親を失った子ども⇩ひとりだけで頼る相手がいない。「知り合いのいない孤独《コドク》な暮らし」。似形 弧・孤（p.102）。
× 孤

恒
ab 基本、いつも変わらない。「毎年恒例《コウレイ》の盆踊り大会」「恒星《コウセイ》（＝それ自身がいつも光を放っている星）」。

旋
a 基本、ぐるぐる回る。「旋風《センプウ》が土ぼこりを巻き上げる」「周旋《シュウセン》（＝関係者の間を回って、話をまとめる）」。
b 転じて、音の高さが次々に変化する。
× 旋

惰
a 気力がない。「惰眠《ダミン》を貪る（＝気力がなく、寝てばかりいる）」。b 転じて、現状を変える要素がない。「こぐのをやめても、ボートは惰力《ダリョク》で進む」。

択
ab いくつかの可能性の中から、どれかを選んで決める。「二者択一《ニシャタクイツ》」「このクイズ番組のクイズには三択《サンタク》問題が多い」。

2章 重要度ランクB ③

- ☐ 1a バイクが**モウレツ**なスピードで走っていく。
  非常に激しい
- ☐ 1b 若々しい演技で**センレツ**な印象を与える役者。
  とても生き生きとした

猛烈 / 鮮烈

- ☐ 2a 危険な状況の中に**カカン**に飛び込む。
  思い切って
- ☐ 2b 雨の中、予定通りコンサートを**カンコウ**する。
  思い切って実施する

果敢 / 敢行

- ☐ 3a うまくいっている時こそ、**マンシン**するな。
  思い上がる
- ☐ 3b インターハイで入賞したことを**ジマン**する。
  本人が本人をえらいと思い、態度に表す
- ☐ 3c **マンセイ**的な財政赤字は、わが国の大問題だ。
  ゆっくり進行して解決に時間がかかる

慢心 / 自慢 / 慢性

- ☐ 4a 空飛ぶ**エンバン**の目撃情報が寄せられる。
  まるくて平たいもの
- ☐ 4b ドリルで**ガンバン**を打ち砕き、穴を掘る。
  平たく広がった巨大な岩
- ☐ 4c 長かったシーズンもいよいよ**シュウバン**戦だ。
  最後に近い段階
- ☐ 4d ピアニストが、**ケンバン**の上に静かに指を置く。
  指で押して音を出す部分

円盤 / 岩盤 / 終盤 / 鍵盤

烈

部首 灬《れっか》（＝火）⇩本来、勢いよく燃える。「烈《レッ》火《カ》のごとく怒る」。ab 転じて、広く、非常に勢いがある。「強烈《キョウレツ》な一撃で倒される」「痛烈《ツウレツ》に批判する」。

敢

ab 基本、やりにくいことを思い切ってやる。「勇敢《ユウカン》な行動で人命を救助する」「強敵に敢然《カンゼン》と立ち向かう」。

✕ 敢

慢

ab 部首 忄《りっしんべん》（＝心）⇩心がゆるむ⇩思い上がる。「他人を見下す高慢《コウマン》な人間」。+α 心がゆるむ⇩動作がゆっくりで時間がかかる。「緩慢《カンマン》な動作で相手をいらだたせる」。c 転じて、時間が経ってもなかなか変化しない。

✕ 慢

盤

ab 部首 皿《さら》⇩本来、まるくて平たい容器⇩広く、まるくて平たいもの。「壁に吸《キュウ》盤《バン》をくっつける」。+α 上に何かを載せる容器⇩その上でゲームをする台。「碁盤《ゴバン》」「将棋《ショウギ》盤《バン》」。c 転じて、ゲームの進み具合⇩ものごとの進む段階。「試合はまだ序盤《ジョバン》だ」。d また、その上で機器を操るための装置。「配電盤《ハイデンバン》」「制御盤《セイギョバン》」。

□ 5a 紙は樹木の**センイ**から作られる。
糸のように細長い物質
繊維

□ 5b 傷つきやすい、**センサイ**な神経の持ち主。
ちょっとしたことにも感じやすい
繊細

□ 6a 青年期を過ぎ、**ソウネン**期を迎える。
心身ともに力にあふれている
壮年

□ 6b **ソウゼツ**なリハビリを経て、けがから復帰する。
これ以上ないくらいに力が必要な
壮絶

□ 7a 窓を閉め忘れていないか、**カジョウ**に心配する。
不必要なほど激しく
過剰

□ 7b 太陽光発電の**ヨジョウ**電力を有効に活用する。
何かに使ってもまだ残る
余剰

□ 8a この神社では十年に一度、**セングウ**が行われる。
お社の引っ越し
遷宮

□ 8b 「今年の漢字」の**ヘンセン**を一覧表にする。
時と共に違うものになっていくこと
変遷

□ 9a 安産を願い、絵馬を神社に奉納する**シュウゾク**。
昔からふつうに繰り返し行われてきたこと
習俗

□ 9b ゴシップばかりを載せる**ツウゾク**的な雑誌。
ありふれていて一般受けしやすい
通俗

□ 10a 警察に**トクメイ**の人物から情報が寄せられる。
本当の呼び方を明かさないこと
匿名

□ 10b 報道機関には、取材源を**ヒトク**する権利がある。
知られないようにする
秘匿

繊
a 部首 糸《いとへん》⇩本来、細い糸⇩糸のように細い。b とても細い⇩傷つきやすい⇩感じやすい。❗熟語は、ここで取り上げた二つを知っておけば十分。

壮
a 基本、力強くて立派な。「世界一になるという壮大《ソウダイ》な野望」「壮麗《ソウレイ》な宮殿」。b 転じて、力を尽くす。「負けたら引退するという、悲壮《ヒソウ》な覚悟」。

剰
a b 部首 刂《りっとう》(＝刃物)⇩本来、刃物で切り取った残り⇩広く、多すぎて残る。「不景気なので会社の剰員《ジョウイン》を整理する」。

遷
a 部首 辶《しんにょう》(＝移動)⇩別の場所へ移動する。「奈良から京都に遷都《セント》する」「管理職から平社員に左遷《サセン》される」。b 転じて、違うものになる。

俗
a 基本、一般的に行われていること。「江戸時代の社会風俗《フウゾク》を研究する」。b 転じて、ありふれていて程度が低い。「お涙頂戴の低俗《テイゾク》な映画」「欲にまみれた俗物《ゾクブツ》」。

匿
a b 外部からは見えないようにする。「援助物資を不正に隠匿《イントク》する」。❗熟語は、ここで取り上げた三つを知っておけば十分。

□ **1a** 所得の**タカ**によって税金の額が決まる。
たくさんか少ないかという量

□ **1b** 私は**カブン**にして、その俳優の名前を知らない。
知識や経験が少ないこと

□ **2a** ブリは、成長とともに**コショウ**が変わる出世魚だ。
名前

□ **2b** 新聞記者と**ショウ**する、正体不明の人物。
肩書きや名前を付ける

□ **2c** 「よくやった」と**ショウサン**される。
ほめたたえる

□ **3a** 社長に**ズイハン**して、ヨーロッパに出張する。
目上の人に付き従う

□ **3b** 科学者の書いた、読みやすい**ズイヒツ**。
心に浮かんだことを自由に書いた文章

□ **3c** 申し込みは**ズイジ**、受け付けています。
いつでも

□ **4a** 財布をなくしたので、警察に**イシツブツ**届を出す。
忘れ物や落とし物

□ **4b** 子どもに残せる**イサン**は、わずかしかない。
死んだ後に残す、価値のあるもの

□ **4c** 二人の激しい争いは、後々までの**イコン**となった。
長く残る不満や後悔

多寡　寡聞　呼称　称　称賛　随伴　随筆　随時　遺失物　遺産　遺恨

寡
a b 量が少ない。「めったに口を開かない、寡黙《カモク》な人物」「この業界は、三つの会社による寡占《カセン》状態だ」。+α また、配偶者に先立たれた。「寡夫《カフ》」「寡婦《カフ》」。
✖ 寡

称
部首 禾《のぎへん》（＝穀物）⇩本来、穀物の重さをてんびんで量る⇩てんびんのようにつり合う。「左右対称《タイショウ》」。a b 実質とつり合いが取れている名前⇩広く、名前。「王者という称《ショウ》号《ゴウ》」「経歴を詐称《サショウ》する」。c そのほか、高く評価する。ほめる。「民主主義を称揚《ショウヨウ》する」。

随
a 部首 辶《しんにょう》（＝移動）⇩本来、後に付いて移動する⇩広く、付き従って行動する。「ブームに追随《ツイズイ》する」。b 何かに任せて行動する⇩気分に任せる。好きなように。「用が済んだら随意《ズイイ》、帰宅して下さい」。c 好きなように⇩いつでも。なんでも。

遺
a 部首 辶《しんにょう》（＝移動）⇩何かを置いたまま立ち去る。置き忘れる。「犯人が現場に残した遺留品《イリュウヒン》」。b 何かを置いたまま死ぬ⇩死んだ後に残す。「亡き人の遺品《イヒン》」「先人の遺志《イシ》を継ぐ」。c 広く、長い間残っている。「前世紀からの遺物《イブツ》」。似形 遺・遺（p.100）。

□ 5a 実験が成功し、関係者は**カンキ**した。
とてもうれしがる

□ 5b 友人の家に遊びに行き、**カンタイ**を受ける。
楽しい気分でもてなすこと

□ 6a 理系と文系、どちらに進むかの**キロ**に立つ。
分かれ道

□ 6b 道の**ブンキ**点で、左を選んで進む。
進む先がいくつかになる

□ 7a 生徒会からの提案が、職員会議で**キャッカ**される。
提案などを退ける

□ 7b **ボウキャク**されていた真実に、光を当てる。
全く思い出されなくなる

□ 8a 勉学を怠って**キョウラク**的な学生時代を過ごす。
心地よさばかりを求めること

□ 8b 祖母は**キョウネン**八十五で亡くなりました。
死んだ時にその人が何歳だったかということ

□ 9a 演説の**ゲンコウ**を前の日に用意する。
公にする前の元の文章

□ 9b 体験談をエッセイにして雑誌に**トウコウ**する。
載せてもらうために文章を送る

□ 10a 仲裁人は、常に**チュウヨウ**を守る必要がある。
どちらにも偏らないこと

□ 10b どこにでもいる、**ボンヨウ**な高校生。
ありふれていて特徴がない

歓喜　歓待　岐路　分岐　却下　忘却　享楽　享年　原稿　投稿　中庸　凡庸

歓
ab 部首欠《あくび》(＝大きく口を開ける)⇩大声を出して喜ぶ。「チームの勝利にファンが歓声《カンセイ》を上げる」「新入部員を歓迎《カンゲイ》する」。
似形 観・歓・勧(p.101)。

岐
ab 部首山《やまへん》⇩一本だった山道などが複数になる⇩広く、一つではなく複数になる。「複雑多岐《フクザツタキ》な関係性」。
✕

却
a 基本、その場から出て行く／出て行かせる。「自軍の陣地へと退却《タイキャク》する」。b また、完全に○○する。「不要な書類を焼却《ショウキャク》する」「熱い鉄に水をかけて冷却《レイキャク》する」。

享
a 努力せずに受け取る。「大自然の恵みを享受《キョウジュ》する」。b 転じて、寿命として受け取る。❗熟語は、ここで取り上げた三つを知っておけば十分。

稿
ab 部首禾《のぎへん》(＝穀物)⇩本来、穀物の茎を乾かして作る「わら」⇩縄やむしろなどの材料⇩下書き。公表される前の文章。

庸
a 基本、偏りがない。b 転じて、特徴がない。+α このほか、仕事をさせる。「租庸調《ソヨウチョウ》」の庸は、奈良時代や平安時代に、仕事をさせられる代わりに税として納めた布など。

□ 1a カリスマ性があり、グループの**カク**となる人材。
なくてはならない重要なもの
核

□ 1b 名探偵の鋭い推理が、謎の**カクシン**に迫る。
真ん中にある重要なもの
核心

□ 2a 心臓の**シッカン**が原因で、胸が痛む。
病気
疾患

□ 2b ものすごい勢いで**シッソウ**する自動車。
とても速く移動する
疾走

□ 3a なかなか終わらない、**ジョウチョウ**で退屈な話。
不必要な部分が多くて、時間がかかる
冗長

□ 3b **ジョウダン**のようだが本当にあったこと。
ふざけた話
冗談

□ 4a 古い商品を**ゼンジ**、新しいものに入れ替える。
少しずつ順を追って
漸次

□ 4b 変革を**ゼンシン**的に行い、影響を最小限にする。
少しずつ前へ動かす
漸進

□ 5a 留置されていた被疑者が**シャクホウ**される。
自由の身になる
釈放

□ 5b 古文を現代語で**カイシャク**する。
よくわかるように説明する
解釈

□ 5c 洗剤の原液を十倍の水で**キシャク**する。
薄める
希釈

核
部首木《きへん》⇩木の実の真ん中にある堅い部分。ab転じて、全体の中心や根幹となる、重要な部分。「細胞核《サイボウカク》」「原子核《ゲンシカク》」「その地方の中核《チュウカク》となる都市」。

疾
a部首疒《やまいだれ》(=病気やけが)⇩本来、急に重くなる病気⇩広く、病気。「疾病《シッペイ》のため休学する」。b急に重くなる⇩スピードが速い。「疾風《シップウ》が吹きすさぶ」。

× 疾

冗
a基本、不必要な。「見ていて眠たくなる、冗漫《ジョウマン》な映画」。b転じて、本筋から離れている⇩まじめでない⇩ふざけた。

漸
ab部首氵《さんずい》(=水)⇩本来、水が少しずつしみこむ⇩広く、少しずつ。「投薬治療の結果、コレステロール値が漸減《ゼンゲン》する」。❗斬につられてザンと読まない。

釈
基本、固いものをゆるめる。ほぐす。a縛っていた縄をゆるめる⇩自由にする。「被告人を保釈《ホシャク》する」。b難しい内容をほぐす⇩わかるように述べる。「ミスを責められて釈明《シャクメイ》する」「英語の文書を通釈《ツウシャク》する」。cまた、ほぐしてばらばらにする⇩薄くする。

- □ 6a あらゆる場合を考え、**チミツ**な計画を立てる。（細かいところまで注意を払った）
- □ 6b とても**セイチ**な機械仕掛けの人形。（細かいところまでよくできた）
- □ 7a 筋トレの結果、マッチョな肉体に**ヘンボウ**する。（違う外見や状態になる）
- □ 7b 冬になると、山は夏とは違った**ソウボウ**を見せる。（見た目）
- □ 8a **ショウガイ**にただ一度の大恋愛。（死ぬまでのすべての期間）
- □ 8b 孤独な**キョウガイ**のうちに晩年を迎える。（人間として置かれている立場）
- □ 9a 久しぶりに再会した友人を、**ホウヨウ**して迎える。（腕の中に包み込む）
- □ 9b 有名人を、知事選の候補として**ヨウリツ**する。（まわりが支援して、ある地位に就ける）
- □ 9c 百万の人口を**ヨウ**する大都会。（構成員として持つ）
- □ 10a 本番を前にして、すごく**キンチョウ**する。（心のゆとりがなくなる）
- □ 10b 赤字を減らすため、**キンシュク**財政を実施する。（支出を減らして切り詰める）
- □ 10c 勝敗を左右するような、**キンパク**した瞬間。（今にもたいへんなことが起こりそうな）

緻密　精緻

変貌　相貌

生涯　境涯

抱擁　擁立　擁

緊張　緊縮　緊迫

緻

a b 部首糸《いとへん》⇩本来、織物の目が細かい⇩広く、細かいところまで注意が払われている。「巧緻《コウチ》な作戦」。❗精緻の精は、細かく行き届いた。「精密《セイミツ》な模写」「問題を精査《セイサ》する」。

貌

a b 外見。また、外からわかる状態。「あの人の美貌《ビボウ》に憧れる」「事件の全貌《ゼンボウ》を解明する」。❗相貌の相は、目に映る状態。「人相《ニンソウ》が悪い」。

✕ 貌

涯

a 部首氵《さんずい》（＝水）⇩本来、がけになった水際⇩陸地が終わるところ⇩広く、終わりまでのすべて。「天涯孤独《テンガイコドク》」。b また、区切られた陸地⇩置かれている立場。

擁

a 部首扌《てへん》（＝手）⇩基本、腕で包み込む。b まわりから包み込む⇩守る。また、まわりから助ける。「失敗した仲間を擁護《ヨウゴ》する」「プロ注目の選手をエースとして擁《ヨウ》するチーム」。c 包み込む⇩中身として持つ。

緊

a b 部首糸《いと》⇩本来、糸が固く張り詰める⇩広く、ゆとりがない。c 転じて、差し迫った。「一刻の猶予もない緊急《キンキュウ》事態」。

✕ 緊

- 1a 自分の行いを振り返り、**ケンキョ**に反省する。（自分を偉いと思わず、欲がないようす）　謙虚
- 1b **ケンジョウ**の精神を発揮し、相手の意見に従う。（自分を偉いと思わず、相手を優先すること）　謙譲
- 2a エースが復帰したから、わがチームは**アンタイ**だ。（落ち着いていてゆるがない）　安泰
- 2b 危機にあっても騒がず、**タイゼン**としている。（ゆったりとしているようす）　泰然
- 3a 祖父が**キトク**だと聞き、病院に駆けつける。（病気が重くて死にそうな状態）　危篤
- 3b **トクシ**家の寄付により、公園が整備される。（社会に貢献したいという気持ちが強い）　篤志
- 4a **フヨウ**しなければならない家族のために働く。（支えて生活させる）　扶養
- 4b 収入が少なく、自治体から公的**フジョ**を受ける。（支えて困難から救う）　扶助
- 5a 実績からすれば、あの人が選ばれるのが**ダトウ**だ。（無理なくふさわしい）　妥当
- 5b 予算を考えて、安い材料で**ダキョウ**する。（無理をせずに合わせる）　妥協
- 5c 賃金アップの交渉が**ダケツ**する。（互いに折り合って終わりとする）　妥結

謙

ab 基本、自分を偉いと思わない。「自分はたいしたことはない、と謙遜《ケンソン》する」。❗熟語は、ここで取り上げた三つを知っておけば十分。

泰

ab 基本、ゆったりとしている。「戦争もなく、天下泰平《テンカタイヘイ》の世の中だ」。

✕ 泰

篤

a 病気が重い。「重篤《ジュウトク》な病にかかる」。b また、熱心な。「郷土史に詳しい篤学《トクガク》の士」「篤実《トクジツ》な人柄で信頼されている人」。

扶

ab 部首扌《てへん》(＝手)⇩手で支える⇩広く、生活などを支える。❗熟語は、この二つを知っておけば十分。

妥

a 基本、無理がない。bc 転じて、主張を押し通そうとしない。適度なところで折り合いを付ける。❗熟語は、ここで取り上げた三つを知っておけば十分。

□ 6a 文化祭の準備のため、学校中を**ホンソウ**する。
忙しく動き回る
奔走

□ 6b 常識にとらわれない、**ホンポウ**な生き方。
自由で勢いがいいようす
奔放

□ 7a 落語の**シショウ**に弟子入りする。
優れた技術や知識を教える人
師匠

□ 7b 映画界の**キョショウ**として名高い監督。
とりわけ優れた技術や知識を持つ人
巨匠

□ 8a **コセキ**上の名前とは異なる、芸名を名乗る。
国民を家族ごとに登録した台帳
戸籍

□ 8b 宇宙に関する**ショセキ**を買い集める。
本
書籍

□ 9a 落とした**トウキ**の湯のみにひびが入る。
粘土を焼いて作ったもの
陶器

□ 9b いい友人に出会い、互いに人格を**トウヤ**する。
人間性を向上させる
陶冶

□ 9c 美しい音楽に**トウスイ**し、時を忘れる。
現実を忘れるほどうっとりする
陶酔

□ 10a 野党勢力を**キュウゴウ**し、首相に退陣を迫る。
ひとまとめにする
糾合

□ 10b メディアがこぞって不正を**キュウダン**する。
悪事を正そうとして、激しく非難する
糾弾

□ 10c 話し合いが**フンキュウ**し、結論が出せない。
混乱してまとまらない
紛糾

奔
a 基本、勢いよく進む。「谷を流れる奔《ホン》流《リュウ》」。b 転じて、過激なくらいの勢いで行動する。「金儲けのために狂《キョウ》奔《ホン》する」。
× 奔

匠
a b 基本、優れた技術や知識を身につけた人。「伝統工芸の名《メイ》匠《ショウ》」。+α 転じて、優れた技術や知識を用いた工夫。「意《イ》匠《ショウ》を凝らす」。

籍
部首 竹《たけかんむり》 ⇩紙のない時代に、文字を書き付けるのに使った竹の札⇩文書。a 特に、登録台帳。「結婚して籍《セキ》を入れる」「生物部に在《ザイ》籍《セキ》する」。b 特に、本。
× 籍

陶
a 部首 阝《こざとへん》（＝土手や山）⇩山から掘り出した粘土⇩焼き物。「趣味の陶《トウ》芸《ゲイ》教室」。b 粘土で形を作る⇩よいものを作る。「よき教師の薫《クン》陶《トウ》を受ける」。! 陶冶の冶は、金属を溶かして形を作る。c そのほか、心がはっきりしない。心がすっきりしない。「鬱《ウッ》陶《トウ》しい気分」。

糾
a 部首 糸《いとへん》 ⇩本来、糸をより合わせる⇩広く、一つにまとめる。b 転じて、乱れのない状態にする。「公害を起こした企業の責任を糾《キュウ》明《メイ》する」。c より合わせる⇩もつれ合う。

2章 重要度ランクB ⑦

- □ 1a 我々は**ショセン**、ちっぽけな人間に過ぎない。（突き詰めて言えば。最終的には）— 所詮
- □ 1b 他人のプライバシーを**センサク**するのはやめろ。（明らかにしようとする）— 詮索
- □ 2a 雨がほとんど降らず、**サバク**化が進む。（水がなく土ばかりの大地）— 砂漠
- □ 2b 相手の説明に**バクゼン**とした疑問を感じる。（つかみどころがない）— 漠然
- □ 3a ロンドンは札幌より**イド**が高い地域にある。（地表を東西に走る線の、赤道面からの離れ具合を示す数値）— 緯度
- □ 3b 計画が中止になった**ケイイ**を説明する。（そうなるまでの事情）— 経緯
- □ 4a インターネットでニュースを**エツラン**する。（一つ一つ目を通す）— 閲覧
- □ 4b 政府の**ケンエツ**を受け、発売が禁止された雑誌。（細かく内容をチェックする）— 検閲
- □ 5a 「今年は豊作だ」と神様から**タクセン**が下る。（神からの伝言）— 託宣
- □ 5b 仲間の思いが**タク**されたたすきを受け取る。（気持ちをこめる）— 託
- □ 5c 仕事の間、子どもを**タクジショ**に預ける。（子どもの世話をしてくれる施設）— 託児所

詮
a 部首 言《ごんべん》（＝ことば）⇩ことばで突き詰めて説明する。b 広く、突き詰めて明らかにする。❗ 詮の全のへの部分は、入と書いてもへと書いても可。

漠
a 部首 氵《さんずい》（＝水）＋莫《バク》（＝ない）⇩水のない大地の広がり。b 転じて、何もなくてただ広々とした。「広漠《コウバク》とした原野」。⇩つかみどころがない。〔似形〕膜・漠・模（p.107）。

緯
部首 糸《いとへん》⇩織物の横糸。a 転じて、世界地図の横方向（東西）。「緯線《イセン》と経線《ケイセン》」。b 経緯は、本来、縦糸と横糸⇩織物を作る過程⇩ものごとのいきさつ。

閲
a b 部首 門《もんがまえ》⇩入って来る人を門で一人ずつ調べる⇩広く、一つ一つ見る。細かくチェックする。「新聞の記事を校閲《コウエツ》する仕事」「司令官が部隊を訪れ閲兵《エッペイ》する」。

託
a 部首 言《ごんべん》（＝ことば）⇩伝言などを預ける。「人に託《タク》してメモを届ける」。b 転じて、気持ちや考えをこめる。「逆転の望みをこの一投に託《タク》す」。c 転じて、お願いする⇩世話などをしてもらう。「業務を別会社に委託《イタク》する」。

✕ 詫

第2章

□ 6a 現代の日本文学を代表する**ケッサク**。
並外れて優れたもの
傑作

□ 6b 誰一人及ばない、**ケッシュツ**した才能の持ち主。
並外れて優れていて目立つ
傑出

□ 7a 長い袖は、洗い物をする時には**ジャマ**になる。
妨げになるものごと
邪魔

□ 7b 厳しい質問に対して**ムジャキ**に答える。
相手の意図を悪く考えることがないようす
無邪気

□ 8a **カンソウ**させたわかめを、水で元に戻す。
含まれている水分をなくす
乾燥

□ 8b このままでは負ける、と**ショウソウ**感を抱く。
いらだちで落ち着きをなくす
焦燥

□ 9a 経験不足から来る**ヨウチ**な考えを捨てる。
子どもっぽい
幼稚

□ 9b プロとは思えない、**チセツ**な仕事。
未熟で下手な
稚拙

□ 10a **インペイ**されていた事実が明るみに出る。
まわりにわからないようにする
隠蔽

□ 10b ブラインドを下げて日差しを**シャヘイ**する。
光が入って来ないようにする
遮蔽

□ 11a 釣ってきた魚を焼いただけの**ソボク**な料理。
飾らず余分なものがない
素朴

□ 11b 緊張すると真っ赤になる、**ジュンボク**な青年。
世間ずれしてなく、飾り気もない
純朴

傑
部首亻《にんべん》(＝人)⇩並外れて優れた人。「泣く子も黙る英雄豪傑《エイユウゴウケツ》」「歴史に名を残す怪傑《カイケツ》」。ab広く、並外れて優れている。
✕ 桀

邪
a基本、人に悪い結果をもたらす。「世界征服をたくらむ邪悪《ジャアク》な組織」。b転じて、他人を悪く思う。「相手をうそつきではないかと邪推《ジャスイ》する」。
✕ 邪

燥
a部首火《ひへん》⇩火に当たってかさかさになる⇩広く、水分をなくす。b転じて、心にうるおいがなくなる⇩落ち着かない気分になる。
❗熟語は、この二つを知っておけば十分。

稚
部首禾《のぎへん》(＝穀物)⇩本来、生えたばかりの穀物⇩広く、生まれたばかりの生物。「稚《チ》魚《ギョ》を川に放流する」。ab転じて、まだ成熟していない。

蔽
a部首艹《くさかんむり》(＝植物)⇩草で覆う⇩ふさいでわからないようにする。「建蔽率《ケンペイリツ》(＝敷地全体に対する、建物でふさがれている部分の割合)」。b転じて、光が通り抜けないようにする。

朴
ab部首木《きへん》⇩本来、切り出したままで加工していない木⇩ありのままで飾り気がない。「山奥の集落で質朴《シツボク》に暮らす」。

- 1a **ミリョク**的な誘いに、心が動く。 心を引き付ける働き
- 1b カリスマ性のある先輩に**ミリョウ**される。 心を完全に引き付ける
- 2a 写真を掲載するため、撮影者の**キョダク**を取る。 よいと認めて同意すること
- 2b 申し込みに対する**ダクヒ**を、文書で通知する。 同意するか、断るか
- 3a 週末は**ベッソウ**で、読書しながら優雅に過ごす。 もう一つの住まい
- 3b 大聖堂で**ソウチョウ**な式典が執り行われる。 おごそかでどっしりとしている
- 4a お世話になった方に、**チュウシン**よりお礼する。 本当の気持ち
- 4b A案とB案を**セッチュウ**して、最終案を作る。 複数のものをよい具合に合わせる
- 5a 森の中で野生動物の**シガイ**が見つかる。 命を失ったあとに残った体
- 5b 火災で崩れた建物の**ザンガイ**。 壊れたあとに存在し続けているもの
- 5c 実情に合わなくなり、制度が**ケイガイ**化する。 存在はしているが、中身を伴わないもの

魅力 魅了 許諾 諾否 別荘 荘重 衷心 折衷 死骸 残骸 形骸

魅
a b 部首 鬼《きにょう》（＝魔物）⇩本来、人の心を迷わせる魔物⇩人の心を引き付ける。「魅《ミ》惑《ワク》に満ちたリゾート地」。

諾
a b 部首 言《ごんべん》（＝ことば）⇩本来、同意のことばを言う⇩広く、同意する。「支店長への昇進の内諾《ナイダク》を得る」「武装解除の要求を受諾《ジュダク》する」。

荘
a 部首 艹《くさかんむり》（＝植物）⇩草深い田舎にある領地⇩田舎に構えた住まい。「富士山麓の山荘《サンソウ》で暮らす」。b 転じて、立派な住まい⇩おごそかな。「荘厳《ソウゴン》なオルガンの調べ」。

衷
a 部首 衣《ころも》＋中⇩衣服に包まれた中身⇩胸の内。「つらい立場にある相手の苦衷《クチュウ》を察する」。b また、ちょうどよくする。

✕ 哀

骸
a 部首 骨《ほねへん》⇩基本、物としての体。「人間の骸骨《ガイコツ》の標本」。b 転じて、壊れたり用済みになったりしたあとに、存在し続けているもの。c 中身がないまま存在しているもの。

□ 6a この方法は**ハンヨウ**性が高く、応用が利く。
いろいろなものに使えること
汎用

□ 6b この現象は、国を問わず**コウハン**に観察される。
多くのものに共通して
広汎

□ 7a 印象派の**ケイフ**に連なる画家の作品。
影響関係などのつながり
系譜

□ 7b ピアノ曲を**フメン**に忠実に演奏する。
音楽を記号で表したもの
譜面

□ 8a 山の手の一等地に**テイタク**を建てる。
立派な住まい
邸宅

□ 8b 外国の要人が首相**カンテイ**を訪問する。
公務上の住まい
官邸

□ 9a 大きな病気もせず、**ケンコウ**な毎日を送る。
心身の調子がよいこと
健康

□ 9b 国際紛争が**ショウコウ**状態を保つ。
しばらく落ち着いている
小康

□ 10a その問題は、市役所ではなく県庁の**カンカツ**だ。
担当して監督していること
管轄

□ 10b 本社が**チョッカツ**している営業所。
それ自体が監督している
直轄

□ 11a 指示に従い、**ジンソク**に避難してください。
非常に急いで
迅速

□ 11b 激しい雨が降り、**ジンライ**が鳴り響く。
いかずちのものすごい音
迅雷

汎
ab 基本、さまざまなものに共通する。! 広汎は、広範と書いてもほぼ同意。+α 転じて、全体にわたる。「汎《ハン》アメリカ会議」「汎《ハン》アジア主義」。

譜
a 基本、ものごとのつながりを順序立てて記したもの。「作家の生涯をまとめた年譜《ネンプ》」。b 特に、音楽を順序立てて記したもの。「五線譜《ゴセンフ》」「長い曲を暗譜《アンプ》で弾く」。

邸
ab 立派な住まい。「敷地面積が三百坪を超える豪邸《ゴウテイ》」「邸内《テイナイ》に不審者が侵入する」。
✕ 邸

康
a 心身がよい状態にある。b 転じて、広く、よい状態にある。! 熟語は、この二つを知っておけば十分。

轄
ab 部首 車《くるまへん》⇩本来、車輪が外れないように取り付ける金具⇩事故などが起きないよう、ある範囲を受け持って監督する。「所轄《ショカツ》(=受け持ちの範囲。受け持ちの部署)」。

迅
a 部首 辶《しんにょう》(=移動)⇩基本、スピーディーに移動する。b 転じて、勢いが激しい。「獅子奮迅《シシフンジン》の活躍」。! 熟語は、ここで挙げた二つを知っておけば十分。
✕ 迅

column

音読み熟語を集めてみよう

国語辞典を開くと、何万という日本語に出会うことができます。その中にはカタカナで書かれる外来語もたくさんありますが、もっと多いのは、漢字を音読みで読む熟語です。音読み熟語は日本語の単語の約半分を占める、というデータもあります。

つまり、日本語には数万もの音読み熟語が存在しているわけですが、それらは音読みの漢字を組み合わせてできています。その漢字の中には、一文字でたくさんの音読み熟語を生み出しているものも少なくありません。語彙力をアップさせるには、そういった漢字を重点的に勉強していくのが効果的です。

たとえば、「準拠」という音読み熟語を勉強した時に、余裕があれば、同じく「拠」を含む「根拠」「証拠」「依拠」「本拠」「割拠」「拠点」などを集めて、その意味や使い方を確認してみましょう。語彙が一挙に増えること、請け合いです。

その際に気をつけて欲しいのは、漢字の意味を意識することです。「準拠」「根拠」「証拠」「依拠」を眺めていると、〝判断や行動の土台にする〟という「拠」の意味が見えてきます。また、「本拠」「割拠」「拠点」を考え合わせると、「拠」には、〝ある場所を活動の土台にする〟という意味もあることが何となく感じ取れるでしょう。そうやって漢字の意味をしっかりと理解することによって、音読み熟語の理解もいっそう深まるのです。

このように、いろいろなことばが漢字によって関連を持ちながら存在しているのが、音読み熟語の特徴です。日本語に張りめぐらされた漢字の網の目をうまく利用して、効率的に語彙を身につけていきましょう。

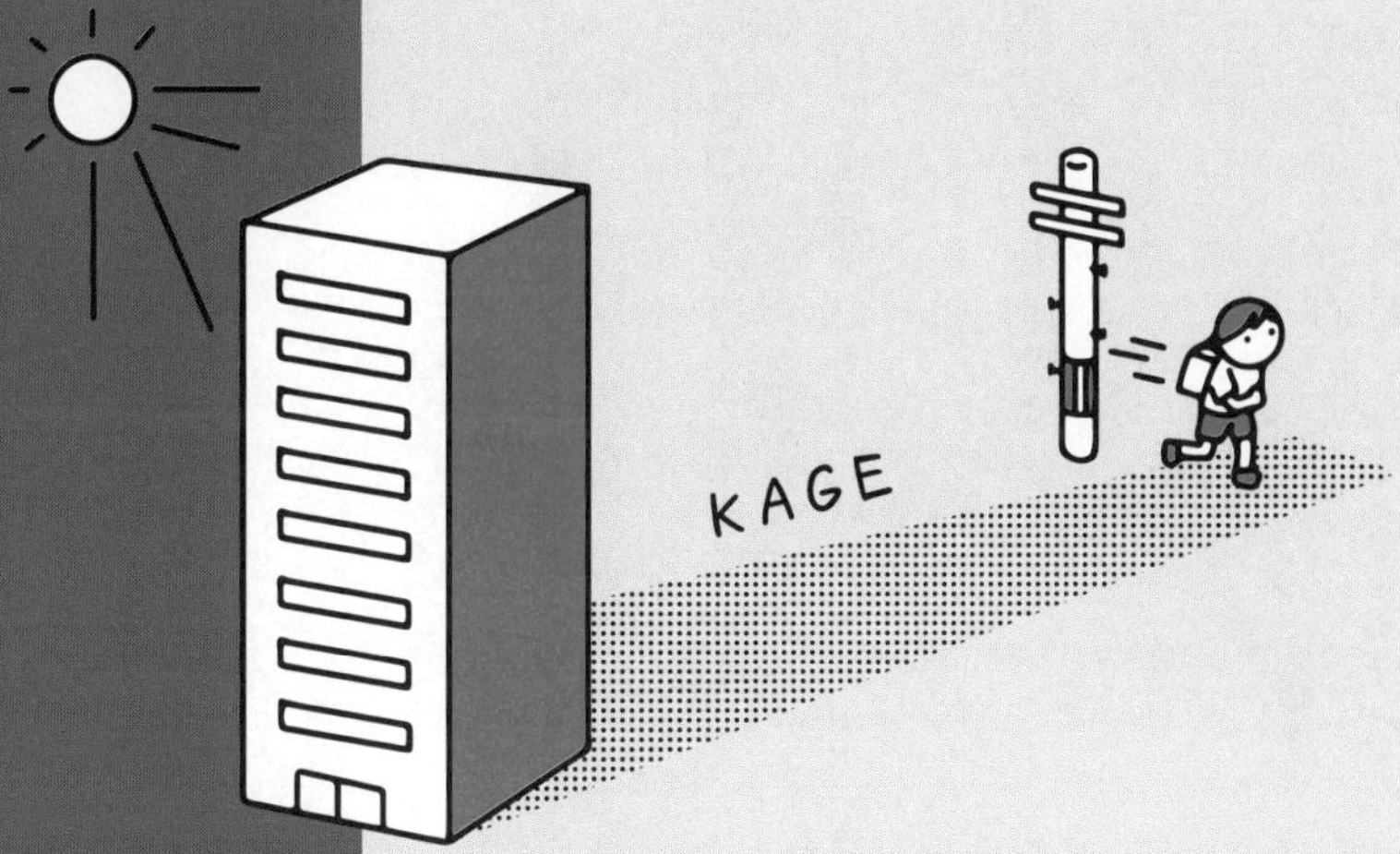

第3章 間違えやすい漢字

漢字編

間違えやすい漢字には、いくつかのパターンがあります。
たとえば、同じ訓読みをする複数の漢字がある場合。
それぞれの意味を理解して使い分ける必要があります。
あるいは、似た形をした漢字がいくつかある場合。
部首などの見分けるポイントを知っておくと、役立ちます。
そのほか、特殊な読み方で漢字を使うことばは、
つい間違えた読み方で覚えてしまいがちです。
この章では、以上の3つのパターンを
集中して学習できるように構成しました。

- □ 1a パンクした自転車を**オ**して歩く。（力を加えて動かす）
- □ 1b 服装から**オ**すと、あの人は二十代だ。（考えを進める）

押　推

- □ 2a 鏡に自分の姿を**ウツ**して見る。（光の反射で画像を作る）
- □ 2b 先生の板書をノートに書き**ウツ**す。（見た通りに書く）

映　写

- □ 3a 渡り鳥が海を**コ**えてやって来る。（向こう側まで進む）
- □ 3b 一日に百通を**コ**えるスパムメールが届く。（程度が基準を上回る）

越　超

- □ 4a 道に**ソ**って屋台が並ぶ。（離れずに続く）
- □ 4b 恋人たちが寄り**ソ**って歩く。（すぐそばにいる）

沿　添

- □ 5a 二人の答えがぴったり**ア**う。（一致する）
- □ 5b 関係者に**ア**って話を聞く。（面と向かう）
- □ 5c 詐欺の被害に**ア**う。（見舞われる）

合　会　遭

a 押▼広く一般的に使う。「仕事を押《お》しつける」「けがを押《お》して出場する」「時間が押《お》す」。b 推▼「推測《スイソク》」「推薦《スイセン》」「推進《スイシン》」に置き換えられる場合。「この作品を優秀賞に推《お》す」「計画を推《お》し進める」。

a 映▼部首日《ひへん》⇩光の作用で見えるようになる。音 映画《エイガ》・映像《エイゾウ》。b 写▼見たままを書く。音 写経《シャキョウ》。転じて、そのままの画像を作る。音 写真《シャシン》。!「うつし取る」場合は写、「うつし出す」場合は映。

a 越▼あるところより先へ進む。音 越境《エッキョウ》。「冬を越《こ》す」「一線を越《こ》える」。b 超▼あるレベルより上に達する。音 超能力《チョウノウリョク》・超満員《チョウマンイン》。「人口が百万人を超《こ》す」「常識を超《こ》える」。

a 沿▼ある線から離れない。音 沿道《エンドウ》・沿線《エンセン》。「方針に沿《そ》って作業を進める」。b 添▼近くにいて支える。音 添乗員《テンジョウイン》・添付《テンプ》。「顧客の希望に添《そ》う」。!沿は線、添は点のイメージ。

a 合▼一致する。調和する。一緒に何かをする。音 合格《ゴウカク》・適合《テキゴウ》・合奏《ガッソウ》。「条件に合《あ》う」「愛し合《あ》う」。b 会▼面と向かって話などをする。音 会議《カイギ》・面会《メンカイ》。c 遭▼事件や災難などが降りかかる。音 遭難《ソウナン》。「嵐に遭《あ》う」。

□ 6a 電柱の**カゲ**から子どもが飛び出す。
視界が遮られて見えない部分

□ 6b 建物の**カゲ**が地面に落ちて、長く伸びる。
光が遮られて出来る暗い形

□ 7a 雨が上がり、道も**カワ**き始めた。
湿り気がなくなる

□ 7b 激しい運動をしてのどが**カワ**く。
水を飲みたくなる

□ 8a うそがばれるのを**オソ**れる。
不安を感じる

□ 8b 神の偉大さを感じ、**オソ**れの気持ちを抱く。
厳粛な気持ちになる

□ 9a プレゼントの包みのリボンを**ト**く。
ほどく

□ 9b 粉せっけんをお湯で**ト**く。
固体を液状にする

□ 9c 牧師がキリストの教えを**ト**く。
わかってもらおうと語りかける

□ 10a 換気のため、しばらく窓を**ア**ける。
中のものが出入りできる状態にする

□ 10b 整理のため、箱の中身を**ア**ける。
中にあるものを全部出す

□ 10c 夜が**ア**けて、鳥たちが鳴き始める。
ある時期が終わる

陰　影

乾　渇

恐　畏

解　溶　説

開　空　明

a 陰▶部首 阝《こざとへん》（＝土手や山）⇩山の向こう側など、見えない部分。 b 影▶部首 彡《さんづくり》（＝色や形）⇩光の作用で見える色や形。 音 撮影《サツエイ》・投影《トウエイ》。 ❗ 見える「**かげ**」の場合は、影を使う。

a 乾▶ものの水分が少なくなる。 音 乾燥《カンソウ》・速乾性《ソッカンセイ》。 b 渇▶水が欲しくなる。転じて、手に入れたくなる。 音 渇望《カツボウ》。「愛の渇《かわ》きを癒やす」。

a 恐▶一般的に使う。「明日は嵐になる恐《おそ》れがある」。 b 畏▶厳粛な気持ちになる。 音 畏怖《イフ》。「先生に来ていただくなんて畏《おそ》れ多い」。 ❗ 迷ったら恐がおすすめ。

a 解▶細かく分ける⇩ひもなどをほどく。また、緊張をゆるめる。 音 解除《カイジョ》・解禁《カイキン》。「警戒を解《と》く」「怒りが解《と》ける」。また、疑問を明らかにする。 音 解《カイ》明《メイ》・理解《リカイ》。「謎を解《と》く」。 b 溶▶部首 氵《さんずい》（＝水）⇩固体が液体になる。 音 水溶液《スイヨウエキ》・溶岩《ヨウガン》。「熱で銅が溶《と》ける」。 c 説▶「説明《セツメイ》」「解説《カイセツ》」する場合。

a 開▶部首 門《もんがまえ》 ⇩出入り口などを「**あ・ける**」。「店を開《あ》ける」「カーテンを開《あ》ける」。 b 空▶部首 穴《あなかんむり》 ⇩「空間《クウカン》」ができる場合。「行間を空《あ》ける」「予定を空《あ》ける」。 c 明▶部首 日《ひへん》 ⇩太陽が出て「夜《よ》明《あ》け」になる⇩ある時期が終わり、新しい時期が始まる。

□ 1a 特撮ヒーローが必殺**ワザ**を繰り出す。
何かをするためのテクニック

□ 1b このミスは、君の不注意のなせる**ワザ**だ。
何かをした結果

業　技

□ 2a プロ選手として頂点を**キワ**める。
最高のところに達する

□ 2b 病気の原因を**キワ**めようと頭を悩ませる。
突き止める

□ 2c もはやこれまでだ。我らの命運はここに**キワ**まった。
身動きが取れなくなる

窮　究　極

□ 3a 中身がこぼれないよう、ふたを**カタ**く締める。
なかなか動かない

□ 3b **カタ**い守りで相手に得点を許さない。
なかなか崩れない

□ 3c 体が**カタ**くならないよう、ストレッチをする。
柔軟性がない

硬　堅　固

□ 4a 雪を丸めて雪だるまを**ツク**る。
手作業で生み出す

□ 4b 郊外に巨大なショッピングセンターを**ツク**る。
工事をして生み出す

□ 4c ファッションリーダーとして流行を**ツク**る。
新しいものを生み出す

創　造　作

a 技▸部首扌《てへん》(=手)⇩手先の器用さ⇩テクニック。音 技術《ギジュツ》・特技《トクギ》。「柔道の投《な》げ技《わざ》」。b 業▸何かをやった結果、できあがるもの。音 業績《ギョウセキ》・偉業《イギョウ》。「この大会で優勝するのは容易な業《わざ》ではない」。

a 極▸基本、程度が最も激しい。音 極端《キョクタン》・極致《キョクチ》。転じて、最高の状態になる。「ぜいたくを極《きわ》める」「失礼極《きわ》まりない」。b 究▸はっきりさせる。音 研《ケン》究《キュウ》・究明《キュウメイ》。「事件の真相を究《きわ》める」。c 窮▸身動きが取れなくなる。音 窮乏《キュウボウ》・困窮《コンキュウ》。「進退が窮《きわ》まる」。
! 窮では「**きわ・める**」はまれ。

a 固▸一般的に使う。音 固定《コテイ》・頑固《ガンコ》。「意志が固《かた》い」「固《かた》く断る」。b 堅▸部首土《つち》⇩土などが崩れにくい。音 堅守《ケンシュ》・堅氷《ケンピョウ》。「地盤が堅《かた》い」。転じて、信頼できる。音 堅実《ケンジツ》。「手堅《てがた》い商売」。c 硬▸部首 石《いしへん》 ⇩石の形が変わりにくい⇩やわらかさがない。音 硬貨《コウカ》・硬《コウ》直《チョク》。「表情が硬《かた》い」。

a 作▸素朴で単純な方法で「**つく・る**」。音 作文《サクブン》・工《コウ》作《サク》。b 造▸大がかりで複雑な方法で「**つく・る**」。音 製造《セイゾウ》・建造《ケンゾウ》。c 創▸新しいものを「**つく・る**」。音 創《ソウ》業《ギョウ》・独創的《ドクソウテキ》。! 作と造の違いは厳密ではない。また、新しい点を強調しない場合には、創の代わりに作や造を書くのも可。

□ 5a 自分を**カエリ**みて、悪いところを直す。
自分のことをよく考える

□ 5b 気配を感じて背後を**カエリ**みる。
振り向く

省　顧

a 省▼「反省《ハンセイ》」する場合。b 顧▼部首 頁《おおがい》（＝頭や顔）⇩首を回して振り向く。転じて、気にする。音 後顧《コウコ》の憂い・顧客《コキャク》。「仕事に夢中で家族を顧《かえり》みない」。

□ 6a 操作を**アヤマ**って、データが全部消える。
間違える

□ 6b 「悪かった、ごめんなさい」と**アヤマ**る。
おわびを言う

誤　謝

a 誤▼間違える。音 誤解《ゴカイ》・誤算《ゴサン》。「判断を誤《あやま》る」「選択を誤《あやま》る」。b 謝▼おわびをする。音 謝罪《シャザイ》・陳謝《チンシャ》。「うそをついたことを謝《あやま》る」。

□ 7a ステッキの先で進む方向を**サ**す。
ある方向を示す

□ 7b 縫い針を針山に**サ**す。
突き破って中に入れる

□ 7c 摘んできた花を花瓶に**サ**す。
空いた穴などに入れる

□ 7d 雨が降ってきたので傘を**サ**す。
上に向けて広げる

指　刺　挿　差

a 指▼別の訓「**ゆび**」⇩「**ゆび**」などである点や方向を示す。音 指示《シジ》・指摘《シテキ》。「名指《なざ》しで批判する」。b 刺▼部首 刂《りっとう》（＝刃物）⇩とがった物で突き「**さ・す**」。「先生のことばが心に刺《さ》さる」。c 挿▼空いたところに入れる。音 挿入《ソウニュウ》。「挿《さ》し木」「挿《さ》し絵《え》」。d 差▼以上の他のさまざまな「**さ・す**」の場合。「口紅を差《さ》す」「嫌気が差《さ》す」「差《さ》し入《い》れる」「差《さ》し控《ひか》える」。

□ 8a 読み終わった雑誌を本棚に**オサ**める。
他のものと一緒に入れておく

□ 8b 取れたての野菜を販売所に**オサ**める。
決まったところに渡す

□ 8c 王に代わり、大臣が国を**オサ**める。
きちんと支配する

□ 8d 高校で定められたカリキュラムを**オサ**める。
習って身に付ける

収　納　治　修

a 収▼ある場所にまとめる。音 回収《カイシュウ》・収穫《シュウカク》。「曲をCDに収《おさ》める」。転じて、自分のものにする。「成功を収《おさ》める」。b 納▼しかるべきところに入れる。音 納入《ノウニュウ》・納税《ノウゼイ》。「家賃を納《おさ》める」。c 治▼「政治《セイジ》」「治療《チリョウ》」に関する場合。「痛みが治《おさ》まる」。d 修▼知識や技術を身に付ける。音 修学《シュウガク》旅行・必修《ヒッシュウ》科目。「剣術を修《おさ》める」。

☐ **1a** 太陽が照り付ける、**アツ**い昼下がり。
気温が高い

☐ **1b** 風呂の湯が**アツ**くて入れない。
物の温度が高い

☐ **1c** **アツ**い紙でできた丈夫な箱。
表から裏までの幅が大きい

暑　熱　厚

a 暑▾部首日《ひ》⇩日差しなどで気温が高い。「部屋が暑《あつ》い」。**b** 熱▾部首灬《れっか》（＝火）⇩火などで物の温度が高い。「手が焼けそうなほど熱《あつ》い鉄板」。**c** 厚▾表から裏までの幅が大きい。転じて、中身が豊かな。「選手層が厚《あつ》い」「手厚《てあつ》い看護」。❗暑《あつ》い⇅寒い、熱《あつ》い⇅冷たい、厚《あつ》い⇅薄い。

☐ **2a** 最上階に**ノボ**って街の夜景を見下ろす。
高い方へ移動する

☐ **2b** 山頂に**ノボ**って夜明けを待つ。
山や木などの高い方へ移動する

☐ **2c** 太陽が沈んで月が**ノボ**る。
空中を高い方へ移動する

上　登　昇

a 上▾一般的に使う。「煙が立ち上《のぼ》る」「うわさに上《のぼ》る」。**b** 登▾山や木、人目に付く小高いところなどに「**のぼ・る**」。「演壇に登《のぼ》る」「土俵に登《のぼ》る」。**c** 昇▾部首日《ひ》⇩太陽や月などが空中を「**のぼ・る**」。❗上は一般的に使えるので、登や昇の代わりに用いても、間違いにはならない。

☐ **3a** 渡されたカードを手に**ト**って見る。
手を使って持つ

☐ **3b** 林に入って薬草を**ト**る。
選んで摘む

☐ **3c** ネコがネズミを**ト**る。
手に入れて逃がさない

☐ **3d** 美しい景色をカメラで**ト**る。
画像や映像に収める

☐ **3e** 災害現場で救助活動の指揮を**ト**る。
仕事に従事する

取　採　捕　撮　執

a 取▾一般的に使う。「免許を取《と》る」「休みを取《と》る」「相手の機嫌を取《と》る」「取《と》り扱《あつか》う」「取《と》り巻《ま》く」。**b** 採▾必要とするものを「**と・る**」。音採集《サイシュウ》・採用《サイヨウ》。「検査のために血液を採《と》る」「窓から光を採《と》り入《い》れる」。**c** 捕▾逃がさない。動かさない。音逮捕《タイホ》・捕虜《ホリョ》。**d** 撮▾「撮影《サツエイ》」の場合。**e** 執▾本来、仕事の道具を手に持つ。音執筆《シッピツ》・執刀医《シットウイ》。転じて、仕事をする。音執務《シツム》。「会社で事務を執《と》る」「結婚式を執《と》り行《おこな》う」。❗迷ったら取を使うのがおすすめ。

□ 4a 料理教室でエビフライの作り方を**ナラ**う。（教えてもらって身につける）

□ 4b 隣の家に**ナラ**って我が家もこいのぼりを上げる。（まねをする）

習　倣

a 習▶「学習《ガクシュウ》」する場合。「見習《みなら》い社員」。b 倣▶「模倣《モホウ》」する場合。「右へ倣え（＝本来、右の人と同じ動作をせよ）」。

□ 5a 緊張のあまり息づかいが**アラ**くなる。（勢いが激しい）

□ 5b 焼き魚の身を**アラ**くほぐす。（一つ一つが大きめである）

荒　粗

a 荒▶部首 艹《くさかんむり》（＝植物）⇩本来、草がぼうぼうに茂る⇩乱れている。音 荒天《コウテン》・荒廃《コウハイ》。「手荒《てあら》く扱う」。b 粗▶部首 米《こめへん》⇩米などの質が悪い⇩細かさが足りない。音 粗末《ソマツ》・粗雑《ソザツ》。「粒が粗《あら》い」。

□ 6a 車に**ノ**っていちご狩りに行く。（交通手段を利用する）

□ 6b 週刊誌に写真が**ノ**る。（刊行物に収録される）

乗　載

a 乗▶一般的に使う。「表彰台に乗《の》る」「調子に乗《の》る」。b 載▶何かの上に「**の・せる**」。「棚に荷物を載《の》せる」。転じて、刊行物などに収録する／される。音 掲載《ケイサイ》・連載《レンサイ》。

□ 7a しゃがんだ姿勢から、立ち上がって腰を**ノ**ばす。（真っ直ぐにする）

□ 7b 地下鉄の路線を郊外まで**ノ**ばす。（終点を遠くにする）

伸　延

a 伸▶小さくなっていたものを「**の・ばす**」。音 屈伸《クッシン》。転じて、よい状態にする／なる。「成績を伸《の》ばす」「記録が伸《の》びる」。b 延▶終わりを先にする。音 延長《エンチョウ》・延期《エンキ》。「締切を延《の》ばす」「寿命が延《の》びる」。

□ 8a 健康のために食べ過ぎを**ツツシ**む。（過度な行動を控える）

□ 8b **ツツシ**んでお礼を申し上げます。（相手に敬意を表す）

慎　謹

a 慎▶一般的に使う。「私語を慎《つつし》む」。b 謹▶「**つつしんで**○○する」場合。音 謹賀《キンガ》新年（＝相手に敬意を表して新年を祝うこと）。

□ 9a 店員さんに商品の特長を**タズ**ねる。（質問する）

□ 9b 相談をしようと、職員室に先生を**タズ**ねる。（会いに行く）

尋　訪

a 尋▶問いかける。音 尋問《ジンモン》。転じて、探し求める。「迷子のネコを尋《たず》ね歩《ある》く」。b 訪▶部首 言《ごんべん》（＝ことば）⇩話をしに行く。音 訪問《ホウモン》。転じて、何かを見に行く。「古代の遺跡を訪《たず》ねる旅」。

□ 1a 来客があるので、部屋の中を**トトノ**える。 乱れを直す
□ 1b 代表者が話し合い、交渉を**トトノ**える。 うまくまとめる

調 整

□ 2a 深呼吸をして、胸騒ぎを**シズ**める。 落ち着かせる
□ 2b ホースで水を掛け、火の勢いを**シズ**める。 強制的に安定させる

鎮 静

□ 3a 判断ミスを**セ**められて、謝罪する。 非難する
□ 3b 負けるものか、と強気で**セ**める。 戦いをしかける

攻 責

□ 4a 趣味を聞かれて、「山登りです」と**コタ**える。 ことばで返事をする
□ 4b 市民の要望に**コタ**えて、公園を新設する。 働きかけを受けて行動する

応 答

□ 5a すごろくの駒を**スス**める。 前へ動かす
□ 5b 話題の映画を見るよう、友だちに**スス**める。 そうするように働きかける
□ 5c 知り合いがよい医師を**スス**めてくれた。 ある人やものを選ぶように働きかける

薦 勧 進

a 整▼秩序のある状態にする。音 整理《セイリ》・整列《セイレツ》。b 調▼バランスの取れた状態にする。音 調和《チョウワ》・調合《チョウゴウ》。! 整は向きや配置を変える、調は足りないものを足したり余分なものを取り除いたりするイメージ。

a 静▼広く一般的に使う。b 鎮▼部首 金《かねへん》⇩金属のおもし⇩上から押さえて安定させる。「鎮火《チンカ》」「鎮痛《チンツウ》」「鎮圧《チンアツ》」などに置き換えられる場合。「暴動を鎮《しず》める」。

a 責▼「責任《セキニン》」を問う場合。「相手の過ちを責《せ》める」「自分を責《せ》めてもしかたない」。b 攻▼「攻撃《コウゲキ》」する場合。「ゴールの前まで攻《せ》め込《こ》む」。

a 答▼ことばで「**こた・える**」場合。音 解答《カイトウ》・答案《トウアン》。b 応▼それ以外の場合。音 応募《オウボ》・対応《タイオウ》。「声援に応《こた》えて手を振る」「手応《てごた》えがある」。

a 進▼部首 辶《しんにょう》(=移動)⇩前へ移動させる。また、次の段階へ行く。「練習を予定通りに進《すす》める」。b 勧▼何かをするように「**すす・める**」場合。c 薦▼人やものを「推薦《スイセン》」する場合。! 映画を見るように「**すす・める**」なら勧、映画そのものを「**すす・める**」なら薦。

□ 6a 今年は気温が高くて、桜が咲くのが**ハヤ**い。
時期的に前である

□ 6b 大雨が降ったので、川の流れが**ハヤ**い。
スピードがある

早　速

□ 7a かさばる荷物を宅配便で自宅に**オク**る。
届ける

□ 7b 両親の結婚記念日に花束を**オク**る。
プレゼントする

送　贈

□ 8a アルバイトをして貯金を**フ**やす。
多くする

□ 8b 投資を繰り返して資産を**フ**やす。
元手を活用して多くする

増　殖

□ 9a 春になって**アタタ**かい風が吹く。
空気が熱を帯びている

□ 9b **アタタ**かいスープを飲む。
液体が熱を帯びている

暖　温

□ 10a 部屋の窓の大きさを**ハカ**る。
長さや広さなどを調べる

□ 10b 一リットルの水を**ハカ**って鍋に入れる。
体積や重さなどを調べる

□ 10c 長距離走のタイムを**ハカ**る。
かかった時間などを調べる

□ 10d デザインを変えて、イメージの一新を**ハカ**る。
うまくいくように考える

測　量　計　図

a 早▶時間的に「**はや・い**」。音 早朝《ソウチョウ》・早熟《ソウジュク》。 b 速▶部首 辶《しんにょう》（＝移動）⇩移動のスピードが「**はや・い**」。 ❗「素早《すばや》い」「手早《てばや》い」などは、かかる時間が短いところから、早を使う方が一般的。

a 送▶部首 辶《しんにょう》（＝移動）⇩ある場所まで移動させる。音 郵送《ユウソウ》・配送《ハイソウ》。また、時間を過ごす。「楽しい高校生活を送《おく》る」。 b 贈▶部首 貝《かいへん》（＝金銭）⇩価値のあるものをプレゼントする。

a 増▶広く一般的に使う。 b 殖▶本来、動物が子や孫を生む⇩多くなったものを元手にまた「**ふ・やす**」。音 繁殖《ハンショク》・殖財《ショクザイ》。 ❗殖は、次から次に多くなるイメージ。

a 暖▶部首 日《ひへん》⇩日差しや空気、気候が「**あたた・かい**」。 b 温▶部首 氵《さんずい》（＝水）⇩水など、手で触れられるものが「**あたた・かい**」。また、人柄が「**あたた・かい**」。「温《あたた》かい声援」。

a 測▶部首 氵《さんずい》（＝水）⇩水の深さなど、主に長さや広さを「**はか・る**」。 b 量▶主に「容量《ヨウリョウ》」や「重量《ジュウリョウ》」を「**はか・る**」。 c 計▶主に時間を「**はか・る**」。 ❗「計《ケイ》測《ソク》」という熟語があるので、「時間を測《はか》る」「スピードを測《はか》る」なども可。 d 図▶何かをしようと考える。音 意図《イト》。 ❗このほか、悪いことをしようと考える場合には謀、誰かに相談する場合には諮を使う。「クーデターを謀《はか》る」「専門家会議に諮《はか》る」。

□ **1a** 国と国とが**タタカ**い、多くの市民が犠牲となる。
勝ち負けを決めるために争う

□ **1b** 遊びに行きたい、という誘惑と**タタカ**う。
克服しようと努力する

□ **2a** 包みを縛っているひもを、ナイフで**タ**つ。
途中で切り離す

□ **2b** 特殊詐欺の被害が後を**タ**たない。
存在しなくなる

□ **2c** 切り取り線に合わせて紙を**タ**つ。
切り取る

□ **3a** くじいた足首が**イタ**む。
つらい刺激を感じる

□ **3b** 亡くなった人を**イタ**んで祈りを捧げる。
思い出して悲しむ

□ **3c** 長い間使って、かなり**イタ**んだかばん。
ものが損なわれる

□ **4a** 罪を**オカ**した者には罰を与える。
規則や道徳から外れたことをする

□ **4b** 軍艦が外国の領海を**オカ**す。
勝手に入り込む

□ **4c** 危険を**オカ**して攻めに転じる。
あえて危ないことをする

戦　闘

断　絶　裁

痛　悼　傷

犯　侵　冒

a 戦▸争って勝ち負けを決める。音 戦争《センソウ》・作戦《サクセン》。**b** 闘▸特に、苦しみながら争う場合。音 苦闘《クトウ》・激闘《ゲキトウ》。
! 恐怖や病気など、見えないものに打ち勝とうとする場合は、闘がなじみやすい。

a 断▸部首 斤《おのづくり》（＝刃物）⇩ひもや縄などを、刃物で途中で切り離す。音 切断《セツダン》・遮断《シャダン》。**b** 絶▸部首 糸《いとへん》⇩巻き取った糸が終わりになる⇩先が続かなくなる。音 絶句《ゼック》・絶交《ゼッコウ》。「命を絶《た》つ」「最後の望みが絶《た》たれる」。**c** 裁▸部首 衣《ころも》⇩布や紙を目的に合わせて切り取る。音 裁縫《サイホウ》。

a 痛▸部首 疒《やまいだれ》（＝病気やけが）⇩病気やけがなどで体や心が「**いた・む**」。「かわいそうな話に心が痛《いた》む」。**b** 悼▸死者を思う。音 追悼《ツイトウ》・哀悼《アイトウ》。**c** 傷▸別の訓「**きず**」⇩ものが不完全な状態になる。「冷蔵庫に入れておいた野菜が傷《いた》む」。

a 犯▸してはいけないことをする。音 犯罪《ハンザイ》。「致命的なミスを犯《おか》す」。**b** 侵▸入ってはいけない領域に入る。音 侵入《シンニュウ》・侵略《シンリャク》。「他人の権利を侵《おか》す」。**c** 冒▸危険を顧みないで何かをする。音 冒険《ボウケン》。また、神聖なものをけがす。「死者の尊厳を冒《おか》す」。

□ 5a 落ち込んでいる友人に**ヤサ**しく接する。
思いやりがある

□ 5b 小学生レベルの**ヤサ**しいテスト。
簡単な

□ 6a ジェット機が空港を目指して**ト**ぶ。
空中を移動する

□ 6b 急に声を掛けられ、驚いて**ト**び上がる。
ジャンプする

□ 7a 災害に**ソナ**えて避難訓練をする。
前もって用意しておく

□ 7b お墓に花を**ソナ**える。
亡くなった人に捧げる

□ 8a 激しい怒りを態度に**アラワ**す。
ことばや行動で示す

□ 8b 太陽が水平線上に姿を**アラワ**す。
存在が見えるようになる

□ 8c 自らの経験を元に恋愛小説を**アラワ**す。
文章や書物を書く

□ 9a 後輩たちの練習試合で審判を**ツト**める。
役割を受け持つ

□ 9b 学校を卒業して、製薬会社に**ツト**める。
そこで仕事をする

□ 9c クラスの和を乱さないように**ツト**める。
がんばって行う

優　易

飛　跳

備　供

表　現　著

務　勤　努

a 優▶思いやりがある。また、負担をかけない。「環境に優《やさ》しい商品」。! 優《やさ》しい⇅厳しい、易《やさ》しい⇅難しい。 b 易▶困難や抵抗がない。

a 飛▶広く一般的に使う。「車を飛《と》ばす」「一つ飛《と》ばして先に進む」「記憶が飛《と》ぶ」。 b 跳▶部首 足《あしへん》 ⇩足の力でジャンプする。 音 跳躍《チョウヤク》。

a 備▶前もって用意する。 音 準備《ジュンビ》・備蓄《ビチク》。また、前から持ち合わせている。「生まれつき備《そな》わった才能」。 b 供▶神や仏などに差し上げる。 音 供養《クヨウ》。

a 表▶基本、ことばや態度に出す。転じて、よくわかるように形で示す。 音 表示《ヒョウジ》・発表《ハッピョウ》。「結果をグラフで表《あらわ》す」。 b 現▶部首 王《たまへん》 ＋見⇩見えるようになる。転じて、存在がわかるようになる。 音 出《シュツ》現《ゲン》・実現《ジツゲン》。「才能を現《あらわ》す」「効果が現《あらわ》れる」。 c 著▶文章や書物にまとめる。 音 著書《チョショ》・著作《チョサク》。

a 務▶本来、割り当てられた仕事。 音 任務《ニンム》・事務《ジム》。転じて、ある役割を受け持つ。 b 勤▶職場で仕事をする。 音 通勤《ツウキン》・勤労《キンロウ》。 ! ある役割を「**つと・める**」場合は務、ある職場に「**つと・める**」場合は勤。 c 努▶「努力《ドリョク》」する場合。

□ 1a お湯が**ワ**いたので紅茶をいれる。
水が煮え立つ

□ 1b 崖の下に**ワ**き出ている泉。
水が地中から出て来る

□ 2a 鳥のさえずりを**キ**きながら眠りに落ちる。
耳で音を感じ取る

□ 2b 好きなラジオ番組を夢中になって**キ**く。
意識して耳を傾ける

□ 3a ブラインドを**ア**げて、部屋を明るくする。
高い方へ移動させる

□ 3b 空高く気球を**ア**げる。
ふわふわと高い方へ移動させる

□ 3c 具体例を**ア**げて説明する。
示す

□ 4a 部屋の壁の色を明るいものに**カ**える。
別の色にする

□ 4b 途中の駅で電車を乗り**カ**える。
別の電車に乗る

□ 4c 歌をうたって、お礼の挨拶に**カ**えさせていただく。
その役割を別のものにさせる

□ 4d 洗剤の中身を詰め**カ**える。
同じ洗剤の新しいものを詰める

沸 湧

聞 聴

上 揚 挙

変 換 代 替

a 沸▼水が高温になる。音 沸騰《フットウ》・煮沸《シャフツ》。転じて、非常に活気づく。「観客を沸《わ》かせるプレー」。b 湧▼水が地中から出て来る。転じて、なかったものが生じる。「愛着が湧《わ》く」「虫が湧《わ》く」。

a 聞▼一般的に使う。「愚痴を聞《き》く」「わがままを聞《き》く」。b 聴▼注意して「**き・く**」。! 向こうから「**き・こえる**」場合は、聞を書く。「ラジオから音楽が聞《き》こえる」。

a 上▼一般的に使う。「来客を家に上《あ》げる」「気温が上《あ》がる」「雨が上《あ》がる」。b 揚▼掲げたり浮かべたりして「**あ・げる**／**あ・がる**」。音 掲揚《ケイヨウ》・浮揚《フヨウ》。「船の積み荷を陸揚《りくあ》げする」。c 挙▼選び出して示す。音 選挙《センキョ》・列挙《レッキョ》。「賞の候補に名が挙《あ》がる」。また、行事を行う。音 挙式《キョシキ》・挙行《キョコウ》。「結婚式を挙《あ》げる」。

a 変▼別の状態にする／なる。音 変化《ヘンカ》・変身《ヘンシン》。「髪型を変《か》える」「信号が青に変《か》わる」。b 換▼別のものにする／なる。音 交換《コウカン》・換気《カンキ》。「別のことばで言《い》い換《か》える」。c 代▼ある役割を別のものにさせる／別のものがする。音 代理《ダイリ》・代用《ダイヨウ》。「運転を代《か》わる」。d 替▼実質は同じまま、新しいものにする／なる。「シャーペンの替《か》え芯《シン》」。! 換と替は、どちらも使われるケースも多い。「取《と》り換《か》える／取《と》り替《か》える」。

□ 5a 野球選手が身を**オド**らせてボールをキャッチする。（跳びはねる）

□ 5b 祭りに出かけてよさこいを**オド**る。（リズムに合わせて体を動かす）

躍　踊

□ 6a 残された子どもの行く末に**ウレ**いを抱く。（心配や不安）

□ 6b 枯れ葉が舞う秋の景色に**ウレ**いを感じる。（さみしさ）

憂　愁

□ 7a 手で**サ**いたハンカチで傷口を縛る。（力任せに分ける）

□ 7b ナイフで布を二つに**サ**く。（刃物で切り分ける）

裂　割

□ 8a 十分に準備をして試験に**ノゾ**む。（その場に出かける）

□ 8b 現役での大学合格を**ノゾ**む。（そうなりたいと思う）

臨　望

□ 9a お風呂のお湯が**サ**める。（温度が下がる）

□ 9b しっかり寝て、心地よく眠りから**サ**める。（意識がふつうに働くようになる）

冷　覚

□ 10a 外から見えないよう、きちんとカーテンを**シ**める。（空いているところを塞ぐ）

□ 10b ゆるまないよう、しっかりとねじを**シ**める。（固定する）

閉　締

a 躍▶ジャンプする。音 跳躍《チョウヤク》。転じて、勢いよく活動する。「初デートに胸が躍《おど》る」「トップに躍《おど》り出《で》る」。b 踊▶ダンスする。音 舞踊《ブヨウ》。

a 憂▶心配や不安。また、心配や不安を感じる。音 憂鬱《ユウウツ》・憂慮《ユウリョ》。「将来を憂《うれ》える」。b 愁▶さみしさ。音 郷愁《キョウシュウ》・旅愁《リョシュウ》。❗どちらにも当てはまる場合も多い。

a 裂▶部首 衣《ころも》⇩衣服の生地などを力任せに破る。音 破裂《ハレツ》・決裂《ケツレツ》。「二人の仲を裂《さ》く」。b 割▶部首 刂《りっとう》（＝刃物）⇩刃物で切り分ける。転じて、一部分を取り分ける。「時間を割《さ》く」「人手を割《さ》く」。

a 臨▶その場に身を置く。音 臨場感《リンジョウカン》。また、ある場所に接する。音 臨海《リンカイ》地帯。「湖に臨《のぞ》む小屋」。b 望▶遠くのものを見る。「窓から山を望《のぞ》む」。音 展望《テンボウ》・望遠鏡《ボウエンキョウ》。また、実現を願う。音 願望《ガンボウ》・欲望《ヨクボウ》。

a 冷▶別の訓「**つめ・たい**」⇩温度が下がる。転じて、興奮が収まる。「情熱が冷《さ》める」「ほとぼりが冷《さ》める」。b 覚▶部首 見《みる》⇩目などの感覚が戻る。「夢から覚《さ》める」。

a 閉▶部首 門《もんがまえ》⇩出入り口を塞ぐ。音 閉鎖《ヘイサ》・密閉《ミッペイ》。b 締▶部首 糸《いとへん》⇩糸などで固定する。転じて、ゆるみをなくす。「気を引《ひ》き締《し》める」「違反を取《と》り締《し》まる」。また、区切りを付ける。「募集を締《し》め切《き》る」。

3章 形の似ている漢字①

□ **1a** 国際会議に代表団を**派**□《ハケン》する。
命令してある場所に行かせる

□ **1b** 血液型は、□**伝**《イデン》の法則によって決まる。
親が持つ性質が子に受け継がれること

遣　遺

□ **2a** 騒動が収まり、街に**平**□《ヘイオン》な暮らしが戻る。
安定して落ち着いた

□ **2b** 社長の座を後継者に譲って□**居**《インキョ》する。
公の場から退いて暮らす

穏　隠

□ **3a** ダイナマイトで古い建物を**破**□《ハカイ》する。
つぶして利用できなくする

□ **3b** 上着の□**中**《カイチュウ》に忍ばせたナイフを取り出す。
胸のあたりの衣服の内側

壊　懐

□ **4a** 世界をめぐった船が、母港に**帰**□《キカン》する。
元いたところへ戻って来る

□ **4b** 都市のまわりを一周する□**状**《カンジョウ》の道路。
輪のような形をした

還　環

□ **5a** 失敗の原因は練習不足だ、と□**破**《カッパ》する。
完全に言い当てる

□ **5b** 負けが続くチームが、勝利を□**望**《カツボウ》する。
手に入れたいと願う

□ **5c** □**色**《カッショク》の焼き色が付いた、おいしそうなステーキ。
黒みを帯びた茶色

喝　渇　褐

a 遣▾指示して行かせる。「使者を遣《つか》わす」「先遣《センケン》隊《タイ》」「遣唐使《ケントウシ》」。**b** 遺▾残す。置き忘れる。「遺品《イヒン》の整理」「遺失物《イシツブツ》」。❗貴の音キ⇩遺の音イと考えると、遣と区別しやすい。

a 穏▾落ち着いている。「波風の少ない穏《おだ》やかな海」「穏便《オンビン》に済ませる」。**b** 隠▾部首 阝《こざとへん》（＝土手や山）⇩山などの陰になって見えない⇩見えなくする。「姿を隠《かく》す」「真実を隠蔽《インペイ》する」。

a 壊▾部首 土《つちへん》⇩土壁を崩す⇩役に立たなくする。「機械を壊《こわ》す」「家屋の倒壊《トウカイ》」「組織が崩壊《ホウカイ》する」。**b** 懐▾部首 忄《りっしんべん》（＝心）⇩胸のあたり。「懐《ふところ》に財布をしまう」。

a 還▾部首 辶《しんにょう》（＝移動）⇩移動して戻って来る。「戦地から生還《セイカン》する」。**b** 環▾部首 王《たまへん》（＝宝石）⇩ドーナツ型にカットした宝石⇩輪のような形。「太陽の金環食《キンカンショク》」。

a 喝▾部首 口《くちへん》（＝ことば）⇩大声で叫ぶ。「監督の一喝《イッカツ》が選手を奮い立たせる」。**b** 渇▾部首 氵《さんずい》（＝水）⇩水が飲みたくなる。「のどが渇《かわ》く」。転じて、何かを手に入れたくなる。**c** 褐▾部首 衤《ころもへん》（＝衣服）⇩昔の粗末な衣服に多かった、濃い茶色。

□ **6a** 裁判所から被告人として召□《ショウカン》される。
命令して呼び寄せる

□ **6b** 汚れたタオルをきれいなものに交□《コウカン》する。
別のものにする

換　喚

□ **7a** 天体望遠鏡で月食を□測《カンソク》する。
細かく調べながら注意して見る

□ **7b** 経済効果を期待して、海外からの旅行客を□迎《カンゲイ》する。
喜んで受け入れる

□ **7c** 工事を中止するよう、当局から□告《カンコク》を受ける。
そうするようにはっきり伝える

勧　歓　観

□ **8a** 長く続く□習《インシュウ》を打ち破ろうとする、新たな試み。
昔から続いて行われてきたこと

□ **8b** この計画には問題点が多く、実現は非常に□難《コンナン》だ。
うまくいく方法がない

□ **8c** 有罪の判決を受け、□人《シュウジン》として収監される。
刑務所に入れられる者

囚　困　因

□ **9a** □急《カンキュウ》を巧みに織り交ぜて、退屈させないドラマ。
ゆったりした部分と、慌ただしい部分

□ **9b** 山小屋で□炉《ダンロ》の火にあたり、体を温める。
火をたいて温度を上げる設備

□ **9c** 災害現場で救□《キュウエン》活動を行う。
力を貸して助け出す

□ **9d** 紫式部は平安時代を代表する才□《サイエン》だ。
能力が高く教養がある女性

媛　援　暖　緩

a 喚▶部首 口《くちへん》（＝ことば）⇩声を掛けて呼び寄せる。「証人を喚問《カンモン》する」。**b** 換▶別のものにする。「空気を入《い》れ換《か》える」「方向を転換《テンカン》する」。

a 観▶部首見《みる》⇩注意して見る。「植物を観察《カンサツ》する」「授業参観《サンカン》」。**b** 歓▶部首欠《あくび》（＝大きく口を開ける）⇩大声を上げたくなるほど喜ぶ。「お客さまを歓《カン》待《タイ》する」「歓楽街《カンラクガイ》」。**c** 勧▶部首 力《ちから》⇩何かをするよう、力を込めて働きかける。「入部を勧《すす》める」「契約するよう勧誘《カンユウ》する」。

a 因▶元になるもの。「火事の原因《ゲンイン》」。転じて、元のまま続く。**b** 困▶うまくいかずに苦しむ。「鍵をなくして困《こま》る」「貧困《ヒンコン》の中で育つ」。**c** 囚▶部首 囗《くにがまえ》（＝囲む）＋人⇩まわりを囲まれて自由を奪われた人。「模範囚《モハンシュウ》として仮釈放される」。

a 緩▶部首 糸《いとへん》⇩糸がたるむ⇩緊張や困難がなくなる。「気が緩《ゆる》む」「痛みを緩和《カンワ》する」。**b** 暖▶部首 日《ひへん》⇩日差しなどのために気温や室温が高い。「暖《あたた》かい春の日」「暖房《ダンボウ》を入れる」。**c** 援▶部首 扌《てへん》（＝手）⇩手を添える⇩力添えする。「復興を支援《シエン》する」「スポーツ選手の後援会《コウエンカイ》」。**d** 媛▶部首 女《おんなへん》⇩優れた女性。

3章 形の似ている漢字②

□ 1a 思い出の場所を訪ねて感□《カンガイ》にひたる。
心がいっぱいになる

□ 1b 決して諦めない、という気□《キガイ》を持つ。
芯のある強い心

□ 2a 名前の後に、括□《カッコ》に入れて年齢を示す。
（ ）や「 」などの記号

□ 2b 故郷を離れ、見知らぬ土地で□独《コドク》に暮らす。
知り合いがいないこと

□ 3a 雨が降っているので□行《ジョコウ》運転をする。
ゆっくりと進む

□ 3b 空気中の有害な物質を□去《ジョキョ》する。
邪魔なものをそこからなくす

□ 4a マラソン大会で五位となり、入□《ニュウショウ》を果たす。
高い評価を受ける者の一員となる

□ 4b 壊した物と同じ物を買って弁□《ベンショウ》する。
埋め合わせをする

□ 5a 家庭菜園でトマトを□培《サイバイ》する。
植物を植えて育てる

□ 5b 法律に違反した企業に国が制□《セイサイ》金を科す。
行いを正すために必要だと判断して与える罰

□ 5c 申請書に必要事項を記□《キサイ》して窓口に提出する。
書き込む

慨 概

弧 孤

徐 除

賞 償

栽 裁 載

a 慨▶部首 忄《りっしんべん》（＝心）⇩思い出や怒りなどで心がいっぱいになる。「不公平な扱いに憤慨《フンガイ》する」。 b 概▶おおよそ。「計画の概要《ガイヨウ》」「物語の梗概《コウガイ》」。転じて、余計なものを取り去った芯の部分。

a 弧▶部首 弓《ゆみへん》⇩弓なりの形。「ボールが弧《コ》を描いて飛ぶ」。 b 孤▶部首 子《こどもへん》⇩親を失った子⇩一人だけ。一つだけ。「友だちに見放され、孤立《コリツ》する」。

a 徐▶部首 彳《ぎょうにんべん》（＝移動）⇩ゆっくりと移動する。 b 除▶ある場所や範囲からなくす。「祝日を除《のぞ》き毎日営業する」「害虫を駆除《クジョ》する」。

a 賞▶高い評価を与える。「勇気ある行動を賞賛《ショウサン》する」。 b 償▶埋め合わせをする。「罪を償《つぐな》う」「損害の賠償金《バイショウキン》」。

a 栽▶部首 木《き》⇩草木を育てる。「部屋に盆栽《ボンサイ》を飾る」。 b 裁▶部首 衣《ころも》⇩作る衣服に合うように布を切る⇩決まりに合うように判断する。「罪を裁《さば》く」。 c 載▶部首 車《くるま》⇩車に荷物を積む⇩刊行物などに収録する。「ホームページに掲載《ケイサイ》する」。

□ 6a 今後、人口がどう変動するかを□測《スイソク》する。
何かを元にして見当をつける

□ 6b 上流から運ばれてきた土砂が河口に□積《タイセキ》する。
上へ上へと重なる

推　堆

□ 7a 根強い反対論が、新技術導入の障□《ショウヘキ》となる。
妨げるもの

□ 7b この建物は周りの風景と完□《カンペキ》に調和している。
欠点がまったくない

壁　璧

□ 8a 川があふれ、家屋が床上まで□水《シンスイ》する。
流れが入り込む

□ 8b どんな理由であれ、他国を□略《シンリャク》してはいけない。
勝手に入って領土を奪う

浸　侵

□ 9a 事故の□任《セキニン》を取り、社長が辞任する。
立場上、果たさなければならないこと

□ 9b 近くの集□《シュウセキ》所まで、ゴミを出しに行く。
まとめて置いておく

□ 9c 先代の市長は、行政改革に優れた功□《コウセキ》をあげた。
成し遂げた成果

責　積　績

□ 10a ここは、緊急車両□用《センヨウ》の駐車スペースだ。
そのものだけが使う

□ 10b わからないことは、□識《ハクシキ》なあの人に聞いてみよう。
広い範囲のものごとを知っている

□ 10c 景気がよくなり、その恩□《オンケイ》が庶民にまで届く。
何かが与えてくれる利益

専　博　恵

a 推▸ものを移動させる⇩ものごとや考えを先に進める。「開発計画を推進《スイシン》する」。b 堆▸部首 土《つちへん》⇩土などが上に重なる。「堆肥《タイヒ》(＝刈り取った草などを重ねて発酵させた肥料)」。

a 壁▸部首土《つち》⇩土で造った「**かべ**」。転じて、何かを遮るもの。b 璧▸部首玉《たま》(＝宝石)⇩宝石の一種。完璧《カンペキ》は、本来、傷一つない宝石。

a 浸▸部首 氵《さんずい》(＝水)⇩液体が行き渡る。「泥水に浸《ひた》る」。b 侵▸入ってはいけない領域に入る。「他人の土地に侵入《シンニュウ》する」。

a 責▸訓「**せ・める**」。非難する⇩果たさなければ非難されること。「委員長としての重責《ジュウセキ》を担う」。b 積▸部首 禾《のぎへん》(＝穀物)⇩収穫した穀物などを上へと重ねる⇩ためていく。「データを蓄積《チクセキ》する」。c 績▸部首 糸《いとへん》⇩時間をかけて糸をつむぐ⇩時間をかけて成し遂げた成果。「会社の業績《ギョウセキ》が下がる」。

a 専▸それだけ。「休みの日は専《もっぱ》ら寝ている」「チーズケーキ専門店《センモンテン》」。b 博▸広い範囲にわたる。「万国博覧会《ハクランカイ》」。❗博《ハク》の右半分は、成り立ちの上では甫《ホ》＋寸。縛《バク》・薄《ボ》・簿《ボ》・敷《フ》などがこの系統で、ハ行・バ行の音を持つのが共通の特徴。c 恵▸利益を与える。「大自然の恵《めぐ》み」。

□ **1a** 季節は陽春を迎え、庭の□**栽**《ショクサイ》のツツジも満開になった。
根付かせてある草木

□ **1b** 湿気の多い場所ではカビが**増**□《ゾウショク》しやすい。
どんどん多くなる

植　殖

□ **2a** 都会に人口が集中すれば、地方は□**退**《スイタイ》する。
活力を失って沈み込む

□ **2b** 命だけは助けてくれ、と土下座して□**願**《アイガン》する。
悲しみを誘うようすで頼み込む

衰　哀

□ **3a** 文化祭に地域の人々を□**待**《ショウタイ》する。
客として呼び、もてなす

□ **3b** 学校のクラスメイトに、塾での友人を□**介**《ショウカイ》する。
お互いを引き合わせる

招　紹

□ **4a** 大切な約束を平気で破る□**情**《ハクジョウ》な人間。
他人を思いやる気持ちが少ない

□ **4b** お金の出入りをきちんと**帳**□《チョウボ》に付ける。
必要事項を記録するノート

薄　簿

□ **5a** アイドルのファンクラブを**組**□《ソシキ》する。
人々をまとめて集団を作る

□ **5b** 顔認証システムを使って、個人を□**別**《シキベツ》する。
違いを見分ける

□ **5c** 若くして才能を買われ、会社の**要**□《ヨウショク》に就く。
仕事上の大切な立場

織　識　職

a 植▶草木を根付かせる。「松の木を植《う》える」。**b** 殖▶本来、動物が子や孫を生む⇩次々に多くなる。「ネズミが繁殖《ハンショク》する」。

a 衰▶力や勢いがなくなる。「火の勢いが衰《おとろ》える」「病気で体力が衰弱《スイジャク》する」。**b** 哀▶かわいそうな。「ずぶぬれの哀《あわ》れな姿」。**!** 哀は、本来、悲しげな声を出す。そのために字形に口を含む。

a 招▶部首 扌《てへん》(＝手)⇩手を振るなどして人を呼び寄せる。「手招《てまね》きする」「オリンピックを招致《ショウチ》する」。**b** 紹▶部首 糸《いとへん》⇩糸でつなぐ⇩人と人や、人とものごとの間を取り結ぶ。

a 薄▶厚みがない。「薄《うす》い布」。転じて、中身が乏しい。**b** 簿▶部首 竹《たけかんむり》⇩紙のなかった時代に、文字を書き付けるのに使った竹の札⇩記録や一覧。「出席簿《シュッセキボ》」「会計簿《カイケイボ》」。

a 織▶部首 糸《いとへん》⇩糸を縦横に合わせて布を作る⇩部分を合わせて全体を作る。**b** 識▶部首 言《ごんべん》(＝ことば)⇩名前を付けるなどして、あるものと他のものを区別する。**c** 職▶仕事。「職業《ショクギョウ》」「就職《シュウショク》」。転じて、仕事上の地位。「役職《ヤクショク》」「管理職《カンリショク》」。

第3章

□ 6a 若いころの理想を忘れ、□落《ダラク》した政治家。
不健全な状態になる

□ 6b パラグライダーがバランスを失って□落《ツイラク》する。
高度が下がって地面に当たる

堕　墜

□ 7a この農場ではさまざまな家□《カチク》が飼育されている。
人間が生活のために養っている動物

□ 7b 生活費を切り詰めて、将来のために貯□《チョチク》する。
金銭を取っておく

畜　蓄

□ 8a 任務を完□《カンスイ》したので、休暇を取る。
最後までやり終える

□ 8b クーデターにより、大統領が国外に放□《ホウチク》される。
追い出す

遂　逐

□ 9a 脱税が指摘され、追□《ツイチョウ》金を課される。
後から取り立てる

□ 9b 両者は一見、同じだが、実は□細《ビサイ》な違いがある。
かすかで小さい

徴　微

□ 10a □切《テキセツ》な判断により、被害の拡大を防ぐ。
非常にぴったりしている

□ 10b 高熱を出し、病院で点□《テンテキ》を受ける。
薬剤を少しずつ体内に入れる治療

□ 10c □対《テキタイ》していた二つのグループが、和解する。
争い合う

□ 10d 警察が公共工事の談合を□発《テキハツ》する。
悪事を見つけ出して世間に示す

適　滴　敵　摘

a 堕▶部首土《つち》⇩土の壁などが崩れる⇩悪い状態になる。 b 墜▶部首土《つち》⇩勢いよく大地に当たる。 ❗ 隊の音タイ⇩墜の音ツイと考えると、堕と区別しやすい。

a 畜▶食料や労働力にするために、動物を養う。「牧畜《ボクチク》」。 b 蓄▶部首艹《くさかんむり》（＝植物）⇩食料になる草などを取っておく。「開業資金を蓄《たくわ》える」「食料を備蓄《ビチク》する」。

a 遂▶終わりまでやる。「目的を遂《と》げる」。 b 逐▶部首辶《しんにょう》（＝移動）＋豕《シ》（＝ブタ）⇩ブタを追って移動する⇩追い出す。「侵入してきた敵を駆逐《クチク》する」。

a 徴▶命令して差し出させる。「男子は成年になると徴兵《チョウヘイ》される」。 また、はっきり示す。「天候が荒れる徴候《チョウコウ》」。 b 微▶わずかな。かすかな。「微生《ビセイ》物《ブツ》」「微妙《ビミョウ》な違い」。

a 適▶部首辶《しんにょう》（＝移動）⇩目的地にきちんと到着する⇩ぴったり当てはまる。「適確《テキカク》な対応」。 b 滴▶部首氵《さんずい》（＝水）⇩小さな水の粒。「ガラスに水滴《スイテキ》が付く」。 c 敵▶争いの相手。「強敵《キョウテキ》と戦う」。 d 摘▶部首扌《てへん》（＝手）⇩ある部分だけを手などで選び取る。「病巣を摘出《テキシュツ》する」。

3章 形の似ている漢字④

□ 1a スポーツ選手が、引退を□回《テッカイ》して復帰する。
完全に取り下げる

□ 1b 人気の新商品を、□夜《テツヤ》で行列に並んで買い求める。
朝まで続けて

撤　徹

□ 2a 防犯カメラの映像を解□《カイセキ》して犯人を特定する。
細かく調べる

□ 2b 怖いけれど見たい、という屈□《クッセツ》した気持ち。
真っ直ぐではない

□ 2c 山開きの儀式で、今シーズンの安全を□願《キガン》する。
そうしてくださいと神に頼む

析　折　祈

□ 3a 滑って転び、ひざの皮□《ヒフ》が擦りむける。
肌

□ 3b 外国人にも配□《ハイリョ》して、英語のメニューを作る。
相手の事情を考える

□ 3c 収容所の捕□《ホリョ》たちが脱走を企てる。
降参して自由を奪われた人

膚　慮　虜

□ 4a 資産家の家に生まれ、裕□《ユウフク》な子ども時代を過ごす。
ゆとりがあって幸せな

□ 4b 値が上がったり下がったり、株価の振□《シンプク》が激しい。
揺れの大きさ

□ 4c 新しい薬には、□作用《フクサヨウ》が付きものだ。
意図したものとは別の働き

福　幅　副

a **撤**▶部首扌《てへん》(＝手)⇩手を使うなどして完全に取り除く。「障害物の撤去《テッキョ》」「制限を撤廃《テッパイ》する」。b **徹**▶部首彳《ぎょうにんべん》(＝移動)⇩終わりまで行き着く。「初志を貫徹《カンテツ》する」。

a **析**▶部首木《きへん》⇩木を割る⇩中まで調べる。「データを分析《ブンセキ》する」。b **折**▶部首扌《てへん》(＝手)⇩手を使うなどして途中で曲げ、二つに分ける。「木の枝を折《お》る」。c **祈**▶部首ネ《しめすへん》(＝神)⇩神に頼む。「全員の無事を祈《いの》る」。

a **膚**▶部首月《にくづき》(＝肉体)⇩肉体を覆う膜。b **慮**▶部首心《こころ》⇩心の中で考えをめぐらす。「諸事情を考慮《コウリョ》する」「思慮《シリョ》が足りない行動」。c **虜**▶敵によって自由を奪われた人。(!)虜に含まれる力は、敵の力を表す。ただし、部首は虍《とらかんむり》とするのが普通。

a **福**▶部首ネ《しめすへん》(＝神)⇩神などが与える幸せ。「幸《コウ》福《フク》な生涯」「結婚を祝福《シュクフク》する」。b **幅**▶部首巾《はばへん》(布きれ)⇩布などの横方向の長さ。「肩幅《かたはば》の広い人」。c **副**▶部首刂《りっとう》(＝刃物)⇩本来、刃物で二つに割った片方⇩二次的なもの。二番目のもの。「工業製品の副産物《フクサンブツ》」「副《フク》委員長」。

□ **5a** 一生懸命働いて、□乏《ビンボウ》な暮らしから抜け出す。
収入が少なく、生活に必要なものが足りない

□ **5b** もらえるものはすべてもらうという、□欲《ドンヨク》な姿勢。
手に入れたいという気持ちが強すぎる

貧　貪

□ **6a** 話題の映画を見なかったことを後□《コウカイ》する。
そうしなければよかった、と思う

□ **6b** 運動音痴な人を軽□《ケイブ》するなんて、最低だ。
下に見てばかにする

悔　侮

□ **7a** 物価が上がると、貨□《カヘイ》の価値は下がる。
リアルな存在としての金銭

□ **7b** ジェンダーに関する旧□《キュウヘイ》な偏見。
古いものから悪い影響を受けた

幣　弊

□ **8a** 行政の対応を見て義□《ギフン》に駆られ、反対運動を起こす。
公正でないことを正したいという強い気持ち

□ **8b** 政府の方針に対して、国民から批判が□出《フンシュツ》する。
激しい勢いで現れる

□ **8c** 学者たちが古□《コフン》の発掘調査をする。
昔の墓

憤　噴　墳

□ **9a** 瞳から入った光が、網□《モウマク》の上に像を結ぶ。
目の奥にあって光に反応する組織

□ **9b** 学校へ行っては帰るだけの索□《サクバク》とした毎日。
生きがいが感じられないようす

□ **9c** 鉄道の□型《モケイ》を作って列車を走らせる。
何かに似せて作ったもの

膜　漠　模

a 貧▶金銭が少ない。「貧《まず》しい山村」「貧困《ヒンコン》にあえぐ」。**b** 貪▶たくさん手に入れようとする。「利益を貪《むさぼ》る」。**!** 分の音ブン・フン⇩貧の音ビン・ヒンと考えると、貪と区別しやすい。

a 悔▶部首 忄《りっしんべん》（＝心）⇩そうでなかったらいいのに、と思う。「負けて悔《くや》しがる」。**b** 侮▶部首 亻《にんべん》⇩人をばかにする。「相手は弱小チームだ、と侮《あなど》る」「悪口を言って侮辱《ブジョク》する」。

a 幣▶部首巾《はば》（＝布きれ）⇩細長く切った布や紙⇩現物としての金銭。**b** 弊▶部首 廾《にじゅうあし》（＝両手）⇩両手で裂くなどして、ぼろぼろにする⇩悪い影響を与える。「資本主義の弊害《ヘイガイ》」。

a 憤▶部首 忄《りっしんべん》（＝心）⇩強い気持ちを表に出す。「陰口をたたかれて憤慨《フンガイ》する」。**b** 噴▶部首 口《くちへん》⇩口からものを勢いよく飛ばす。「火山の噴火《フンカ》」「スプレーを噴射《フンシャ》する」。**c** 墳▶部首 土《つちへん》⇩土を盛り上げて作った墓。

a 膜▶部首 月《にくづき》（＝肉体）⇩体内の薄く広がった組織。「鼓膜《コマク》」「横隔膜《オウカクマク》」。**b** 漠▶部首 氵《さんずい》（＝水）⇩水のない大地の広がり。「砂漠《サバク》」。転じて、はっきりしたものがない。「漠然《バクゼン》とした不安」。**c** 模▶部首木《きへん》⇩何かの形の通りに、木などで作った型。転じて、まねをする。手本にする。「模範《モハン》演技」。

3章 読み間違えやすい漢字①

□ 01 世の中に**流布**している、真実とは思えない話。
広い範囲で語られている
るふ

□ 02 細かな点に**固執**すると、全体が理解できない。
しがみついて離さない
こしつ/こしゅう

□ 03 夏の**海浜**公園で水遊びをする。
波打ち際の平地
かいひん

□ 04 今回の優勝は、日ごろの**精進**のたまものだ。
心を込めて取り組むこと
しょうじん

□ 05 思わず笑ってしまうような、**滑稽**なうわさ。
おかしなようす
こっけい

□ 06 あの人がやったという確かな**証拠**をつかむ。
事実であることを示すもの
しょうこ

□ 07 新王が即位し、**荘厳**な戴冠式が行われる。
気高くて、見ていて気が引き締まるようす
そうごん

□ 08 計算間違いがないか、**慎重**に見直す。
心を配って大切に取り扱うようす
しんちょう

□ 09 **疾病**を予防し、健康の増進を図る。
心身の不調
しっぺい

□ 10 プレゼントも持たず誕生会に行くのは**体裁**が悪い。
その場にふさわしい見た目
ていさい

□ 11 多くの人から**帰依**されている、高名な僧侶。
心の落ち着きを得るために信じて従う
きえ

01 **流**の一般的な音はリュウ。ルは他に、「流転《ルテン》」「流浪《ルロウ》」「流罪《ルザイ》」「流刑《ルケイ》」など。

02 **執**の音はシツかシュウ。「執務《シツム》」「確執《カクシツ》」/「執着《シュウチャク》」「妄執《モウシュウ》」。**固執**はどちらも可。

03 **浜**の音ヒンは、他ではまれ。「京浜《ケイヒン》」のように地名の「横浜《よこはま》」を表す場合に使われる程度。

04 **精**の一般的な音はセイ。ショウは、仏教関連の「精霊《ショウリョウ》」「精舎《ショウジャ》」の他、「無精《ブショウ》」があるくらい。

05 **滑**の一般的な音はカツ。「滑空《カックウ》」「円滑《エンカツ》」。コツは、他ではまず使われない。

06 **拠**の一般的な音はキョ。「根拠《コンキョ》」「拠点《キョテン》」。コは、他ではまず使われない。

07 **厳**の一般的な音はゲン。ゴンは、他に「華厳《ケゴン》」ぐらい。❗**荘厳**は、仏教用語ではショウゴンと読む。

08 **重**の一般的な音はジュウだが、チョウもよく使われる。他に「貴重《キチョウ》」「尊重《ソンチョウ》」「重宝《チョウホウ》」「自重《ジチョウ》」など。

09 **病**の一般的な音はビョウ。ペイ(ヘイ)は、他ではまず使われない。

10 **体**の一般的な音はタイ。テイは、他に「世間体《セケンテイ》」「風体《フウテイ》」「有《あ》り体《テイ》に言う」など。

11 **依**の一般的な音はイ。エは他に、常用漢字ではない漢字を含むが、「依怙贔屓《エコヒイキ》」があるぐらい。

□ 12 徳川家康の**普請**によって築かれた、天下の名城。
建築工事
ふしん

□ 13 墓参りをして先祖を**供養**する。
物をささげて死後の幸せを祈る
くよう

□ 14 あの人は常に笑顔を絶やさない、優しさの**権化**だ。
ある性質そのもののような人間
ごんげ

□ 15 芸能界の裏事情を**暴露**する。
隠れていたものを明るみに出す
ばくろ

□ 16 今は雨だが、**次第**に晴れてくるという予報だ。
時間がたつにつれて
しだい

□ 17 今後、ＡＩの活用が進むのは**必定**だろう。
絶対にそうなるに決まっている
ひつじょう

□ 18 逆上がりがうまくできるコツを**会得**する。
しっかり理解して身に付ける
えとく

□ 19 部活の経費を**出納**簿に付ける。
お金を支払ったり受け取ったりすること
すいとう

□ 20 町のシンボルとして、大聖堂が**建立**される。
宗教施設を作る
こんりゅう

□ 21 冷蔵庫の中身を見て、夕食の**献立**を考える。
メニュー
こんだて

□ 22 恋人が来るので、部屋をきれいに**掃除**する。
ゴミや汚れを取り去る
そうじ

□ 23 平安貴族の華やかな**装束**が展示される。
特定の場面で着る衣服
しょうぞく

12 **請**の一般的な音はセイ。「請求《セイキュウ》」「要請《ヨウセイ》」。シンは、他では使われない特殊な音。

13 **供**の一般的な音はキョウ。クは、他に「供物《クモツ》」「供《ク》華《ゲ》」など、仏教の用語で使われることが多い。

14 **権**の一般的な音はケン。ゴンは、他には「権現《ゴンゲン》(＝ある種の神)」や歴史用語などで使われる。

15 明るみに出す(＝**あば・く**)ことを意味する**暴**は、音バク。ただし、他の例はまれ。

16 **次**の一般的な音はジ。「次回《ジカイ》」「二次《ニジ》試験」。シは、他ではまず使われない。

17 **定**の一般的な音はテイだが、ジョウもよく使われる。他には「定規《ジョウギ》」「勘定《カンジョウ》」「案《アン》の定《ジョウ》」など。

18 **会**の一般的な音はカイ。エは、他に「会釈《エシャク》」「法《ホウ》会《エ》」など、仏教由来のことばで使われる。

19 **出**の音スイも、**納**の音トウも、他ではめったに使われない。

20 **建**の音コンも、**立**の音リュウも、他ではめったに使われない。

21 **献**の一般的な音はケン。「献上《ケンジョウ》」「貢献《コウケン》」。コンは、他に「一献《イッコン》(＝お酒一杯)」がある程度。

22 **除**の一般的な音はジョ。ジは、他には古文の用語「除目《ジモク》(＝官職の任命)」がある程度。

23 **装**の一般的な音はソウ。「服装《フクソウ》」「塗装《トソウ》」。ショウは、他には「衣装《イショウ》」があるくらい。

3章 読み間違えやすい漢字❷

□ **01** **既存**の工場に加え、新しい工場を建設する。
（既存＝以前からある）
答：きそん/きぞん

□ **02** お寺の**境内**で、子どもたちが遊んでいる。
（境内＝寺院や神社の敷地）
答：けいだい

□ **03** 江戸へ向かう**街道**を、大名行列が進んで行く。
（街道＝昔の主要な交通ルート）
答：かいどう

□ **04** 状態に変化があれば、その**都度**、記録する。
（都度＝すべての機会ごとに）
答：つど

□ **05** 着替えたり鏡を見たり、出かける**支度**に忙しい。
（支度＝用意を調えること）
答：したく

□ **06** なんとか**工面**して、借金を返す。
（工面＝必要なお金を手に入れる）
答：くめん

□ **07** 校則の見直しを、生徒が校長先生に**直訴**する。
（直訴＝一番の責任者本人に聞いてもらおうとする）
答：じきそ

□ **08** 方位**磁石**の針は、常に北を指す。
（磁石＝鉄を引き付ける性質を持つ物体）
答：じしゃく

□ **09** **柔和**な表情で子どもをあやす。
（柔和＝おだやかで他人と仲良くする）
答：にゅうわ

□ **10** 厳しい処分が下されたが、**従容**として受け入れる。
（従容＝落ち着いていて争わないようす）
答：しょうよう

□ **11** 板張りの廊下を**雑巾**がけする。
（雑巾＝汚れを取るのに使う、質のそれほどよくない布）
答：ぞうきん

01 **存**の音はソンとゾン。「存在《ソンザイ》」「存続《ソンゾク》」/「存外《ゾンガイ》」「異《イ》存《ソン》」。**既存**の他、「依存」などもどちらでも可。

02 **境**の音ケイは、他ではまれ。**内**の音ダイは、他に「内裏《ダイリ》」「海内《カイダイ》（＝陸地全体、国全体）」など。

03 **街**の一般的な音はガイ。「街灯《ガイトウ》」「繁華街《ハンカガイ》」。カイは、他ではまず用いられない。

04 **都**の一般的な音はト。「都市《トシ》」「都会《トカイ》」「首都《シュト》」。ツは、他に「都合《ツゴウ》」があるくらい。

05 **度**の一般的な音はド。タクは、他には、常用漢字ではない漢字を含むが、「忖度《ソンタク》」があるぐらい。

06 **工**の一般的な音はコウ。クは、他に「大工《ダイク》」「石《いし》工《ク》」「細工《サイク》」「工夫《クフウ》」など。

07 **直**の一般的な音はチョク。ジキは、他に「直々《ジキジキ》」「直筆《ジキヒツ》」「直伝《ジキデン》」「正直《ショウジキ》」「直《ジキ》によくなる」など。

08 **石**の一般的な音はセキ。シャクは、他には「盤《バン》石《ジャク》の構え」「温石《オンジャク》（＝昔の暖房器具）」など。

09 **柔**の一般的な音はジュウ。「柔道《ジュウドウ》」「柔順《ジュウジュン》」。ニュウは、他ではまず使われない。

10 **従**の一般的な音はジュウ。ショウは、他に「合《ガッ》従連衡《ショウレンコウ》」「お追従《ツイショウ》を言う」があるくらい。

11 **雑**の一般的な音はザツ。ゾウは、他に「雑炊《ゾウスイ》」「雑《ゾウ》煮《に》」「雑木林《ゾウきばやし》」「悪口雑言《アッコウゾウゴン》」など。

□ **12** 全国大会出場の夢が、ついに**成就**した。
思い通りに実現する
じょうじゅ

□ **13** 万引きは窃盗罪で、最高十年の**懲役**が科せられる。
刑務所で労働させられる刑罰
ちょうえき

□ **14** 多くの人命を救った人を、英雄として**礼賛**する。
拝むようにほめたたえる
らいさん

□ **15** 人間として生きる限り、**煩悩**は捨てきれない。
苦しみの元となるさまざまな欲望
ぼんのう

□ **16** この辞書の収録語数は、**凡例**に明記されている。
全体の方針を説明した部分
はんれい

□ **17** 自らに厳しい訓練を課し、**克己**心を鍛える。
自分に打ち勝つ
こっき

□ **18** あの人の実家は、伝統芸能の**宗家**だ。
一門の中心的な存在となる一族
そうけ

□ **19** 接客のよさが評判となり、店が**繁盛**する。
来客が多く活気にあふれる
はんじょう

□ **20** プレゼントには必ず返礼をする、**律儀**な人。
作法をとても大事にするようす
りちぎ

□ **21** あらゆる欲望から**解脱**して、悟りを開く。
悩みや苦しみなどから逃れること
げだつ

□ **22** 有名洋菓子店で、パティシエとして**修業**する。
技術を身につけるための訓練をする
しゅぎょう

□ **23** 散りゆく桜に春の**風情**を感じる。
そのもの独特の味わい
ふぜい

12 **成**の音ジョウは、他に「成仏《ジョウブツ》」ぐらい。**就**の音ジュは、他ではまず使われない。

13 働かせるという意味の**役**は、音エキ。他に「労役《ロウエキ》」「使役《シエキ》」「苦役《クエキ》」「戦役《センエキ》」など。

14 **礼**の音ライは他ではまれだが、「礼拝《レイハイ》」を、仏教ではライハイと読むことがある。

15 **煩**の一般的な音はハン。「煩雑《ハンザツ》」「煩労《ハンロウ》」。ボンは、他ではまず用いられない。

16 **凡**の一般的な音はボン。「平凡《ヘイボン》」「凡人《ボンジン》」。ハンは、他ではまず使われない。

17 **己**の音はコかキ。「自己《ジコ》」「利己的《リコテキ》」／「知己《チキ》」「克己《コッキ》」。熟語はこの四つを知っておけば十分。

18 「宗教《シュウキョウ》」関係以外の意味で使われる**宗**は、音ソウ。他に「宗匠《ソウショウ》(＝師匠)」「宗族《ソウゾク》(＝一族)」など。

19 **盛**の一般的な音はセイ。「盛況《セイキョウ》」「全盛《ゼンセイ》」。ジョウは、他に「盛者必衰《ジョウシャヒッスイ》」があるくらい。

20 **律**の一般的な音はリツ。「法律《ホウリツ》」「規律《キリツ》」。リチは、他ではまず使われない。

21 **解**の一般的な音はカイ。「解説《カイセツ》」「分解《ブンカイ》」。ゲは、他に「解毒《ゲドク》」「解熱《ゲネツ》」「解《ゲ》せない」があるくらい。

22 **修**の一般的な音はシュウ。シュは、他に「修行《シュギョウ》」「修験者《シュゲンジャ》」「修羅《シュラ》」など、仏教的な用語で使われる。

23 **情**の一般的な音はジョウ。ゼイ(セイ)は、他ではまず使われない。

□ **01** アイドルグループが新曲を**披露**する。
公に発表する
ひろう

□ **02** 少子化による働き手の不足が**懸念**される。
不安に感じる
けねん

□ **03** 暖かくなったので、冬用の布団を**納戸**にしまう。
物置き用の部屋
なんど

□ **04** お互いが**納得**するまで、とことん話し合う。
理解して受け入れる
なっとく

□ **05** 収穫をするため、稲刈り機を**納屋**から出す。
物置き用の小屋
なや

□ **06** 全国大会の場で、多くの**猛者**たちと対決する。
力強く勢いがある人
もさ

□ **07** お坊さんが木魚をたたきながら**読経**する。
仏教の書物を朗唱する
どきょう

□ **08** 音楽に合わせて、手をたたいて**拍子**を取る。
リズム
ひょうし

□ **09** 防犯のため、窓に鉄製の**格子**を取り付ける。
何本もの棒が碁盤の目のように組み合わさったもの
こうし

□ **10** **富貴**な家に生まれ、世間の苦労を知らない人。
財産があって身分も高い
ふうき

□ **11** 葬儀に**数珠**を持って参列する。
仏教の祈りで用いる、たくさんの小さな玉をつないだ道具
じゅず

01 **露**の一般的な音はロ。「露出《ロシュツ》」「発露《ハツロ》」。ロウはそれが長く引き伸ばされたもの。

02 **懸**の一般的な音はケン。「懸命《ケンメイ》」「懸案《ケンアン》」。ケはそのンが脱落したもの。他に「懸想《ケソウ》」。

03 **納**の一般的な音ノウは、旧仮名遣いではナフ。ナンはそのフがンに変化したもの。

04 **納**の一般的な音ノウは、旧仮名遣いではナフ。ナッはそれが変化したもの。他に「納豆《ナットウ》」。

05 **納**の一般的な音ノウは、旧仮名遣いではナフ。ナはそのフが脱落したもの。

06 元々の読み方はモウジャ。それがモウザ⇩モサと変化したもの。

07 **読**の一般的な音はドク。「読書《ドクショ》」「解読《カイドク》」。ドはそのクが脱落したもの。

08 **拍**の古い音にヒャクがある。ヒャクシ⇩ヒャウシ⇩ヒョウシと変化した読み方。

09 **格**の一般的な音はカク。カクシ⇩カウシ⇩コウシと変化した読み方。

10 **富**の一般的な音はフ。「富裕《フユウ》」「貧富《ヒンプ》」。フウはそれが長く引き伸ばされたもの。

11 **数**の古い音にシュがある。シュシュ⇩ジュジュ⇩ジュズと変化した読み方。

□ **12** 走りながら**景色**も楽しめるジョギングコース。
目に映る自然のようす
けしき

□ **13** 友人の悪口をSNSに書くのはご**法度**だ。
してはいけないこと
はっと

□ **14** 買ったばかりの**木綿**のシャツに袖を通す。
コットン
もめん

□ **15** **迷子**になった飼い猫が、戻って来た。
どこにいるかわからなくなったもの
まいご

□ **16** 神社のお祭りで、参拝客に**神酒**が振る舞われる。
神にささげる酒
みき

□ **17** 食卓に上る竹の子に、春の**息吹**を感じる。
気配
いぶき

□ **18** 実験は失敗だったと言って**差し支**えない。
都合の悪いこと
さしつか

□ **19** 街中で騒いでいる人を**立ち退**かせる。
その場から出て行く
たちの

□ **20** 池と**築山**を巧みに配した日本庭園。
人工的に造った小さな山
つきやま

□ **21** 姿を消した容疑者の**行方**を追う。
向かった先の場所
ゆくえ

□ **22** 公園の**芝生**の上に寝転んで、空を見上げる。
細かい葉が密生する植物が植えてある所
しばふ

□ **23** 田植えが終わり、**早苗**が美しい田園風景。
育ち始めたばかりの稲
さなえ

12 **景**の一般的な音はケイ。「風景《フウケイ》」「景観《ケイカン》」。ケはそのイが脱落したもの。

13 **法**の一般的な音ホウは、旧仮名遣いではハフ。ハッはそれが変化したもの。他に「法被《ハッピ》」。

14 **木**の一般的な音はモク。モはそのクが脱落したもの。

15 「まよいご」が変化した読み方。**迷**は、訓「まよ・う」。

16 「み」は、**神**聖なものに付ける接頭語。「御」を当てることもある。「き」は、**酒**を指す古語。

17 「い」は、**息**を意味する古語。**吹**は、訓「ふ・く」。

18 **支**は、訓「**ささ・える**」。棒などで下から固定する。「つか・える」は、棒などが引っかかる。

19 **退**は、訓「**しりぞ・く**」。出て行く。「の・く」も同じ意味。

20 **築**は、訓「**きず・く**」。同じ意味の古語に「つ・く」がある。「つき」は、その活用形から。

21 「え」は、旧仮名遣いでは「へ」。「海辺《うみべ》」「水辺《みずべ》」の「べ(へ)」と同様、場所を表す接尾語。

22 「ふ」は、植物が生えている所を指す古語。固有名詞「麻生(あさう⇩あそう)」などの「う」と同源。

23 「さ」は、若いことを表す古語。「早《さ》乙女《おとめ》」「早《さ》緑《みどり》」などの「さ」も同源。

- □ 01 輸出産業は、外国**為替**相場の影響を受けやすい。
  - 現金の代わりに使われる証券
  - かわせ
- □ 02 **時雨**に降られたので雨宿りをする。
  - 降ったりやんだりする天候
  - しぐれ
- □ 03 羽織はかまに**足袋**を履いた、和風のいでたち。
  - 和服の履き物の一つ
  - たび
- □ 04 毎日、**寄席**に出演している人気落語家。
  - 演芸場
  - よせ
- □ 05 **素人**の発想が、案外、役に立つこともある。
  - 専門家ではない者
  - しろうと
- □ 06 豊作祈願の神事で、宮司が**祝詞**を読み上げる。
  - 神に対する祈りのことば
  - のりと
- □ 07 **砂利**が敷かれた道をトラックが走る。
  - 小石にさらに細かい粒が混じったもの
  - じゃり
- □ 08 初心者には使いこなせない、**玄人**向けのアプリ。
  - 専門家
  - くろうと
- □ 09 旬の海産物を買い付けに**魚河岸**へ行く。
  - 海産物を扱う船着き場のある川べり
  - うおがし
- □ 10 村の衆が集まって、秋祭りの**山車**を引く。
  - お祭りに使う、飾り付けをした車
  - だし
- □ 11 **吹雪**のため、高速道路が通行止めになる。
  - 強い風と共に乱れ降る氷の粒
  - ふぶき

01 昔、交換を意味する「かわし」を、漢文風に「**為替**」と書き表したことから。

02「時々降る**雨**」という意味を、漢字二文字で表現した、当て字の一種。

03「**足**を包む**袋**」という意味を、漢字二文字で表現した、当て字の一種。

04 本来、「人**寄**せ**席**」⇩「**寄**《よ》せ**席**《せき》」。読み方はさらに省略されたが、書き方は**寄席**が残った。

05 **素**は、白い。「うと」は、「ひと」が変化したもの。まだ経験のない真っ白な人というところから。

06「祈り(＝**祝**)のことば(＝**詞**)」という意味を、漢字二文字で表現した、当て字の一種。

07 小石を意味する古語「さざれ」が変化したことば。**砂利**と書くのは、当て字。

08 **玄**は、黒い。「うと」は、「ひと」が変化したもの。専門的な経験の多さを、黒さにたとえたもの。

09 **河岸**は、「**河**の**岸**」という意味を、漢字二文字で表現した、当て字の一種。

10 日本語の「だし」の意味と、古い中国語の**山車**の意味が同じだったところから。

11「風に**吹**かれながら降る**雪**」という意味を漢字二文字で表した、当て字の一種。

□ 12 近くの神社から**神楽**の音が聞こえてくる。
お社や祭りの場などで演奏される歌や舞
かぐら

□ 13 都会育ちの人ほど、**田舎**暮らしに憧れる。
自然や耕作地が広がる地域
いなか

□ 14 今日はさわやかで、運動するには絶好の**日和**だ。
何かをするのに適した、よい天気
ひより

□ 15 江戸時代の**名残**をとどめる、古い街並み。
以前を思い出させるもの
なごり

□ 16 雪が降ったばかりの山では、**雪崩**に要注意だ。
積もった氷の粒が急に滑り落ちること
なだれ

□ 17 煮た**小豆**に砂糖を加え、あんこを作る。
赤黒くてよく食べられる穀物の種
あずき

□ 18 **海女**さんが素潜りをしてアワビを捕る。
水底に潜って貝などを捕る女性
あま

□ 19 温泉から**硫黄**の臭いが漂ってくる。
温泉に含まれていることがある化学物質
いおう

□ 20 貴族の子どもが、**乳母**によって育てられる。
女親の代わりに赤ん坊を育てる女性
うば

□ 21 のどが痛いので、**風邪**をひいたかもしれない。
せきや発熱などを伴う病気
かぜ

□ 22 剣道の練習で、ひたすら**竹刀**を振り続ける。
剣に似せて作った器具
しない

□ 23 テントの中に**蚊帳**をつり、虫の侵入を防ぐ。
虫が入って来られないように垂らす網
かや

12 「**神**に向かって演奏する音**楽**」という意味が、古い中国語の**神楽**と同じだったところから。

13 「田園地帯」という意味が、「田畑の中にある家」を表す古い中国語**田舎**に似ていたところから。

14 「ちょうどよい天気の**日**」という意味を、漢字二文字で表した、当て字の一種。**和**は、ちょうどいい。

15 語源は「波残《なみのこ》り」で、嵐の後まで残る波。意味が変化したので、**名残**と当て字された。

16 「**雪**が**崩**れる」という意味を、漢字二文字で表現した、当て字の一種。

17 日本語の「あずき」と中国語の**小豆**が、同じ豆を指していたことから。

18 「**海**に潜る**女**性」という意味を、漢字二文字で表現した、当て字の一種。

19 日本語の「いおう」と古い中国語の**硫黄**が、同じものを指していたことから。

20 「**母**親の代わりに**乳**を与える」という意味を、漢字二文字で表現した、当て字の一種。

21 日本語の「かぜ」と古い中国語の**風邪**が、同じものを指していたことから。

22 「**竹**で作った**刀**」という意味を、漢字二文字で表現した、当て字の一種。

23 「**蚊**を防ぐ垂れ布」という意味を、漢字二文字で表現した、当て字の一種。**帳**は、垂れ布。

column

部首が表す意味を知ろう

形が似ている漢字にもいろいろなタイプがありますが、中でも目立つのは、部首だけが違っていて、他の部分は共通しているものでしょう。これらの違いをきちんと理解する上では、部首についての知識が重要な手がかりとなります。

部首は、多くの場合、その漢字がどのような意味を表しているかを大ざっぱに表しています。たとえば、「河」「海」「港」「泳」「洗」などを並べてみると、「氵(さんずい)」は水を表していることがわかるでしょう。「深」も、もともとは水が水面よりずっと低いところまであることを表す漢字ですし、「満」も、水がいっぱいになるのが本来の意味なのです。

それを踏まえれば、「渇」は水分が足りなくなる場合に使う漢字だ、と理解できますよね。その結果、「喝」や「褐」と勘違いする可能性もそれだけ低くなるわけです。

部首に関する知識が役立つのは、形が似た漢字の違いを勉強する時だけではありません。たとえば、「辶(しんにょう)」は移動を表し、「貝(かいへん)」は金銭を表します。ということは、「おく(る)」と訓読みする「送」と「贈」を使い分ける場合でも、移動させるイメージが強い場合は「送」を用い、金銭的な価値があるものをプレゼントする場合は「贈」を使えばいい、ということになります。

他にも、「月(にくづき)」は肉体を表すとか、「忄(りっしんべん)」は心を表すとか、「衤(ころもへん)」は衣服を表すなど、意味を知っておくと役に立つ部首は、たくさんあります。本書では下段の解説でその都度、触れていますので、注意して勉強を進めるようにしてください。

第4章 意味に注意すべき語

語彙編

語彙力とは、多くのことばを適切に使う力。
それを身につけるためには、
ことばの意味をきちんと把握する必要があります。
この章では、大学入試などで出題されることも多い、
意味の把握が難しい熟語を取り上げます。
特に前半の「重要度ランクA」では、
意味が抽象的だったり、複数の意味があったり、
比喩的に用いられることが多かったりするものについて、
複数の例文を掲げて、
より確実に意味を理解できるように配慮しました。

□ 1a 似顔絵を描く時は、顔の**リンカク**から描き始める。
ものの外枠を表す線

□ 1b アンケートを行い、国民の実態の**リンカク**をつかむ。
おおまかな姿、全体像

□ 2a 先端技術のもたらす利便性を**キョウジュ**する。
自分のものとして楽しむ

□ 2b 『源氏物語』には長い**キョウジュ**の歴史がある。
人々が芸術作品などを楽しみ味わう

□ 3a 事実に**イキョ**して議論を進める。
基づく

□ 3b 特定の団体に**イキョ**せず、選挙戦を戦う。
支援してもらう

□ 4a 個別の事情を**シャショウ**して、一般論で考える。
ないものと考える

□ 4b 価格の差は**シャショウ**して、性能だけで比較する。
考えから外す

□ 5a 首相が解散総選挙の可能性を**シサ**する。
ほのめかす

□ 5b 事故の原因について**シサ**的な調査結果が出る。
ある可能性を考えさせる

□ 5c 先輩から**シサ**に富むアドバイスをもらう。
それとなく気づかされること

輪郭

a ものの外側を囲む線。輪は、最初と最後がつながった線。郭は、囲まれた部分。「堀をめぐらせた巨大な城郭《ジョウカク》」。b 転じて、ものごとのだいたいのようす。基本的なイメージ。

享受

a b 基本、すばらしいものをもらう。享は、努力とは関係なくもらう。「享楽的《キョウラクテキ》(＝楽しみばかりを追い求めるようす)」「享年《キョウネン》(＝天からもらった年数、つまり、死んだ時の年齢)」。

依拠

a b あるものを土台として判断したり行動したりする。依は、よりかかる。「恋愛依存《イソン》の体質」。拠は、判断や行動の土台とする。「教科書に準拠《ジュンキョ》した問題集」。

捨象

a b あることについて考える際に、当面、不必要な要素を無視する。対象から外す。象は、感じ取れる存在。「超常現象《ゲンショウ》」「心象《シンショウ》風景」。

示唆

a b なんとなくわからせる。なんとなく考えさせる。唆は、訓「**そそのか・す**」。そうするように仕向ける⇩それとなくわからせる。c それとなくわからせてくれたり考えさせてくれたりする、その内容。

□ 6a いくつもの丘を越える、**キフク**の多い道。
上り下り

□ 6b ごく平凡で、**キフク**の少ない人生。
うまくいったり、いかなかったりすること

□ 7a 安定した収入は、生活の**キバン**となる。
支えとなるもの

□ 7b 党首選に向けて、党内での**キバン**を固める。
安定して支持してくれる人々

□ 8a この建物は、木材だけで**コウチク**されている。
組み立てる

□ 8b 避難民の受け入れ態勢を**コウチク**する。
作り上げる

□ 9a 米や大豆を**ジョウセイ**して味噌《みそ》を造る。
発酵させて新しいものを生み出す

□ 9b 部長の一言で、部内にやる気が**ジョウセイ**される。
そういう雰囲気を生み出す

□ 10a 仮説が正しいかどうか、慎重に**ギンミ**する。
時間をかけて検討する

□ 10b どの商品がよいか、手に取って**ギンミ**する。
調べてよいものを選ぶ

□ 11a この御堂には、民間信仰の**グウゾウ**が安置されている。
神や仏などの姿をした彫刻

□ 11b あこがれの先輩のことを**グウゾウ**化する。
神のように崇拝する対象

起伏

a 高くなったり低くなったりすること。起は、訓「**お・こす**」。体を立たせる⇩高くなる。伏は、訓「**ふ・せる**」。腹ばいになる⇩低くなる。b 転じて、上り調子だったり下り調子だったりすること。

基盤

a b 土台となって支えてくれるもの。基は、部首土《つち》⇩建物などの土台。盤は、部首皿《さら》⇩大きな皿⇩下から支えるもの。「ビルを建てるために地盤《ジバン》を改良する」。

構築

a 部品を組み立てて建物などを作る。構は、訓「**かま・える**」。組み立てる。「建物の構《コウ》造《ゾウ》」。築は、訓「**きず・く**」。土台から作る。b 転じて、要素を組み合わせて、組織などを作る。

醸成

a 原料を発酵させて酒や味噌などに仕上げる。b 転じて、ある雰囲気を作り出す。醸は、訓「**かも・す**」。発酵させる⇩雰囲気を作り出す。「不用意な発言により物議を醸《かも》す」。

吟味

本来、じっくり味わう。吟は、詩歌をゆっくりうたう。「詩を吟《ギン》ずる」。a 転じて、時間をかけて調べる。b また、きちんと調べて選ぶ。

偶像

a 神や仏の姿をした、絵や彫刻、人形など。偶は、部首亻《にんべん》（＝人）⇩人形。b 転じて、神や仏のように、崇拝されたり信仰されたりするもの。

1a 平和主義を貫き、兵役に就くことを**キヒ**する。
いやがって受け入れない

1b 環境に配慮しない企業は、消費者に**キヒ**される。
いやがって遠ざける

2a 価格の五％を顧客にポイントとして**カンゲン**する。
以前あったところに戻す

2b 人間の行動を、生存本能に**カンゲン**して理解する。
根源までさかのぼる

3a マラリアは、蚊の**バイカイ**によって伝染する。
菌やウイルスを橋渡しすること

3b 人間は言語を**バイカイ**として現象を理解する。
利用手段や材料

4a パルテノン神殿は、ギリシャ建築の**テンケイ**だ。
代表的な例

4b 昔のやり方を変えない、**テンケイ**的な頑固者。
いかにもそれらしいもの

5a 気をつけなさい、と注意を**カンキ**する。
呼びかけて動かせる

5b 悲惨な事故により、安全性をめぐる議論が**カンキ**される。
活発な状態にする

5c CMを流して、消費者の購買意欲を**カンキ**する。
刺激を与えて活発にする

忌避

a b いやがって関わろうとしない。忌は、訓「**い・む**」。精神的に遠ざける。「ゴキブリを忌《い》み嫌《きら》う」。避は、訓「**さ・ける**」。「現実から逃避《トウヒ》する」。

還元

a 以前の場所や状態に戻す。還は、部首辶《しんにょう》（＝移動）⇩以前いた方に移動する。「負傷兵が生還《セイカン》する」。元は、根本的なもの。「問題の元凶《ゲンキョウ》」。b 転じて、根本的な性質に立ち戻る。

媒介

a AとBの間に入って、両者を結び付ける。媒は、間を取り持つ。「結婚の媒酌人《バイシャクニン》」。介は、間に入る。「取り引きを仲介《チュウカイ》する」。b 抽象的に、AがBを実現するのを助ける。また、そのもの。

典型

a b あるグループの特徴をよく備えていて、その模範や基準、代表となるもの。典は、模範や基準。「迷ったら辞典《ジテン》で調べる」。型は、タイプ。「いくつかの類型《ルイケイ》に分類する」。

喚起

a ことばをかけて意識を向けさせる。喚は、呼びかける。「証人を喚問《カンモン》する」。起は、活動させる。「パソコンを起動《キドウ》する」。b c 転じて、刺激によって感情や行動が活発になる／感情や行動を活発にさせる。

□ 6a バイクがガードレールに**ショウトツ**する。
ものすごい勢いで当たる

□ 6b 賛成派と反対派の意見が激しく**ショウトツ**する。
対立して争う

□ 7a 被災者の訴えに、多くの人が**キョウメイ**する。
同じように感じる

□ 7b 二人の天才の才能が**キョウメイ**して、新しい芸術を生む。
影響を与え合う

□ 8a 静かで眺めもよく、散歩するには**カッコウ**の道。
ぴったりの

□ 8b ジーンズにスニーカーという、ラフな**カッコウ**。
見た目

□ 9a 小腸が**ユチャク**し、腹痛を引き起こす。
臓器が離れなくなる

□ 9b 政界と財界の**ユチャク**が、不正を生む。
利益を求めて深い関係を結ぶこと

□ 10a X線を**ショウシャ**してレントゲン写真を撮る。
ある部分に当てる

□ 10b 現代日本の問題点を鋭く**ショウシャ**したレポート。
ある部分をはっきりと描き出す

□ 11a 恐竜の**コッカク**の復元模型を展示する。
体の芯となる硬い部分の構造

□ 11b 物語の**コッカク**に、エピソードで肉付けする。
中心となるストーリー

衝突

ａ勢いよくぶつかる。衝は、部首 行《ぎょうがまえ》（＝移動）⇩勢いよく移動してぶつかる。突は、訓「**つ・く**」。先端が勢いよく当たる。ｂ転じて、意見や利害などが対立する。

共鳴

本来、あるものが出す音に応じて、別のものも音を出す物理現象。ａ比喩的に、誰かと同じように感じる。ｂまた、二つのものが互いに影響を及ぼす。

格好

昔の書き方は恰好《カッコウ》。恰は常用漢字ではない漢字で、ちょうど合う。ａちょうどよく合う⇩ふさわしい。ｂふさわしい見た目⇩広く、見た目。「人前で転ぶのは格好が悪い」。

癒着

本来、傷口が塞がって治る。癒は、傷が治る。「けがが治癒《チユ》する」。ａ転じて、けがや手術などが原因で、体の一部がくっつく。ｂ比喩的に、互いの私的な利益のために深い関係を結ぶ。

照射

ａ本来、光が当たる⇩放射線や赤外線などを当てる。照は、訓「**て・らす**」。光を当てる。「照明《ショウメイ》器具」。射は、ある場所に当てる。「直《チョク》射《シャ》日光」。ｂ比喩的に、あることがらに光を当てる。

骨格

ａ本来、骨が組み合わさってできる構造。格は、そのものの特徴⇩特徴となる基本的な作り。「体格《タイカク》」「性格《セイカク》」。ｂ比喩的に、ものごとの基本的な構造。

□ 1a 反対派を説得するという、**ヤッカイ**な仕事。
とても手間がかかる

□ 1b 親の**ヤッカイ**になりながら、勉強を続ける。
生活の面倒を見てもらう対象

□ 2a 旅に出たい、という**ショウドウ**に駆られる。
抑えきれないほどの強い欲求

□ 2b 怒りのあまり、**ショウドウ**的にものを投げつける。
理性的な判断を忘れること

□ 3a ルールを**シイ**的に運用するのはよくない。
自分の考え通りに

□ 3b あるものとその名前の関係は、**シイ**的なものだ。
論理的な必然性はないこと

□ 4a 珍しい植物を探して、各地を**ショウリョウ**する。
歩き回る

□ 4b 古文書を**ショウリョウ**して、多くの資料を得る。
読みあさる

□ 5a 塗った薬が、皮膚の下にまで**シントウ**する。
しみ込む

□ 5b 外国製の商品が、国内市場に**シントウ**する。
あちこちで見られるようになる

□ 5c 感染対策の重要性が、国民の間に**シントウ**する。
広く理解される

厄介

a 一般的には、面倒な。取り扱いに手間がかかる。b 本来は、生活の面倒を見る。語源は未詳だが、厄は、災難。「災厄《サイヤク》に見舞われる」。

衝動

a 本来、強くぶつかって生じる揺れ⇩思わず何かをしてしまうほど強い欲求。衝は、部首行《ぎょうがまえ》（＝移動）⇩勢いよく移動してぶつかる。b 強い欲求によって、理性的な判断ができなくなる。

恣意

a 思い通りに。恣は、思い通りにする。「まわりを気にしない、放恣《ホウシ》な生き方」。b 主観の通り⇩客観的な根拠がない。！ bは、同じものを指すことばが言語によって異なることなどについていう。

渉猟

a 何かを探して広い範囲を歩き回る。渉は、部首氵《さんずい》（＝水）⇩川を渡る。猟は、山や草原で動物を捕まえる。「狩猟《シュリョウ》」。b 転じて、調査や研究のために、多くの書物や文献を読む。

浸透

a 液体が内側まで入り込む。浸は、訓「**ひた・る**」。液体につかる。透は、部首辶《しんにょう》（＝移動）⇩向こう側まで移動する。b 転じて、何かの中の広い範囲に入り込む。c 考え方などが、ある範囲の多数の人々に理解されて、定着する。

6a 徹底したリスク対策により、安全性を**タンポ**する。
確かなものにする

6b 土地を**タンポ**にして、事業の資金を借りる。
借金の引き換えにするもの

7a 運動不足と**ホウショク**は、健康を損なう。
腹いっぱいになること

7b 物資が豊かな現代は、**ホウショク**の時代だ。
飢えに苦しまなくてよいこと

8a コンプレックスを**ショウカ**させ、自信に変える。
より優れたものに変える

8b 伝統工芸を現代アートへと**ショウカ**させる。
より新鮮な魅力を持つものに変える

9a 新聞社が電子**バイタイ**でもニュースを発信する。
情報を受け手に届ける手段

9b さまざまな**バイタイ**に取り上げられた、話題の商品。
雑誌や新聞、テレビ番組、ラジオ番組など

10a パソコンの画面をスクリーンに**トウエイ**する。
映し出す

10b 俳優が、自己を**トウエイ**しながら役を演じる。
重ねて表現する

11a 政局の**ショウテン**は、国会がいつ解散されるかだ。
人々の関心が集まるポイント

11b 監督の采配に**ショウテン**を当てて、試合を振り返る。
最も重要なポイント

担保

a 大丈夫だと引き受ける。担は、引き受ける。「手数料を負担《フタン》する」。保は、確かだと請け合う。「身分を保証《ホショウ》する」。b 特に、借金を必ず返すことを示すために、貸し手に差し出すもの。

飽食

a 腹を満たして満足する。飽は、訓「**あ・きる**」。満足する。b 広く、欲が満たされている。さまざまな物資が十分に存在していること。

昇華

本来、固体が液体を飛ばして、直接、気体になることをいう化学用語。昇は、訓「**のぼ・る**」。華は、訓「**はな**」。優れたもののたとえ。ab 転じて、レベルが上の状態になる。

媒体

ab 基本、情報の送り手と受け手をつなぐ手段。媒は、間を取り持つ。❢ aは新聞、テレビ、ネットといった大きな区分け、bは特定の雑誌や番組といった小さな区分け。

投影

a 画像や映像を映し出す。投は、ある場所に届ける。「雑誌に投稿《トウコウ》する」。影は、目に見える姿。「写真撮影《サツエイ》」。b 比喩的に、ある人の考えや行動に、その人の経験や感情などが表現されること。

焦点

本来、レンズなどで光が集まり高温となる箇所。焦は、訓「**こ・げる**」。a 転じて、人々の興味や関心が最も集まるところ。b また、ピントが合う箇所⇩話や議論の中で、最も明らかにしたい所。

第4章

□ **1a** 多様な価値観を持つ人々を**ホウセツ**する社会。
内側に取り込む

□ **1b** ヒトやゴリラは、霊長類に**ホウセツ**される。
その下に分類する

□ **2a** 落ち込んだ時に読むと心に響く、**ガンチク**に富む本。
深い意味や味わい

□ **2b** その人の人生観が**ガンチク**された、重い発言。
中に込める

□ **3a** 経営学の理論を部活動に**エンヨウ**する。
他の分野の考え方を当てはめる

□ **3b** 有名な書物を**エンヨウ**しつつ、自分の見解を述べる。
他人のことばを参考として示す

□ **4a** スマホのバッテリーの**ショウモウ**が激しい。
残量が減ること

□ **4b** 試合終盤、**ショウモウ**している相手を攻め立てる。
疲れ果てる

□ **5a** **タンテキ**に言えば、悪いのは君だ。
本当のことをはっきりと

□ **5b** 主観を交えず、事実を**タンテキ**に述べる。
それだけをはっきりと

□ **5c** 今の気持ちを**タンテキ**にひと言で表現する。
簡単にまとめてはっきりと

包摂

a AがBを完全に含む。「複数の都市を包摂する新しい国家が成立する」。包は、訓「**つつ・む**」。摂は、確実に中に入れる。「必要なカロリーを摂取《セッシュ》する」。**b** また、分類上、BがAの一部である。

含蓄

a 一般的には、表面的ではない、深い意味や味わい。**b** 本来は、内側にため込んでおく。含は、訓「**ふく・む**」。中に入れておく。蓄は、訓「**たくわ・える**」。比喩的な熟語。

援用

a 他人の考えを引いてきて使う。援は、力を添える⇩力を込めて引っ張ってくる。**b** 特に、他人のことばを引いてきて使う。**!** **b**は「引用《インヨウ》」とほぼ同じ意味だが、元来は別のことば。

消耗

a 使った分がなくなる。耗は、すり減る。「ゴムが摩耗《マモウ》する」。**b** 特に、疲れて体力や気力、国力などがなくなる。「消耗戦(＝兵士や物資がどんどん失われてしまう戦争)」。

端的

基本、突き詰めて表現するようす。端は、訓「**はし**」。終わりの部分。**a** 本当のことをはっきり表現するようす。**b** また、あることだけをはっきり表現するようす。**c** また、いろいろあるものを簡単にまとめて表現するようす。

□ 6a 建築家の夢が、壮麗な宮殿として**ケンゲン**する。
具体的な形になる

□ 6b 株価の乱高下は、経済の原理の**ケンゲン**だ。
わかりやすい形で示されたもの

□ 7a 係長から課長へと、社内での**カイキュウ**が上がる。
組織の中での地位

□ 7b 農民**カイキュウ**出身で、大臣にまで出世した人。
社会の中での地位

□ 8a まったく**ヨクヨウ**を付けず、淡々と話す。
声の高低の変化

□ 8b 白い背景に赤い花を配して、**ヨクヨウ**を付ける。
目立つ部分と落ち着いた部分の差

□ 9a 多数のデータに基づく、**ガイゼン**性の高い推論。
それが確かだという可能性

□ 9b 計画の**ガイゼン**性を、さまざまな点から議論する。
どれぐらい確実かということ

□ 10a 過酸化水素水を水素に変える**ショクバイ**。
化学反応を起こさせる物質

□ 10b ある思いつきが**ショクバイ**となり、技術革新が進む。
変化のきっかけ

□ 11a 「負けるが勝ち」は**ギャクセツ**の例だ。
おかしいようだが、実は正しい意見

□ 11b 戦争が起こると、**ギャクセツ**的に平和の貴さがわかる。
結論とは反対の状況から考えること

顕現
a 基本、目に見える形になる。顕は、はっきりと見える。「顕著《ケンチョ》な反応」。現は、目に見えるようになる。「理想の具現化《グゲンカ》」。b 転じて、はっきりと示す。また、はっきりと示しているもの。

階級
a b 基本、ある集団の中での人々のランク。階は、上下に重なっているもののうちの一つ。「ビルの五階《ゴカイ》」。級は、序列のうちの一つ。「英検の三級《サンキュウ》に合格する」。

抑揚
a 勢いの強弱の変化。抑は、訓「**おさ・える**」。勢いを弱める。揚は、訓「**あ・げる**」。勢いを強める。b 転じて、盛り上がる部分と盛り上がらない部分の差。目立つ部分と目立たない部分の差。

蓋然
a b そうだろうと推測する⇩その推測がどれぐらい確かか。この場合の蓋は、推測する。然は、そうである。「未然《ミゼン》(＝まだそうなっていない)」。

触媒
a 他の物質を刺激して、化学反応を起こさせる物質。触は、刺激する。「仲間の活躍に触《ショク》発《ハッ》される」。媒は、間を取り持つもの。b 転じて、大きな変化を引き起こすきっかけとなるもの。

逆説
a 真理とは反対のことを述べているようで、実は真理である意見。逆は、反対の。b 転じて、結論とは反対の状況に基づいて考えたり、前提と結論を反対にして考えたりすること。

4章 重要度ランクA⑤

□ 1a 付近の観光地を**ジュンカン**するバス。
同じルートを回る

□ 1b 古紙から再生紙を作り、資源を**ジュンカン**させる。
消費したものを元に生産してまた消費する、という過程を繰り返す

□ 2a 巧みな話術で、聴衆の心を**ホンロウ**する。
思い通りにさまざまな気持ちにさせる

□ 2b ころころ変わる政策に、地元民が**ホンロウ**される。
対応をいろいろ変えさせる

□ 3a 家庭菜園作りに**ショウチョウ**される、のどかな生活。
はっきりわかる形で示す

□ 3b 青と緑の二色で、海と山を**ショウチョウ**的に表す。
ある性質を抜き出して示す

□ 4a どの民族にも**フヘン**的に見られるタイプの神話。
どれにも当てはまること

□ 4b 恋という**フヘン**性の高いテーマをうたう歌。
広い範囲のものに共通すること

□ 5a そのミサイルの**シャテイ**は千キロを超える。
命中させられる距離

□ 5b 古代から現代までを**シャテイ**に収めた、壮大な歴史観。
対象としている範囲

□ 5c 準決勝進出を決め、優勝が**シャテイ**に入る。
実現可能な範囲

循環

a 基本、終着点がそのまま出発点となるルートを移動する。循は、あるルートに沿って移動する。環は、最初と最後がつながった形。
b 転じて、終わったところから次のサイクルを始める。

翻弄

a b 本来、向きを自由に操る。翻は、訓「**ひるがえ・す**」。ひっくり返す。向きを変える。「態度を翻《ひるがえ》す」。弄は、訓「**もてあそ・ぶ**」。操って楽しむ。「人の心を弄《もてあそ》ぶ」。

象徴

a とらえにくいものを、はっきり感じ取れる形で示す。象は、感じ取れる存在。徴は、はっきりわかる目印。「新製品の特徴《トクチョウ》」「噴火の徴候《チョウコウ》」。
b 転じて、ある性質に代表させてそのものを表す。

普遍

a b 広い範囲の多くのものに当てはまる。普も遍も、広い範囲の隅々まで。「SNSが普及《フキュウ》する」。「全国に遍在《ヘンザイ》している民話」。
! 「普遍的」「普遍性」の形で使うのが定番。

射程

a 基本、弾丸などを高い確率で命中させられる距離。射は、弾丸などを撃つ。「射撃《シャゲキ》」。程は、どれくらい進めるかという距離。「山登りの一日の行程《コウテイ》」。
b 比喩的に、議論や考えが及ぶ範囲。
c また、効力が及ぶ範囲。実現可能な範囲。

□ 6a 事故の**ギセイ**となった人々に祈りを捧げる。
命を奪われた人

□ 6b 他人を**ギセイ**にして自分が幸せになるのはいやだ。
何かを得るために失うもの

□ 7a 軽はずみな言動をして、社長としての**ケンイ**が揺らぐ。
人々を従わせる強い力

□ 7b 魚の生態について、生物学の**ケンイ**に話を聞く。
誰もが認めるほどの力を持つ人

□ 8a 勝手な行動をして、チームの**チツジョ**を乱す。
ものごとの整った関係

□ 8b 本を著者名の五十音順に**チツジョ**正しく並べる。
ある規則に従っていること

□ 9a 最新型のエンジンを**トウサイ**した自動車。
機械を積み込む

□ 9b 早炊きモードを**トウサイ**した炊飯器。
機能を備える

□ 10a 入院した経験が**ケイキ**となり、看護師を志す。
きっかけ

□ 10b 失敗の中には、成功に至る**ケイキ**が含まれている。
可能性を秘めたチャンス

□ 11a 幅広い読書によって**ゴイ**を豊かにする。
ある人が使うことば全体

□ 11b この辞書には六万語の**ゴイ**が載っている。
さまざまなことば

犠牲

a 本来、殺して神に捧げるもの⇩殺されたもの。犠は、部首 牛《うしへん》⇩殺して神に捧げる牛。牲も同じ意味。b 転じて、何かを実現するのと引き換えに失うもの。❗牲は、他ではまず使われない。

権威

a 基本、思い通りにまわりの人を従わせる力。権は、したいことをする力。「権利《ケンリ》」「権《ケン》力《リョク》」。威は、恐れさせて従わせる。「相手を威《イ》圧《アツ》する」。b そういう力を持つ人。

秩序

a b 規則に従ったきちんとした状態にあること。秩は、部首 禾《のぎへん》（＝穀物）⇩穀物をきちんと積み上げる⇩きちんとした上下関係。序は、きちんと並ぶ。「正しい順序《ジュンジョ》」。

搭載

a 基本、機械や荷物を積み込む。搭は、人や物を積み込む。「飛行機に搭乗《トウジョウ》する」。載は、訓「**の・せる**」。荷物を積む。「トラックの積《セキ》載量《サイリョウ》」。b 転じて、機能を組み込む。

契機

a b 基本、後の変化をもたらすきっかけ。契は、将来のことを取り決める。「二年契約《ケイヤク》で監督を引き受ける」。機は、重要な瞬間。「勝《ショウ》機《キ》を逃す」。

語彙

a 基本、ことばの集まり。彙は、本来、ハリネズミ⇩毛が密集して生えている動物⇩集まったもの。b 転じて、一つ一つのことば。
❗彙は、他ではほとんど使われない。

4章 重要度ランクA⑥

□ 1a 身内の問題に、部外者は**カンショウ**すべきではない。
無理に関わろうとする

□ 1b 電波が**カンショウ**して、無線LANの接続が安定しない。
複数の波が影響を与え合う

□ 2a 主人公がジャングルで**ボウケン**をくり広げる映画。
危ないことに進んで取り組むこと

□ 2b 駅前への出店は、我が社にとっては**ボウケン**だ。
経験がなく、困難が予想されること

□ 3a 監督は、ミスをした選手を責めずに**ヨウゴ**した。
かばい守る

□ 3b 認知機能が衰えた高齢者の権利を**ヨウゴ**する。
支援して守る

□ 4a 練習しなければ、当然の**キケツ**として上達しない。
なるべくしてそうなること

□ 4b 社会問題の多くは、貧富の差に**キケツ**する。
根源がある

□ 5a 昏睡《こんすい》状態から**カクセイ**し、会話ができるようになる。
意識がはっきりした状態になる

□ 5b 目の前の現実を突きつけ、人々を**カクセイ**させる。
本当のことに気づく

□ 5c プロ入り三年目で**カクセイ**し、大活躍を始める。
本当の能力を発揮し始める

干渉
a b 基本、境界を越えて影響を与える。干は、本来、武器の一種⇩武器を持って攻め込む⇩相手の領域に無理に入る。渉は、部首氵《さんずい》（＝水）⇩川を渡る⇩境界を越える。「外交交渉《コウショウ》」。

冒険
a b 基本、危ないことや困難なことに進んで取り組む。冒は、訓「**おか・す**」。困難にあえて取り組む。険は、訓「**けわ・しい**」。山が急な⇩危ないこと。困難なこと。

擁護
a b 大切に守る。擁は、部首扌《てへん》⇩腕に包み込む⇩包むようにして守る。護は、守る。「迷い猫を保護《ホゴ》する」。

帰結
a 理屈としてそういうことになる。帰は、あるべき状態になる。結は、終わりを迎える。「物語の結末《ケツマツ》」。b 転じて、原因をたどっていくとそこに行き着く。

覚醒
a 基本、意識が戻り判断力が正常になる。覚は、訓「**さ・める**」。意識が戻る。「眠りから覚《さ》める」。醒は、部首酉《とりへん》（＝酒）⇩酔いが収まる⇩判断力が戻る。b 転じて、迷いや誤りから抜け出す。c また、能力が発揮できていない状態から抜け出す。

☐ **6a** 会社への**キゾク**意識が強く、転職など考えない。
組織の一員である

☐ **6b** 顔写真の肖像権は、写っている本人に**キゾク**する。
その人が所有する

☐ **7a** 先輩の活躍に**コオウ**して、後輩たちも活躍する。
刺激を受けて同じようなことをする

☐ **7b** 警察と地元民が**コオウ**して、見回りを強化する。
お互いに同じような行動を取る

☐ **8a** この樹脂は、熱を加えると**カソ**化する。
柔らかくて自由に形を変えられる状態

☐ **8b** 若い人は頭が柔らかく、**カソ**性がある。
どんなふうにでも変化できること

☐ **9a** 菜食主義者にとって、肉食は**キンキ**だ。
宗教上の理由や信念などにより、してはいけないこと

☐ **9b** この薬の**キンキ**の一つに、高血圧の人への投与がある。
使ってはいけない用途

☐ **10a** 「家族」という単語から**ヒョウショウ**されるイメージ。
思い浮かべる

☐ **10b** この絵は、画家の平和への願いの**ヒョウショウ**だ。
目に見える形で示されたもの

☐ **11a** 定員を**ジュウソク**するために追加募集をする。
欠けている部分を埋めること

☐ **11b** ボランティア活動に心の**ジュウソク**を見いだす。
欲求が満たされること

帰属

a あるものの一部や一員になる。帰は、落ち着く状態になる。「外国人が日本に帰化《キカ》する」。属は、何かの一部となる。「柔道部に所属《ショゾク》する」。**b** 転じて、ある人や組織などの管理下にある。

呼応

a Aの影響でBが似た行動をする。呼は、声をかける⇩はたらきかける。応は、はたらきかけを受けて行動する。「取材に応《オウ》じる」。**b** 転じて、AとBが影響し合って似た行動をする。

可塑

a 自由に変形させられる。塑は、部首土《つち》⇩粘土のように形を変えられる。「塑像《ソゾウ》(＝粘土などで作った像)」。**b** 比喩的に、どんな人間にでもなれる。将来が無限に広がっている。

禁忌

a 基本、してはいけないこと。禁は、何かをさせない。「私語厳禁《ゲンキン》」。忌は、訓「**い・む**」。精神的に遠ざける。「異性を忌避《キヒ》する」。**b** 転じて、ある薬の使用を避けること。

表象

a 頭の中に描き出す。表は、訓「**あらわ・す**」。象は、絵などを描く。「象形《ショウケイ》文字(＝絵文字)」。**b** 転じて、頭の中から生み出された、目に見える存在。❗bは主に芸術作品などについていう。

充足

a 欠けている部分を補って、いっぱいにする。充は、いっぱいにする。「食糧を補充《ホジュウ》する」。足は、訓「**た・す**」。付け加える。**b** 転じて、満たされない気持ちを解消する。

4章

重要度ランクB ①

□ **01** 前例を**トウシュウ**しつつ、新しい試みもする。
前のやり方をそのまま受け継ぐ
踏襲

□ **02** 不適切な発言をした大臣が**コウテツ**される。
ある職の人を別の人に改める
更迭

□ **03** イエスともノーとも取れる、**アイマイ**な答え。
はっきりしないようす
曖昧

□ **04** **タンネン**に磨き上げられて、傷一つない銀食器。
心を込めて丁寧に
丹念

□ **05** 五か国語を**クシ**して、外交の場で活躍する。
思い通りに用いる
駆使

□ **06** 複雑な問題の本質を、鋭く**ドウサツ**する。
簡単にはわからないことを見抜く
洞察

□ **07** 大臣が署名した国際条約を、国会が**ヒジュン**する。
国として最終的に承認する
批准

□ **08** 発音が**メイリョウ**で、聴き取りやすい英語。
はっきりしている
明瞭

□ **09** 練習の方法は、個人の**サイリョウ**に任されている。
その人の考えで判断すること
裁量

□ **10** 親友の恋人を好きになり、**カットウ**に苦しむ。
個人の心の中での感情の絡み合い
葛藤

□ **11** 気をつけろ、という**ガンイ**を込めて目くばせする。
中に込められた考えや内容
含意

01 襲は、本来、衣服をそのまま上に重ねて着る⇩そのまま引き継ぐ。「将軍の地位を世襲《セシュウ》する」。

02 更は、改める。「アドレスの変更《ヘンコウ》」。迭は、入れ替える。誤 コウチツ。コウシツ。

03 曖は、薄暗い。昧は、よくわからない。「愚昧《グマイ》な民衆」。❗曖は、他ではまず使われない。誤 曖味。

04 丹は、本来、赤色⇩血の通った心⇩まごころ。「丹精《タンセイ》を込める」。念は、考え、気持ち。

05 駆は、部首 馬《うまへん》⇩馬を走らせる⇩思い通りに操る。また、操作して動かす。「エンジンを駆動《クドウ》する」。

06 洞は、中にあいた穴。「洞窟《ドウクツ》」。転じて、中まで見通す。察は、事実を見抜く。

07 批は、議論する。「新作映画を批評《ヒヒョウ》する」。准は、承認する。❗准は、他ではまず使われない。

08 瞭は、部首 目《めへん》⇩はっきり見える。❗瞭の熟語は、他には「一目瞭然《イチモクリョウゼン》」くらい。

09 裁は、どのようにするか決める。「裁判《サイバン》」。量は、訓「**はか・る**」。価値や重要性を判断する。

10 葛は訓「**くず**」、藤は訓「**ふじ**」。どちらも、つるを絡ませて伸びる植物。比喩的な熟語。

11 含は、訓「**ふく・む**」。中に入れておく。「さまざまな考えを包含《ホウガン》する発言」。意は、考えや内容。

□ **12** 約束を果たすまで、一週間の**ユウヨ**をもらう。
実行を先に延ばすこと
猶予

□ **13** 夢の実現について、**カイギ**的になってはいけない。
不信感を抱くこと
懐疑

□ **14** 機密を漏らした大臣の**ダンガイ**裁判が開かれる。
非難して告発する
弾劾

□ **15** カレーの**ガイネン**を変えるほど、独創的なカレー。
あることばから思い浮かべる、だいたいの内容
概念

□ **16** 首長が、**シセイ**の人々の声に耳を傾ける。
庶民が暮らす町中
市井

□ **17** 空き家の多い地区は、犯罪の**オンショウ**となる。
悪いことを生み出し育てる場所
温床

□ **18** 初めて見るものに**オウセイ**な好奇心を抱く。
とても勢いがある
旺盛

□ **19** 失格した選手が、救済**ソチ**で出場可能となる。
事態を落ち着かせるための取り計らい
措置

□ **20** **シュウトウ**な準備のおかげで、試験は楽勝だった。
隅々まで考え抜かれているようす
周到

□ **21** 緩やかな**コウバイ**の坂道を、のんびり歩く。
傾きの度合い
勾配

□ **22** 開国以来の**ミゾウ**の経済危機に直面する。
これまでに一度もない
未曽有

□ **23** 本番が始まる直前の緊張した**フンイキ**。
なんとなく漂っている感じ
雰囲気

12 ぐずぐずするようすを表す、昔の中国語の擬態語。❗当て字的な熟語で、漢字にはあまり意味がない。

13 懐は、大切に思う⇩ある思いを抱く。「ありし日を懐古《カイコ》する」。疑は、訓「**うたが・う**」。

14 弾は、非難する。「不正を糾弾《キュウダン》する」。劾は、罪を告発する。❗劾は、他ではまず使われない。

15 概は、おおよその。「計画の概要《ガイヨウ》」。念は、考え。「信念《シンネン》を忘れない」「雑念《ザツネン》を抱く」。

16 「市場《いちば》」と「井戸《いど》」。どちらも、庶民の暮らしの象徴。❗市の音セイは、他に「油井《ユセイ》」など。

17 床は、何かが広く存在する場所。❗本来、熱の効果で植物の育ちをよくする場所。比喩的な熟語。

18 旺は、勢いがある。盛は、訓「**さか・ん**」。勢いがある。❗旺は、他ではまず使われない。

19 措は、落ち着かせる。「挙措《キョソ》(＝動き出すことと落ち着くこと⇩振る舞い)」。

20 周は、隅々まで。「注意事項を周知《シュウチ》する」。到は、目的の状態に行き着く。「目標値に到達《トウタツ》する」。

21 本来、直角三角形の長辺に対する短辺の長さの比率。勾は、直角三角形の短辺。配は、つり合い。

22 未は、まだない。曽は、これまでに。誤ミソウ。ミゾウユウ。

23 本来、地球を包む大気。雰は、本来、水蒸気のような気体。囲は、訓「**かこ・む**」。取り巻く。

- [ ] 01 夏のエアコンの**スイショウ**温度は、二十八度だ。
  それにするように働きかける
  推奨
- [ ] 02 店員の**オウヘイ**な態度が、客を怒らせる。
  自己中心的に振る舞うようす
  横柄
- [ ] 03 先生が入ってきた**トタン**、教室が静かになる。
  その瞬間に
  途端
- [ ] 04 主将として、チームのムード作りに**フシン**する。
  目的を達成するためにいろいろ考える
  腐心
- [ ] 05 医師が、患者の訴えに**シンシ**に耳を傾ける。
  心の底から誠実に
  真摯
- [ ] 06 人を驚かせる、**ザンシン**なデザインの洋服。
  今までとはまったく違う
  斬新
- [ ] 07 「こんにちは」と笑顔で**アイサツ**をする。
  会ったときや別れるときに、ことばを掛けること
  挨拶
- [ ] 08 なごやかに話していた人が、**トウトツ**に怒り出す。
  前後のつながりなしに
  唐突
- [ ] 09 何をやってもうまくいかない、**ヘイソク**した状況。
  行き詰まる
  閉塞
- [ ] 10 必要な資金が集まらず、開発計画が**ガカイ**する。
  ばらばらに崩れる
  瓦解
- [ ] 11 革新派の**ガジョウ**だった選挙区で、保守派が勝つ。
  ずっと守ってきた場所
  牙城

01 推は、選んでもらうように働きかける。「推薦《スイセン》」。奨は、力添えをする。「早起きを奨励《ショウレイ》する」。

02 横は、自分勝手な。柄は、特徴。[!]語源は「押柄《オウヘイ》(=押しの強い人柄)」かと言われる。

03 本来、道のちょうどその地点で。途は、道。「途《ト》中《チュウ》」。端は、訓「**はた**」。すぐ近くや横の部分。

04 本来、悩み苦しむ。腐は、訓「**くさ・る**」。役に立たない状態になる。比喩的な熟語。

05 摯は、誠実な。[!]摯は、他ではまず使われない。[誤]シンシツ。シンシュウ。

06 斬は、本来、訓「**き・る**」。ばっさり切り落とす⇩切り口が目立つ⇩際だって。[!]昔の中国語の方言。

07 挨も拶も、押す。本来、押し合う⇩禅で、質問し合う⇩ことばを掛け合う。

08 唐は、根拠や脈絡がない。「荒唐《コウトウ》無稽《ムケイ》な話」。突は、急に。「突然《トツゼン》のブレイク」「突発《トッパツ》事故」。

09 塞は、訓「**ふさ・がる**」。「脳梗塞《ノウコウソク》(=脳の血管が硬くなって塞《ふさ》がること)」。

10 落とした焼き物が砕けるように、崩れ去る。[!]瓦は、訓「**かわら**」だが、本来、焼き物全般。

11 本来、大将が守る砦《とりで》⇩最後まで守り抜く拠点。この場合の牙は、大将の旗。

□ 12 知り合いを見かけて**エシャク**する。
軽く頭を下げておじぎする
会釈

□ 13 **ジョウセキ**とは異なる、思い切った作戦を取る。
決まりきったやり方
定石

□ 14 お正月には祖父母の家に**シンセキ**が集まる。
血のつながりがある一族
親戚

□ 15 二つのチームが、リーグの**ハケン**争いをする。
優勝
覇権

□ 16 渋沢栄一の**ショウゾウ**が印刷された一万円札。
その人の姿を写して描いた絵
肖像

□ 17 政府に**モウジュウ**するメディアは、信頼できない。
きちんと考えないで言われた通りにする
盲従

□ 18 怪しい手紙が、**カクウ**の住所から届く。
実在しない
架空

□ 19 国産品を守るため、外国製品を**ハイセキ**する。
ある場所から追い出す
排斥

□ 20 四角形や円などで構成された、**キカ**学的な模様。
規則的な線に関する
幾何

□ 21 言うことは立派だが、**ジッセン**が伴わない。
具体的な行動
実践

□ 22 一本の木も植わっていない、**サップウケイ**な庭。
見るからに寒々とした
殺風景

□ 23 よくある設定で、**キシカン**のあるテレビドラマ。
以前に見たことがあるという思い
既視感

12 釈は、わかるように述べる⇩仏教で、仏の教えを理解する⇩相手を理解する⇩相手におじぎする。

13 本来、決まりきった碁石の打ち方。定は、訓「**さだ・める**」。いつも決まっている。誤テイセキ。

14 戚は、血のつながりがある人。❗戚の熟語は、他に「姻戚《インセキ》」「外戚《ガイセキ》」がある程度。

15 本来、最強の者が使える力。覇は、力でまわりを従える。権は、したいことをする力。「権力《ケンリョク》」。

16 肖は、似ている。「不肖《フショウ》(=本来、尊敬する親に似ていない⇩愚かな自分)」。像は、絵画や彫刻など。

17 盲は、部首目《め》⇩目が見えない⇩きちんと視野に入れない。「学者の説を盲信《モウシン》する」。

18 本来、何もないところに差し渡された⇩現実的な根拠がない。架は、差し渡す。「鉄道の高架橋《コウカキョウ》」。

19 排は、外に出す。「部外者を排除《ハイジョ》する」「排気《ハイキ》ガス」。斥は、追放する。誤排斥。

20 図形の数学的性質を研究すること。❗本来は、数量を問う昔の中国語の疑問詞。

21 践は、部首足《あしへん》⇩足で踏む⇩その場へ行く⇩行動する。誤実戦(=本当の争い)。

22 殺は、荒々しくて寒々とした。趣がない。「笑顔のない殺伐《サツバツ》とした教室」。

23 既は、訓「**すで・に**」。これまでに。「既定《キテイ》の方針(=前から決まっている方針)」。

4章 重要度ランクB ③

- □ 01 赤ちゃんが**ホニュウ**瓶からミルクを飲む。
  ミルクが出る部分を口でくわえる
- □ 02 活躍が評価され、県の代表**コウホ**となる。
  ある地位に就く可能性がある人
- □ 03 救急車を待つ間、病人を**カイホウ**する。
  病人やけが人の世話をする
- □ 04 主将が仲間を**コブ**し、練習を続けさせる。
  気持ちを奮い立たせる
- □ 05 今年の夏のあまりの暑さには**ヘイコウ**する。
  困り果てる
- □ 06 農業に適した**ヒヨク**な大地。
  水分や栄養を多く含む
- □ 07 「私が悪いんです」と、**シュショウ**な態度を取る。
  けなげな。見ていて感心する
- □ 08 大卒の新社会人の初任給に**ヒッテキ**する金額。
  つり合うくらいの
- □ 09 日本舞踊を習い、美しい**ショサ**を身につける。
  体の動かし方
- □ 10 **デイスイ**した方は入店をお断りいたします。
  酒を飲んで正体をなくす
- □ 11 すばらしい歌に観客が**カッサイ**を送る。
  大きな声でほめること

01 哺乳
02 候補
03 介抱
04 鼓舞
05 閉口
06 肥沃
07 殊勝
08 匹敵
09 所作
10 泥酔
11 喝采

01 哺は、口に含む。「哺育《ホイク》(=ミルクや食べ物を与えて子どもを育てる)」。

02 本来、ある地位を埋める準備をする。候は、準備して待つ。補は、訓「**おぎな・う**」。

03 介は、助ける。「お年寄りを介護《カイゴ》する」。抱は、訓「**かか・える**」。腕で包むようにして守る。

04 本来、打楽器でリズムを取って踊る。鼓は、訓「**つづみ**」。打楽器。舞は、訓「**ま・う**」。比喩的な熟語。

05 本来、ことばが出ない⇩何を言えばいいか困る。比喩的な熟語。

06 肥は、栄養が多い。「畑に肥料《ヒリョウ》をまく」。沃は、部首氵《さんずい》(=水)⇩水が豊富な。

07 本来、特別に優れている。殊は、訓「**こと・に**」。特別に。勝は、優れている。

08 この場合の匹は、二つが並ぶ。敵は、競う相手⇩相手としてつり合う。

09 本来、体の動き。所は、〇〇するその内容。「所《ショ》感《カン》(=感じた内容)」。作は、する。動く。誤 ショサク×。

10 泥は、訓「**どろ**」⇩形が定まらない。酔は、部首酉《とりへん》(=酒)⇩訓「**よ・う**」。

11 本来、さいころの目を大声で読み上げる。喝は、大声で叫ぶ。「一喝《イッカツ》する」。采は、さいころ。

□ 12 駅前にコンビニが乱立し、**ホウワ**状態になる。
全体としてそれ以上は受け入れられない
飽和

□ 13 プロ入りへの**ミレン**を断ち、大学へ進学する。
諦め切れない気持ち
未練

□ 14 新しい機械が、性能を**ジュウゼン**に発揮する。
欠けているところがないようす
十全

□ 15 選択肢のうち、**ガイトウ**するものに丸を付ける。
それにちょうど合う
該当

□ 16 悪政を続ける王を倒すため、民衆が**ホウキ**する。
集団になって活動を始める
蜂起

□ 17 この青い目の人形は、昔の**ハクライ**品だ。
海外から輸入された
舶来

□ 18 県知事の**ヒメン**を求める署名活動が行われる。
ある役職に就いている人をやめさせること
罷免

□ 19 国民には**ソゼイ**を納める義務がある。
政府が人々から取り立てる金品
租税

□ 20 小さな不正も**カンカ**しないよう、厳しく監視する。
見ないで済ませる
看過

□ 21 観客として、歴史的瞬間を**モクゲキ**する。
その場で実際に見る
目撃

□ 22 **ノホウズ**な経営によって、会社が倒産する。
しまりがないようす
野放図

□ 23 次の試合が、選手の力を測る**シキンセキ**となる。
力量を見極めるいい機会
試金石

12 飽は、部首 食《しょくへん》⇩腹いっぱいになる⇩それ以上は入らない。和は、合計。全体。

13 本来、まだきちんとできていない。未は、まだ○○していない。練は、質を良くする。

14 十は、十あるうちの十⇩残らず。全は、訓「**すべ・て**」。誤 充全。

15 該は、話題にしているそれそのもの。当は、ちょうど合う。

16 昆虫のハチのように群れを作って行動を開始する。蜂は、訓「**はち**」。

17 本来、船によってもたらされること。舶は、大きな船。「船舶《センパク》(＝さまざまな船)」。

18 罷は、仕事をやめる／やめさせる。「罷業《ヒギョウ》(＝ストライキ)」。免は、仕事をやめさせる。「免職《メンショク》」。

19 租も税も、部首 禾《のぎへん》(＝穀物)⇩本来、昔、政府が人々から強制的に取り立てた穀物。

20 看は、注意して見る。「真相を看破《カンパ》する」。過は、訓「**す・ぎる**／**す・ごす**」。

21 撃は、訓「**う・つ**」。強くたたく。文字通りには目でたたくという意味の、比喩的な熟語。

22 語源未詳。!「野方図」とも書く。誤 ヤホウズ。

23 本来、金の純度や質を見極めるのに使う石。試は、やってみて判断する。「学力試験《シケン》」。

□ 01 隠れた才能が**ハツゲン**して、傑作を生み出す。
具体的にわかる形で生じる
発現

□ 02 会社の**ショウガイ**担当者が、顧客の意見を聞く。
よその人とのやりとり
渉外

□ 03 あるアイドルグループから**ハセイ**したユニット。
一部が分かれて作り出された
派生

□ 04 地域紛争の影響が、世界各地に**ハキュウ**する。
少しずつ押し寄せる
波及

□ 05 差別が**オウコウ**するのを許してはならない。
やりたい放題になされる
横行

□ 06 時代から取り残された、**シャヨウ**産業。
衰えつつあるようす
斜陽

□ 07 関係部署と**セッショウ**して、予算案をまとめる。
お互いの要求をめぐって駆け引きをする
折衝

□ 08 首相が国際状勢に関する**ショシン**を表明する。
自分がこうだと考えていること
所信

□ 09 遊びたいのを**ガマン**して勉強を続ける。
感情を抑える
我慢

□ 10 反乱軍の首領が、政府に**キョウジュン**の意を示す。
礼儀正しく従うこと
恭順

□ 11 独裁政治に苦しむ国民が、自由を**キキュウ**する。
手に入れたいと強く願う
希求

01 発は、ものごとが生じる。「台風の発生《ハッセイ》」。現は、目に見えるようになる。「オーロラの出現《シュツゲン》」。

02 渉は、部首氵《さんずい》（＝水）⇩川を渡る⇩境界の向こう側とやりとりをする。

03 派は、部首氵《さんずい》（＝水）⇩流れが枝分かれする。⇩一部が別になる。「全国組織から派遣《ハケン》された役員」。

04 波は、訓「**なみ**」。「**なみ**」が広がるように、だんだん広がっていくこと。

05 横は、自分勝手に。「庶民を無視した横暴《オウボウ》な政治」「上司が部下に横柄《オウヘイ》な態度を取る」。

06 本来は、傾いていく夕日。斜は、訓「**なな・め**」。転じて、傾く。比喩的な熟語。

07 本来、相手が突き出してくる武器を折る⇩要求をはねのける。衝は、突き当てる。

08 信は、間違いないと考える。所は、〇〇するその内容。「所得《ショトク》（＝得た内容⇩得たお金）」。

09 本来、自己主張をする。後に意味が逆転して、自分の感情を抑える。慢は、思い上がって主張する。

10 恭は、訓「**うやうや・しい**」。礼儀を守る。順は、従う。「従順《ジュウジュン》な家来」。

11 希は、実現したいと願う。「進学を希望《キボウ》する」。

□ 12 疑惑解明のため、国会が証人を**カンモン**する。
呼び出して説明を聞く
喚問

□ 13 防災意識を高めるための**ケイハツ**活動を行う。
知識を与えて新しいことに気づかせる
啓発

□ 14 AIが人間の仕事を奪うことが、**キグ**される。
悪い結果を予想して、心配する
危惧

□ 15 身の代金目的で子どもを**ユウカイ**する。
連れ去る
誘拐

□ 16 物価上昇を**カンアン**し、予算を多めに見積もる。
考え合わせる
勘案

□ 17 日本のアニメに**ケイトウ**し、日本語を学ぶ外国人。
心が引きつけられて、夢中になる
傾倒

□ 18 ブームに**ビンジョウ**して、荒稼ぎする。
機会をうまく利用する
便乗

□ 19 ネットの世界に、**カソウ**された現実を造る。
現実と同等に考え得る
仮想

□ 20 入念な準備をし、**バンゼン**の状態で試験を迎える。
欠けているところがないようす
万全

□ 21 強烈な光景が**ノウリ**に焼きついて離れない。
頭の中
脳裏

□ 22 反則行為が公然と許されるとは、**リフジン**だ。
筋が通らない
理不尽

□ 23 転校したてで、自分を**イホウジン**だと感じる。
まわりとはまったく違う存在
異邦人

12 喚は、部首 口《くちへん》⇩声をかけて呼び寄せる。「証人として召喚《ショウカン》する」。

13 啓は、教える。「神の啓示《ケイジ》」。発は、新しい段階に進む。「交通手段の発達《ハッタツ》」「産業の発展《ハッテン》」。

14 危は、訓「**あや・ぶむ**」。惧は、不安で落ち着かない。❗惧の右半分は具と書いても可。

15 誘は、ある場所へ連れて行く。「観客を誘導《ユウドウ》する」。拐は、連れ去る。

16 勘は、よく考える。「勘定《カンジョウ》(=本来、考えて決める)」。案は、心配して考える。「将来を案《アン》じる」。

17 傾は、訓「**かたむ・く**」。転じて、心を寄せる。倒は、激しく○○する。「圧倒《アットウ》(=激しく押しつぶす)」。

18 本来、車などを一緒に使わせてもらう。便は、移動手段。「午後の便《ビン》で出発する」。誤 ベ×ンジョウ。

19 現実とは別に思い描く。仮は、訓「**かり**」。現実とは別の。想は、思い描く。

20 万は、あらゆる。「スポーツ万能《バンノウ》」。全は、訓「**すべ・て**」。誤 万善×。マ×ンゼン。

21 脳は、頭。裏は、内側。「胸裏《キョウリ》にしまう」「秘密裏《ヒミツリ》(=秘密にしたまま)」。

22 理は、ものごとの筋道。「理屈《リクツ》」。尽は、最後まで行き着く。「あらゆる手段を尽《つ》くす」。

23 本来、違う国の者。異は、訓「**こと・なる**」。違う。邦は、国。

□ **01** 大作映画を作るには、**ジュンタク**な資金が必要だ。
豊富にあること
潤沢

□ **02** 送り手と受け手で送料を**セッパン**する。
二分の一ずつにする
折半

□ **03** **ショヨ**の条件の下で最善の方法を考える。
前もって決まっている
所与

□ **04** 新人選手が**タイトウ**し、ベテランを脅かす。
存在感を増す
台頭

□ **05** 好きな人の気を引こうと**ヤッキ**になる。
じっとしていられなくなる
躍起

□ **06** 敵チームの選手を**バトウ**するのはやめよう。
とても口汚く非難する
罵倒

□ **07** 二人の争いを、第三者が**カイザイ**して解決する。
間に立つ
介在

□ **08** 事故を防ぐため、交通ルールを**ジュンシュ**する。
きまりにきちんと従う
遵守

□ **09** スイッチを入れて、モーターを**クドウ**させる。
力を与えて働かせる
駆動

□ **10** 長年の**ケンアン**だった財政問題を解決する。
結論が出ていない課題
懸案

□ **11** 努力が報われず、**トロウ**感だけが残る。
無駄に力を使うこと
徒労

01 潤は、水をたくさん含む。沢は、本来、水の豊富な土地⇩豊かな。「贅沢《ゼイタク》な食事」。

02 折は、訓「**お・る**」。途中で曲げるなどして二つの部分に分ける。

03 所は、○○される。「所定《ショテイ》の用紙(＝定められた用紙)」。与は、訓「**あた・える**」。

04 本来、首から上を出す⇩存在がわかるようになる。❗昔は「擡頭《タイトウ》」と書かれた。擡は、持ち上げる。

05 本来、勢いよく立つ⇩座っていられない。躍は、勢いよく。「躍進《ヤクシン》」。起は、立つ。「起立《キリツ》」。

06 罵は、訓「**のの・しる**」。口汚く非難する。倒は、激しく○○する。「圧倒《アットウ》(＝激しく押しつぶす)」。

07 介は、間に入る。「当局が市場に介入《カイニュウ》する」「知人を介《カイ》して面会を申し込む」。

08 遵は、きまりに従う。「遵法《ジュンポウ》(＝法律を守ること)」。❗「順守」とも書く。誤ソンシュ。

09 駆は、部首 馬《うまへん》⇩馬を走らせる⇩指示して働かせる。「部下を駆使《クシ》して仕事を進める」。

10 懸は、訓「**か・かる**」。ぶら下がる⇩安定しない。案は、検討すべき考え。「会議の議案《ギアン》」。

11 徒は、無駄な。「無為徒食《ムイトショク》(＝何もしないで無駄に食べる)」。労は、力を使う。「労働《ロウドウ》」「苦労《クロウ》」。

□ **12** 男性の育児休業の取得を**ソクシン**する政策。
もっとそうなるように働きかける
促進

□ **13** 国境地帯の警備のため、軍隊が**チュウトン**する。
ある場所に集まって滞在する
駐屯

□ **14** 恐ろしい事件が起き、住民に**センリツ**が走る。
怖くて体が震えること
戦慄

□ **15** 見事に勝利し、昨年の敗北の**セツジョク**を果たす。
恥ずかしかった経験を帳消しにすること
雪辱

□ **16** 子ども時代を思い出して**キョウシュウ**に浸る。
しみじみとしたなつかしさ
郷愁

□ **17** レア感があり、マニアに**ソキュウ**する商品。
目標とする相手の心を動かす
訴求

□ **18** 便利さの**ダイショウ**として、環境破壊が生じる。
引き換えになるもの
代償

□ **19** よく働くので、どこでも**チョウホウ**される人。
役に立つので大切にする
重宝

□ **20** 与党の一部議員が**ゾウハン**し、反対票を投じる。
組織の方針に逆らう
造反

□ **21** 功を焦って**タンペイキュウ**に計画を進める。
とても慌ただしいようす
短兵急

□ **22** 猛練習をして、**ムジンゾウ**の体力を身につける。
なくなることがない
無尽蔵

□ **23** 大会十連覇という**キンジトウ**を打ち立てる。
いつまでも価値を失わない偉業
金字塔

12 促は、そうすることを働きかける。「約束の実行を催促《サイソク》する」。進は、先の段階へ移る。

13 駐は、乗り物をある場所に止める。「駐車場《チュウシャジョウ》」。屯は、ある場所に集まる。

14 戦も慄も、怖くて体が震える。「戦々恐々《センセンキョウキョウ》」。「虐殺のニュースに慄然《リツゼン》とする」。

15 この場合の雪は、きれいに拭い去る。辱は、恥ずかしい思い。「屈辱《クツジョク》を晴らす」。

16 本来、生まれ育った土地を離れて感じるさみしさ。愁は、訓「**うれ・い**」。さみしさ。

17 訴は、訓「**うった・える**」。相手にわかってもらおうとする。

18 償は、訓「**つぐな・う**」。埋め合わせる。引き換えとなるものを差し出す。「賠償金《バイショウキン》」。

19 重は、大切な。価値が高い。「会社の重役《ジュウヤク》」。宝は、役に立つもの。誤ジュウホウ。

20 この場合の造は、ある状態を生み出す。❗現代中国語からの外来語。

21 本来、刀でいきなり攻めかかる。❗短兵は、長い槍《やり》などに対して、刀。兵は、武器。

22 本来、中身がなくなることがない倉庫。尽は、訓「**つ・きる**」。なくなる。蔵は、倉庫。

23 本来、エジプトのピラミッドのこと。❗三角形に見える外観を金の字の形にたとえたもの。

□ 01 個人の利害を**チョウコク**して、一致団結する。
打ち勝ってその上へ行く
超克

□ 02 不用意な発言が、**ゼッカ**事件を引き起こす。
口にしたことばがもたらす災難
舌禍

□ 03 点数が高いのは実力があることの**ショウサ**だ。
真実であることを示す助けとなるもの
証左

□ 04 報告書の**ボウトウ**に、これまでの経緯を記す。
最初
冒頭

□ 05 市民講座が、大学と地域の**ケッセツ**点となる。
つなぎ目
結節

□ 06 ギリシャはオリンピックの**ハッショウ**の地だ。
後に盛んになったものの始まり
発祥

□ 07 水道が壊れ、**カキュウ**の出費が必要となる。
すぐに対応しなければいけないようす
火急

□ 08 温暖化の影響で、**ゲキジン**化する自然災害。
非常に勢いが強い状態
激甚

□ 09 先輩が後輩に練習のしかたを**シナン**する。
するべきことを教える
指南

□ 10 売れ行き好調で、在庫が**フッテイ**する。
すべてなくなる
払底

□ 11 秘密の工場を見学できるという、**ケウ**な経験。
めったにない
希有

01 超は、程度が上になる。「超特急《チョウトッキュウ》」。克は、打ち勝つ。「弱点を克服《コクフク》する」。

02 この場合の舌は、話しことば。禍は、災い。❗ 書きことばがもたらす災難は「筆禍《ヒッカ》」。

03 証は、事実や真実であることを示す。「身元を証明《ショウメイ》する」。この場合の左は、助ける。

04 本来、頭にかぶせるもの。冒は、部首目《め》⇩目のところまで何かをかぶる。

05 結は、つなぐ。「結合《ケツゴウ》」「権力と結託《ケッタク》する」。節は、区切り目。「指の関節《カンセツ》」「文節《ブンセツ》に区切る」。

06 本来、めでたいことが始まる。発は、生じる。祥は、めでたいこと。「不祥事《フショウジ》(＝めでたくないこと)」。

07 勢いよく燃えている時のように、差し迫って。比喩的な熟語。

08 激は、訓「**はげ・しい**」。甚は、訓「**はなは・だ**」。非常に。

09 本来、方角を示す、昔の中国の器具。進むべき方向を教える⇩やり方を教える。

10 本来、入れ物の奥までなくなる。払は、訓「**はら・う**」。すべてなくす。「取《と》り払《はら》う」「売《う》り払《はら》う」。

11 希は、非常に少ない。「危機意識が希薄《キハク》だ」。誤 ×キ×ユウ。

□ 12 良質でしかも**レンカ**な、すぐれた商品。
値段が安い
廉価

□ 13 畑に現れたイノシシを、**イカク**して追い払う。
大きな声や音を立てて、怖がらせる
威嚇

□ 14 この島の**キカン**産業は、観光業だ。
土台や中心となる
基幹

□ 15 人前でからかわれ、**ガンシュウ**のため赤面する。
内に秘めた恥ずかしい気持ち
含羞

□ 16 芸能界に**クンリン**する大物お笑い芸人。
支配者のような力を持つ
君臨

□ 17 前の政権の政策について、**コウザイ**を検証する。
よい成果と悪い影響
功罪

□ 18 時間の都合で、その話は**カツアイ**します。
残念だが省略する
割愛

□ 19 シェフが変わり、メニューを**サッシン**した料理店。
悪い点をなくし、改めて出直す
刷新

□ 20 K-POPが音楽業界を**セッケン**する。
激しい勢いで影響力を広げる
席巻

□ 21 計画が失敗したので、**ゼンゴサク**を話し合う。
これから先をよい方向に持っていくための方法
善後策

□ 22 採算を**ドガイシ**した、超低料金のサービス。
どういうことになるかを考えない
度外視

□ 23 うそをついても平気でいる、**テツメンピ**な人間。
恥を知らない
鉄面皮

12 廉は、本来、欲が少ない。「清廉《セイレン》な生き方」。転じて、値段が安い。誤 ケンカ。

13 威は、恐れさせる。嚇は、どなりつける。❗ 嚇は、他ではまず使われない。

14 基は、訓「**もと**」。土台。幹は、訓「**みき**」。樹木の中心となる部分。

15 含は、訓「**ふく・む**」。中に入れておく。羞は、恥じる。「羞恥心《シュウチシン》」。

16 君は、支配者。「君主《クンシュ》」。臨は、本来、見下ろす。「降臨《コウリン》(＝下界を見下ろしながら降りてくる)」。

17 功は、成し遂げた結果。「刑事として功績《コウセキ》を上げる」。罪は、訓「**つみ**」。「犯罪《ハンザイ》」「罪人《ザイニン》」。

18 割は、部首刂《りっとう》(＝刃物)⇩切り分けて捨てる。愛は、捨てるのは惜しいという気持ち。

19 刷は、表面をこすって汚れを落とす。❗ 昔の「印《イン》刷《サツ》」には、紙の表面をこする工程があった。

20 本来、端の方からむしろを丸める。この場合の席は、むしろ。比喩的な熟語。

21 善は、訓「**よ・い**」。よくなるようにする。策は、手段。方法。誤 前後策。

22 どれくらいかを、考える範囲に入れない。度は、どれくらいか。「程度《テイド》」「限度《ゲンド》」。

23 恥ずかしくても表情が変わらない。❗ 顔の皮《ヒ》膚《フ》が鉄《テツ》でできているというたとえ。面は、顔。

column

ことばの応用力を育てよう

ことばの意味は、一つではありません。かといって、辞書で解説しているように、①②……といくつかに分ければ全てを説明できるというものでもありません。

たとえば、「起伏」は、山道について使えば上ったり下ったりすることを表しますが、人生について用いると、うまくいったりいかなかったりするという意味になります。また、感情が高ぶったり落ち込んだりすることも「起伏」と言いますし、ドラマや音楽などについて用いて、さまざまな変化を指すこともできるでしょう。

このように、ことばの意味は、それが使われる文脈に応じて限りなく広がっていきます。それらをすべて説明することは不可能ですから、辞書では、いくつかにまとめて説明しているにすぎないのです。

つまり、ことばを使いこなすには応用力が必要なのです。語彙力とは、知っていることばの量という数の問題だけではなく、それらを文脈に応じて理解し、また使うことができるという応用力の問題でもあるのです。

本書では、特に重要なことばについては複数の問題文を示して、応用力を高められるようにしました。しかし、応用力を磨くためには、もっと多くの文脈でことばに触れる経験を積み重ねる必要があります。

とはいえ、その際も、そのことばの基本となる意味をしっかり理解しておく必要があるのは、言うまでもありません。問題集や辞書は、そのために役立つものです。それらを利用すると同時に、日々、書籍やネットなどでさまざまな文章を読んで、多くのことばに触れるようにしてください。

第5章 合わせて覚えるべき語

語彙編

同音異義語とは、発音が同じで意味が異なることばのこと。
日本語では、特に漢字を音読みで読む熟語に多く、
その意味の違いを理解するためには、
それぞれの漢字についての知識が重要となります。
この章の前半では、それらをまとめて取り上げました。
また、類義語や対義語は、
論理的な文章で大きな役割を果たします。
この章の後半では、特に重要な対義語を取り上げ、
どういう点で対になる意味を持つのかがわかるよう、
ていねいに解説しました。

5章 同音異義語①

□ 1a つらかったころを**カイコ**して、涙を流す。
昔のことを思い出す
回顧

□ 1b 伝統を尊重するのは、単なる**カイコ**趣味とは違う。
よかった昔に思いをはせる
懐古

□ 2a 負けそうだったが、今や**ケイセイ**は逆転した。
これからどうなるか、という変化の方向
形勢

□ 2b 五人のランナーが三位集団を**ケイセイ**している。
作り上げる
形成

□ 3a 市長が不正の調査を第三者委員会に**シモン**する。
相談して意見を求める
諮問

□ 3b 卒業論文について、教授が口頭**シモン**を行う。
評価のために会って話を聞く
試問

□ 4a 旅行の**キネン**に集合写真を撮る。
心にとどめるために残しておくもの
記念

□ 4b 戦没者の追悼式で、世界の平和を**キネン**する。
そうあって欲しいと強く願う
祈念

□ 5a 社会**ホショウ**を充実させ、国民の生活を支える。
危険から守り、危機を防ぐこと
保障

□ 5b このケーキがおいしいことは、私が**ホショウ**する。
間違いない、と請け合う
保証

□ 5c 機械が壊れたが、メーカーが**ホショウ**してくれた。
受けた損害の埋め合わせをする
補償

[a]回は、向きを逆にする。顧は、ある方向に意識を向ける。[b]懐は、訓「**なつ・かしい**」。昔のことを大切に思う。[!]回顧は、嫌なことも含めて振り返る。懐古は、よかった昔を思い出す。

[a]勢は、ものごとの変化の方向。「運勢《ウンセイ》を占う」。[b]成は、きちんとしたものを作る。「書類を作成《サクセイ》する」。[!]これからの変化については、形勢。すでにでき上がっているものについては、形成。

[a]諮は、訓「**はか・る**」。相談する。[b]試は、訓「**こころ・みる**」。判断するためにやってみる。[!]試問は、「口頭《コウトウ》試問」の形が定番。

[a]記は、心にとどめる。「去年の記憶《キオク》」。念は、気持ち。考え。「雑念《ザツネン》を払う」。[b]祈は、訓「**いの・る**」。念は、強く思う。「念願《ネンガン》がかなう」。[!]記念の方が一般的。願いが強い場合には祈念。

[a]保は、大切に守る。「自然を保護《ホゴ》する」。障は、妨げる⇩防ぐ。[b]証は、事実や真実であることを示す。「身分を証明《ショウメイ》する」。[c]補は、訓「**おぎな・う**」。「壊したものを弁償《ベンショウ》する」。償は、埋め合わせる。[!]守る場合は保障、請け合う場合は保証、埋め合わせる場合は補償。

□ 6a **キチ**に富んだ話術で、観客を楽しませる。
その場に応じた頭のはたらき。ウイット

□ 6b 今、指摘された問題点は、**キチ**のものばかりだ。
すでにわかっている

機知
既知

□ 7a 原料費の値上がりを、販売価格に**テンカ**する。
他のものに負わせる

□ 7b ありふれた食材が、独創的な料理に**テンカ**する。
他のものに変わる

転嫁
転化

□ 8a 木材を組み合わせて、食器棚を**セイサク**する。
物を生み出す

□ 8b アトリエにこもって絵画の**セイサク**に励む。
芸術などを生み出す

製作
制作

□ 9a 会議がひどく紛糾し、**シュウシュウ**がつかない。
乱れた状態に決着を付ける

□ 9b 対戦する前に、相手の情報を**シュウシュウ**する。
あちこちから探してきて手元にまとめる

収拾
収集

□ 10a よくがんばった、と**カンシン**する。
すばらしさに気持ちが動く

□ 10b 音楽は好きだが、スポーツには**カンシン**がない。
自分につながりがあるという気持ち

□ 10c 手みやげを持っていき、相手の**カンシン**を買う。
気に入ってくれる気持ち

□ 10d 人々の意識の低さを知り、**カンシン**に堪えない。
ぞっとする気持ち

感心
関心
歓心
寒心

a 機は、重要な瞬間。「貴重な機会《キカイ》」。b 既は、訓「**す・で・に**」。今までに。❗機知の知は、頭のはたらき。「知恵《チエ》」。既知の知は、頭に入れる。「知識《チシキ》」。

a 嫁は、訓「**とつ・ぐ**」。伝統的な親の立場から見て、娘を他人のもとへ行かせる。b 化は、訓「**ば・ける**」。他のものになる。「状態の変化《ヘンカ》」。❗転化は幅広い文脈で使えるが、やや硬い表現。

a 製は、形があるものを生み出す。「製造工場《セイゾウコウジョウ》」。b 制は、規則や意志に従うようにする。「制限速度《セイゲンソクド》」。❗両者に明確な区別はないが、制作は、個人の意志が強く反映する場合によく使われる。

a 収は、まとめる。拾は、訓「**ひろ・う**」⇩片づける。b 集は、複数のものを一か所にまとめて置く。❗収拾は、決着を付けるという意味合い。収集は、一か所にまとめるという意味合い。

a 感は、何かに気持ちが反応する。「感動《カンドウ》的な映画」。b 関は、つながり。「親しい関係《カンケイ》」。c 歓は、喜ぶ。「合格して歓喜《カンキ》する」。d 寒は、温度の低さを知覚する。❗よく使われるのは、感心と関心。「感動」「関係」といった熟語を手がかりに使い分ける。歓心は、「歓心を買う」「歓心を求める」「歓心を得る」の形が定番。寒心は、「寒心に堪えない」の形が定番。

5章 同音異義語②

□ 1a 誰もなしえなかった**イギョウ**を達成する。
優れた実績

□ 1b 父の**イギョウ**を引き継いで始めた、小さな店。
亡くなった人がした仕事

□ 2a 流行とは**フダン**に変化するものだ。
途切れることがなく

□ 2b **フダン**は優しいが、怒ると怖い先生。
いつもの状態

□ 3a 年を取ってもあの人の毒舌は**ケンザイ**だ。
まだ衰えていない

□ 3b 調査の結果、いくつかの問題が**ケンザイ**化した。
そこにあるとはっきりわかる

□ 4a オリンピック招致の**キウン**がしぼむ。
ある方へ向かっていく感じ

□ 4b 準備が整い、大勝負に出る**キウン**が熟した。
あることをするのに適したタイミング

□ 5a 両者の説明には、いくつかの**イドウ**がある。
違う点

□ 5b 支店勤務から本店勤務へと**イドウ**になる。
働く部署が変わること

□ 5c 理科の授業のために実験室に**イドウ**する。
違う場所に行く

1a 偉業　1b 遺業

2a 不断　2b 普段

3a 健在　3b 顕在

4a 気運　4b 機運

5a 異同　5b 異動　5c 移動

---

a 偉は、実績などが優れている。「偉大《イダイ》な科学者」。業は、やったこと。「業務《ギョウム》」「業績《ギョウセキ》」。b 遺は、死んだ後に残す。「故人の遺産《イサン》」。❗遺業は、あまり使われない特殊な用語。

a 断は、訓「**た・つ**」。切り離す。「切断《セツダン》」。b 普は、広い範囲に通じる⇩いつもの。「普通《フツウ》」。この場合の段は、状態。「格段《カクダン》の進歩」。❗途切れないという意味が強い場合は、不断を用いる。

a 健は、訓「**すこ・やか**」。病気になったり衰えたりしていない。b 顕は、はっきりわかる。「顕著《ケンチョ》な特徴」。❗元気でやっている場合は健在、はっきりする場合は顕在。

a 気は、ある感じ。「気分《キブン》」。b 機は、重要な瞬間。「好機《コウキ》を逃す」。❗混乱して使われているが、「しぼむ」のは「機会《キカイ》」よりは「雰囲気《フンイキ》」。「キウンが熟す」は「機《キ》が熟す」との関連で、機運が適。

a 異は、違う。同は、違わない。❗文字通りには、違う点と違わない点という意味だが、実際には、違う点を指して用いる。b 人員を違う部署へと配置換えする。c 移は、訓「**うつ・る**／**うつ・す**」。場所が変わる／場所を変える。❗異動は、組織の人事についてだけ使う用語。

□ 6a 料理ができ上がるまでの**カテイ**を動画に収める。
進んで行く途中
過程

□ 6b この大学には、図書館司書の養成**カテイ**がある。
きまった進め方で学習を進めるコース
課程

□ 7a 本物と見間違えるほど**セイコウ**に造られた模型。
細かい部分まで上手に
精巧

□ 7b 聞き慣れない外来語ばかりの**セイコウ**な文章。
こなれていなくて、ぎこちない
生硬

□ 8a **シュウチ**の通り、京都は昔は日本の都だった。
みんながわかっている
周知

□ 8b **シュウチ**を集めて、難局を打開する。
大勢の頭のはたらき
衆知

□ 9a 泥棒が**カイシン**して聖職者になる。
悪い考えをよいものに変える
改心

□ 9b 作戦がずばりと当たり、**カイシン**の勝利をあげる。
ぴたりと思い通りになること
会心

□ 10a 足下がぐらつき、**タイセイ**を崩す。
頭や胴、手足などの配置
体勢

□ 10b 警察が厳戒**タイセイ**で警備に当たる。
何かをするための構え
態勢

□ 10c 値上げには反対だ、という意見が**タイセイ**だ。
全般的な方向性
大勢

□ 10d 監督が変わり、チームも新**タイセイ**になった。
組織のしくみ
体制

a 過は、ものごとが進んで行く。「途中経過《ケイカ》」。b 課は、しなければならないと決められていること。「コンクールの課題曲《カダイキョク》」。❗学校のコースやカリキュラムについては、課程を使う。

a 精は、細かく行き届いた。「精密《セイミツ》機器」。巧は、訓「**たく・み**」。技術的に優れている。b 生は、未熟な。硬は、こわばった。❗生硬は、表現や態度について、悪い意味で用いる。

a 周は、隅々まで。すべての。「用意周到《シュウトウ》」。b 衆は、多くの人々。「大衆《タイシュウ》」「観衆《カンシュウ》」。❗周知の知は、わかっている。「認知《ニンチ》」。衆知の知は、頭のはたらき。「知恵《チエ》」。

a 改は、訓「**あらた・める**」。よいものにする。b 会は、ぴったり合う。「会計《カイケイ》(=本来、計算がぴったり合う)」。❗会心は、「会心の」の形が定番。

a この場合の勢は、何かのための構え。ポーズ。「姿勢《シセイ》」。b 態は、部首心《こころ》⇩心のありようや、その現れとしての行動。「態度《タイド》」。c この場合の勢は、何かが変化していく方向性。「状勢《ジョウセイ》」。d 制は、決められたしくみ。「通信制《ツウシンセイ》」。❗体勢は胴や手足などの配置についてだけ言う場合に用いるが、態勢は心も含めて表し、組織に対しても使う。体制は、社会や組織のしくみについてしか用いられない。

5章 同音異義語③

- □ **1a** 機械から**イジョウ**な音がしたので、電源を切る。（ふつうとは違う） **異常**
- □ **1b** 警備員から「**イジョウ**なし」という報告を受ける。（ふつうとは違うようす） **異状**
- □ **2a** 創部以来三十年の**キセキ**を冊子にまとめる。（移り変わってきた道筋） **軌跡**
- □ **2b** こんなに貴重な写真を撮れたのは、**キセキ**的だ。（とても不思議なできごと） **奇跡**
- □ **3a** 地域の**シンコウ**のために企業を誘致する。（勢いを盛んにする） **振興**
- □ **3b** ＡＩを活用する**シンコウ**の産業に注目が集まる。（最近になって成長してきた） **新興**
- □ **4a** **キセイ**品を使わず、一から手作りしたケーキ。（前もって作られている） **既製**
- □ **4b** **キセイ**の考え方を打ち破る、大胆な発想。（以前からでき上がっていること） **既成**
- □ **5a** 団子を食べながら、仲秋の名月を**カンショウ**する。（自然や風景を見て楽しむ） **観賞**
- □ **5b** 学校で古典芸能の**カンショウ**会が開かれる。（芸術などを深く味わう） **鑑賞**
- □ **5c** 自己を**カンショウ**して、心の弱さに気づく。（しっかり見つめて明らかにする） **観照**

a 常は、訓「**つね**」。いつも。b 状は、ようす。! 「イジョウな／に」など、ほかのことばを修飾する場合には、異常を使う。「イジョウは／を」などの場合は、どちらも可のことが多い。

a 軌は、部首 車《くるまへん》⇩車輪が残すくぼみ⇩ものごとが推移するコース。b 奇は、不思議な。人知を超えた。! 軌跡は時間につれての変化。奇跡は基本、ある瞬間のできごと。

a 振は、いい状態にする／なる。「成績不振《フシン》」。興は、盛んにする／なる。「従来にない勢力が興隆《コウリュウ》する」。b 新は、最近。まだ○○したばかり。! 新の意味合いを手がかりとして使い分ける。

a 既は、訓「**すで・に**」。以前から。製は、物を作る。「缶詰を製造《セイゾウ》する」。b 成は、でき上がる。! 目に見える物体の場合には既製、目に見える形がないものの場合には既成。

a 観は、見る。賞は、楽しむ。「賞味《ショウミ》期限」。b 鑑は、細かいところまで見る。「古美術品の鑑定《カンテイ》」。c 照は、ある点に意識を集中する。「銃の照準《ショウジュン》」。! 主に視覚を使う場合は観賞。聴覚など他の感覚も用いる場合には鑑賞。観照はやや特殊な用語で、あるテーマをじっくり考える場合に使う。

□ **6a** 授業の**サイゴ**に宿題が出される。（一番の終わり）
□ **6b** 主人公の悲劇的な**サイゴ**に、視聴者は涙した。（死ぬこと）

最後　最期

□ **7a** 商店街が**シュサイ**して、青空市が行われる。（中心となってイベントなどを開く）
□ **7b** 有名な俳人が**シュサイ**する、俳句の結社。（中心となってグループを運営する）

主催　主宰

□ **8a** **カイホウ**感のあるテラス席で食事をする。（外の空間とつながっていて広い）
□ **8b** 試験がやっと終わり、**カイホウ**感を味わう。（束縛がなくなる）

開放　解放

□ **9a** あの選手の退団は、**キテイ**路線だと見られている。（もう決まっている）
□ **9b** 遅刻の扱いについては、校則で**キテイ**されている。（明確に決める）
□ **9c** 図書室利用**キテイ**によれば、土曜日は休室だ。（事務的なきまり）

既定　規定　規程

□ **10a** 前払い金と実際の費用の差額を**セイサン**する。（細かく数値を出して調整する）
□ **10b** 銀行から借りていたお金を**セイサン**する。（借りたものを返して、関係をゼロにする）
□ **10c** 難関校だが、合格できる**セイサン**がある。（うまくやり遂げる見込み）

精算　清算　成算

a 後は、順序が終わりの方。b 期は、決まった時間。「返却期限《キゲン》」。転じて、重大な瞬間。! 普通に用いるのは最後。死を表す場合だけ、最期を使う。

a 催は、訓「**もよお・す**」。人が集まるような何かをする。b 宰は、集団を取り仕切る。「宰相《サイショウ》（＝総理大臣）」。! 主催の方が一般的。主宰は、メンバーが固定的な集団の場合にだけ使う。

a 開は、訓「**ひら・く**」。出入りできるようにする。b 解は、訓「**と・く**」。禁止していたものを許す。「通行止めの解除《カイジョ》」。! 扉や窓などが関係している場合には開放、そうでない場合は解放。

a 既は、訓「**すで・に**」。以前に。b 規は、本来、コンパス⇩きちんとした円を描く⇩きちんと決める。c 程は、やり方を指示しているもの。「日程表《ニッテイヒョウ》」。! 規定を、規程と同様に「きまり」という意味で使うこともある。

a 精は、細かく行き届いた。「精巧《セイコウ》な細工」。b 清は、きれいにする。「清掃《セイソウ》」。c 成は、作り上げる。やり遂げる。「成功《セイコウ》」。この場合の算は、計画。見込み。! 精算は細かい正確さに重点があり、清算はきれいにして再スタートするところに重点がある。

□ 1a 開発事業の**イッカン**として、ホテルが建設される。
つながりのうちのある部分
一環

□ 1b 小学校から高校まで、**イッカン**した教育を受ける。
方針などがずっと同じである
一貫

□ 2a ウイルスの**キョウイ**から身を守る。
怖がらせ、恐れさせること
脅威

□ 2b **キョウイ**的な速さで宿題を済ませ、遊びに行く。
びっくりするほど特別な
驚異

□ 3a 試験に向けて**ヒッシ**になって勉強する。
全力を尽くすようす
必死

□ 3b 優勝候補が見あたらず、混戦になるのは**ヒッシ**だ。
どうしてもそうなる
必至

□ 4a コンサートに**フズイ**してサイン会も行われる。
一緒になっている
付随

□ 4b リハビリにより、半身**フズイ**の状態から回復した。
思い通りに動かせない
不随

□ 5a 空爆により、街が大きな**センカ**を被る。
武力衝突による被害
戦禍

□ 5b 敵国の侵攻により、市民が**センカ**に巻き込まれる。
武力衝突による混乱
戦渦

□ 5c 対立してきた両国が、ついに**センカ**を交える。
銃砲や爆弾。それによって生じる炎
戦火

a 環は、輪。「環状《カンジョウ》道路」。b 貫は、訓「**つらぬ・く**」。「トンネルが貫通《カンツウ》する」。! 一環の一は、たくさんの中のあるもの。一貫の一は、同じ。「同一《ドウイツ》人物」。

a 脅は、怖がらせる。威は、恐れさせる。b 驚は、訓「**おどろ・く**」。異は、ふつうとは違う。「特異《トクイ》な才能」。! 恐怖を感じる場合には脅威、びっくりする場合には驚異。

a 死は、命を失う。b 至は、訓「**いた・る**」。ある状態に行き着く。! 必死は、比喩的な熟語。必至は、先のことを予測する場合に使う。

a 随は、一緒にいる。b この場合の随は、一緒にいさせて従わせる⇩思い通りにする。! 不随は、体の一部が思い通りに動かせない場合にだけ用いる。

a 禍は、被害。「コロナ禍《カ》」。b 渦は、訓「**うず**」⇩混乱した状態。c この場合の火は、銃や大砲、爆弾などの武器。また、それによって生じる炎。! 戦禍は、「戦渦に巻き込まれる」が定番。戦火は、「戦火を交える」が定番。それ以外は、ほとんど戦禍で可。

□ 6a 裁判所の決定に対して、**イギ**を申し立てる。
違った考えや主張
異議

□ 6b 人生の中で高校生活の持つ**イギ**は大きい。
その内容が生み出す価値
意義

□ 7a システム**ショウガイ**のため、ATMが使えない。
妨げとなるもの
障害

□ 7b よくあるけんかが**ショウガイ**事件に発展する。
相手にけがをさせる
傷害

□ 8a 世界中に**ヘンザイ**している、ありふれた物質。
どこにでもある
遍在

□ 8b この町では、医療施設が南部に**ヘンザイ**している。
特定のところにばかりある
偏在

□ 9a 左右が**タイショウ**になるように、形を整える。
つり合いが取れている状態
対称

□ 9b 赤と緑の**タイショウ**が効果的な色づかい。
お互いを比べて違いが引き立つこと
対照

□ 9c 高校生を**タイショウ**とした留学相談会。
狙っている相手
対象

□ 10a 料理人として、理想の味を**ツイキュウ**する。
自分のものにしようとする
追求

□ 10b 科学捜査班が事故の原因を**ツイキュウ**する。
真理や真実などを見つけようとする
追究

□ 10c 容疑者を**ツイキュウ**して罪を認めさせる。
逃げるものを捕まえようとする
追及

a 議は、考えや主張。「キリスト教の教義《キョウギ》」。❗「議論《ギロン》」「抗議《コウギ》」。b 義は、内容。「議論」の場では、異議を用いる。「意味」と置き換えられる場合は、意義。

a 障は、妨げる。妨げとなるもの。「支障《シショウ》」「故障《コショウ》」。b 傷は、訓「**きず**」。❗障害は、うまくいかない原因や、うまくいっていない状態。傷害は、人にけがをさせるという行為を指す。

a 遍は、部首 辶《しんにょう》（＝移動）⇩本来、広い範囲のあちこちを巡る。「四国を歩くお遍路《ヘンロ》さん」。転じて、広い範囲の隅々まで。「普遍《フヘン》的」。b 偏は、訓「**かたよ・る**」。特定の場所に集中する。

a 対は、二つのものが向き合う。「対談《タイダン》」。称は、つり合う。b 照は、違いがないか比べる。「台帳と照合《ショウゴウ》する」。c この場合の対は、何かの方を向く。「対外《タイガイ》的」。❗二つのものが同じである場合は対称。二つの違いに着目している場合は対照。あるものを相手にしている場合は対象。

a 求は、訓「**もと・める**」。手に入れようと行動する。b 究は、訓「**きわ・める**」。突き詰めて考える。c 及は、あるところまで届く。「影響が波及《ハキュウ》する」。転じて、手が届く⇩捕まえる。❗最も一般的なのは、追求。追究は、「研究《ケンキュウ》」のイメージが強い場合。追及は、罪や責任を問う場合。

第5章

- 1a 古代文明の**イブツ**を展示する展覧会。（時代が過ぎた後に残されたもの） — 遺物
- 1b 商品に**イブツ**が混入していたことを謝罪する。（ふつうはそこにはないもの） — 異物

a 遺は、死んだ後に残す。「先人の遺産《イサン》」。b 異は、訓「**こと・なる**」。ふつうとは違う。! 遺物は、「過去の遺物」の形で使うことも多い。

- 2a かなり遅れたので、間に合わない**カクリツ**が高い。（きっとそうなるという可能性） — 確率
- 2b 経済が発展し、大国としての地位を**カクリツ**する。（しっかりと作り上げる） — 確立

a 率は、割合。「合格率《ゴウカクリツ》」。b 立は、安定したものを作り上げる。「成立《セイリツ》」。! 確立は、やや特殊な用語。制度やしくみなどについて用いる。

- 3a コーヒーの飲み過ぎは眠りを**ソガイ**する。（うまくいかないようにする） — 阻害
- 3b クラスの話題についていけず、**ソガイ**感を抱く。（仲間に入れない） — 疎外

a 阻は、訓「**はば・む**」。邪魔をする。「阻止《ソシ》」。b 疎は、遠ざけたいと思う。「口うるさい友人を疎《うと》んじる」。! 邪魔をする場合は阻害、遠ざける場合は疎外。

- 4a **コウイ**でしたことを、悪く受け取られる。（相手のためになることをしようという気持ち） — 好意
- 4b 所有者のご**コウイ**により、お貸しいただく。（思いやりにあふれた気持ち） — 厚意

a 好は、訓「**この・む**」。いいと思う。b 厚は、心がこもっている。「手厚《てあつ》く保護する」。! 厚意は、相手に感謝を示すなど、儀礼的な場面で使う。自分の気持ちに対しては用いない。

- 5a **フシン**な人物の存在を警察に通報する。（正体がはっきりしない） — 不審
- 5b 仲間に裏切られ、人間**フシン**に陥る。（当てにできないと思うこと） — 不信
- 5c 失恋して落ち込み、食欲**フシン**になる。（勢いがよくない） — 不振

a 審は、明らかにする。はっきりさせる。「国会で審議《シンギ》する」。b 信は、間違いないと当てにする。「信頼《シンライ》」。c 振は、訓「**ふ・るう**」。勢いを見せる。! 不審は、相手の言動に対して使う。不信は、相手の人格全体を評価して用いる。

□ **6a** **カンゲン**に乗せられて、高価な品を買ってしまう。
相手を心地よくさせることば
甘言

□ **6b** 学費とは、**カンゲン**すれば未来への投資だ。
別のことばで表現する
換言

□ **7a** 市長の汚職を**ヒナン**し、辞職を迫る。
悪い行いだとしてとがめる
非難

□ **7b** 火災を想定して**ヒナン**訓練を行う。
災害に遭わないように移動する
避難

□ **8a** 大学で、有名な学者の**コウギ**を聞く。
学問の内容の説明
講義

□ **8b** 人気番組の打ち切りに、ファンが**コウギ**する。
反対の意見を表明する
抗議

□ **9a** 頼ってきた友達を裏切る、**ムジョウ**な仕打ち。
思いやりがない
無情

□ **9b** 咲いては散る花を見て、世の**ムジョウ**を感じる。
永遠に続くものはないこと
無常

□ **9c** 温泉でのんびりするのは、**ムジョウ**の喜びだ。
それよりもよいことがない
無上

□ **10a** 価格の変動が激しい土地が、**トウキ**の対象になる。
チャンスを生かして利益を得ようとすること
投機

□ **10b** ゴミの不法な**トウキ**を取り締まる。
不要なものを放り出すこと
投棄

□ **10c** 司法書士に依頼して、不動産を**トウキ**してもらう。
必要事項を公的な帳簿に記録する
登記

a 甘は、訓「**あま・い**」。心地よくさせる。「今日の勝利を振り返りながら、甘美《カンビ》な眠りに就く」。b 換は、訓「**か・える**」。別のものにする。[!] 換言は、「換言すれば」の形が定番。

a 非は、正しくない。「非行《ヒコウ》に走る」。b 避は、訓「**さ・ける**」。「現実から逃避《トウヒ》する」。[!] 非難の難は、とがめる。「ミスしたことを難詰《ナンキツ》する」。避難の難は、苦しい目に遭うこと。「遭難《ソウナン》」。

a 講は、説明する。義は、意味や内容。「存在意義《イギ》」。b 抗は、反対する。「反抗《ハンコウ》」。議は、考えや主張。「議論《ギロン》」。[!] 内容を説明する場合には講義、反対する場合には抗議。

a 情は、訓「**なさ・け**」。思いやり。b 常は、訓「**つね**」。一定していて変化しない。c 上は、それよりよいもの。[!] 無常は、仏教の用語で、あらゆるものがはかなく変化していくことを言う。

a この場合の投は、うまく利用する。機は、重要な瞬間。「機会《キカイ》」。b この場合の投は、放り出す。棄は、捨てる。「権利を放棄《ホウキ》する」。c 登は、きちんとした帳簿やデータベースなどに載せる。「会員登《トウ》録《ロク》」。[!] 投は、訓「**な・げる**」だが、意味を捉えにくいことも多い。機と棄の方に着目して使い分ける。

□ 1a 散歩の途中で**グウゼン**、友人に出会う。
たまたま

□ 1b 疲れるとミスが多くなるのは**ヒツゼン**だ。
どうしてもそうなること

偶然
必然

□ 2a 運動不足は、病気の**ゲンイン**になる。
何かを引き起こす元になるもの

□ 2b 運動不足の**ケッカ**、病気になった。
何かによって引き起こされたもの

原因
結果

□ 3a 武道の昇段試験に無事、**キュウダイ**する。
合格する

□ 3b 実技試験に**ラクダイ**し、再試験となった。
不合格になる

及第
落第

□ 4a それは事実です、と**コウテイ**する。
そうである、と認める

□ 4b それは事実ではない、と**ヒテイ**する。
そうではない、と打ち消す

肯定
否定

□ 5a 愛という**チュウショウ**的な概念。
心や頭の中で考え出されるものごと

□ 5b 抱き締めるという**グタイ**的な行動。
きちんと現実に行われるものごと

□ 5c 富士山の姿を**グショウ**的に描いた絵画。
実際に目に見える形

抽象
具体
具象

a 偶は、たまたま。きちんとした理由もなく。b 必は、訓「**かなら・ず**」。! 然は、○○であるようす。○○になるようす。

a 原は、本来の。「原案通り《ゲンアン》」。因は、元になるもの。b 本来、植物が実を付ける。結は、部首 糸《いとへん》⇩糸で固定する⇩作り上げる。果は、植物の実。比喩的な熟語。

a 及は、あるレベルに達する。b 落は、あるグループから外れる。「脱落《ダツラク》」。! 第は、基本、順序を表す際に用いる漢字。「第一位《ダイイチイ》」。転じて、順位を決める⇩試験に合格すること。

a 肯は、うなずく。「首肯《シュコウ》(=首を縦に振ってうなずく)」。b 否は、打ち消す。「提案を否決《ヒケツ》する」。

a 本来、現実に存在するものについて頭で考えて、ある性質を導き出すこと。抽は、引き出す。象は、感じ取ることができる現実の存在。b 本来、姿形がきちんとあること。具は、きちんと持つ。体は、現実としての姿形。c bとほぼ同じ。

□ **6a** 自分の経験を踏まえた、**シュカン**的な判断。
その人独自のものの見方

□ **6b** 市場調査の結果に基づく、**キャッカン**的な見解。
第三者としてのものの見方

主観
客観

□ **7a** 借りたお金は、返すのが**ギム**だ。
必ずしなければならないこと

□ **7b** 貸したお金を返してもらう**ケンリ**がある。
してください／させてください、と求める自由

義務
権利

□ **8a** 先生の指示に従うだけの**ジュドウ**的な勉強。
他からのはたらきかけに応えること

□ **8b** 自分で課題を見つけて進める、**ノウドウ**的な学習。
自分から何かをし始めること

受動
能動

□ **9a** ものおじせず、知らない人と**セッキョク**的に話す。
ものごとに進んで取り組むこと

□ **9b** 孤独を愛し、人付き合いに**ショウキョク**的な性格。
ものごとをあまりやりたがらないこと

積極
消極

□ **10a** 安く仕入れた品を高値で売り、**リエキ**を上げる。
主に経済的なプラス

□ **10b** 己の**リトク**を優先し、他人のことは考えない。
プラスになること

□ **10c** 売り上げが仕入れ額を下回り、**ソンシツ**が出る。
主に経済的なマイナス

□ **10d** 戦争は世界の経済に多大な**ソンガイ**を与える。
マイナスになること

利益
利得
損失
損害

a 主は、訓「**ぬし**」。その人本人。「持《も》ち主《ぬし》」。**b** 客は、訪問者⇩第三者。❗主と客は対義。「主人《シュジン》と客人《キャクジン》」「主体《シュタイ》と客体《キャクタイ》」「主客転倒《シュカクテントウ》」。

a 義は、正しいこと。「正義《セイギ》」。転じて、しなければいけないこと。務は、割り当てられた、するべきことがら。**b** 権は、したいことを自由にできる力。「権力《ケンリョク》」。利は、自分の役に立つこと。「利己的《リコテキ》」。

a 受は、訓「**う・ける**」。他からはたらきかけられる。**b** 能は、何かができる。「可能《カノウ》」。転じて、自分で何かを始められる。

a 積は、訓「**つ・む**」。転じて、増えていく。**b** 消は、訓「**け・す**」。転じて、減っていく。❗本来、積極は電池などのプラス極を、消極はマイナス極を指すことば。

a 利は、よい結果をもたらす。「有利《ユウリ》な立場」。益は、増える。ためになる。**b** 得は、訓「**え・る**」。手に入れる。**c** 損は、ある部分がなくなる。「破損《ハソン》」。失は、訓「**うしな・う**」。**d** 害は、悪い結果をもたらす。❗利と害、益と害、得と損、得と失は対義。「利《リ》害《ガイ》関係」「実利《ジツリ》と実害《ジツガイ》」、「実益《ジツエキ》と実害《ジツガイ》」「益虫《エキチュウ》と害虫《ガイチュウ》」、「損得《ソントク》で判断する」、「得点《トクテン》と失点《シッテン》」「得意《トクイ》と失《シツ》意《イ》」。

5章 対義語②

□ 1a 感染症が流行し、消毒液の**ジュヨウ**が増える。
手に入れようと求めること

□ 1b 消毒液がよく売れ、**キョウキュウ**が追いつかない。
求めている人に届けること

需要 供給

□ 2a 二つのうち、**ソウタイ**的に優れている方を選ぶ。
比較して判断すること

□ 2b あの選手は、我がチームの**ゼッタイ**的なエースだ。
比較するものがないこと

相対 絶対

□ 3a ひきょうな行動をして、仲間から**ケイベツ**される。
つまらないと考えて見下す

□ 3b 優秀な成績を残し、みんなから**ソンケイ**される。
すばらしいと考えて重んじる

軽蔑 尊敬

□ 4a 社長の右腕として、経営の**チュウスウ**で働く。
組織全体をまとめる、要となる部分

□ 4b 経営方針を、**マッタン**の社員にまで周知させる。
組織の最も外れの部分

中枢 末端

□ 5a 人類の発展に貢献する、という**コウショウ**な理想。
文化の程度が上で優れている

□ 5b 昔の貴族のような、**コウガ**なライフスタイル。
文化の程度が上で洗練されている

□ 5c 大衆の好奇心を刺激する、**テイゾク**な記事。
文化の程度が下で欲にまみれた

高尚 高雅 低俗

a 需は、手に入れたいと思う。「生活必需品《ヒツジュヒン》」。要は、求める。「要求《ヨウキュウ》」。b 供は、差し出す。「資金を提供《テイキョウ》する」。給は、求められているものを与える。「交通費を支給《シキュウ》する」。

a 相は、互いに。「相互《ソウゴ》関係」。b 絶は、訓「**た・つ**」。関係をなくす。! 対は、二つのものが向き合う。「左右対称《タイショウ》」。転じて、互いに比べる。

a 軽は、重要度が低いと思う。「事実を軽視《ケイシ》する」。蔑は、訓「**さげす・む**」。見下す。b 尊は、訓「**とうと・ぶ**」。価値が高いと思う。敬は、訓「**うやま・う**」。重んじる。

a 枢は、本来、扉の回転軸。転じて、全体の動きの要となる部分。b 末は、訓「**すえ**」。終わり。「月末《ゲツマツ》」。端は、ものごとのそこで終わりになっている部分。

a 尚は、尊重する。「尚古《ショウコ》(=古いものを重んじる)」。転じて、優れている。b 雅は、洗練されている。「優雅《ユウガ》なお茶の時間」。c 俗は、世間でありふれている。「世俗《セゾク》(=ふつうの人々が暮らす世の中)」。転じて、欲にまみれた。! 雅と俗は対義。「雅言《ガゲン》と俗言《ソクゲン》」「雅称《ガショウ》と俗称《ゾクショウ》」。

- □ 6a 他人を**モホウ**しているだけでは、個性が育たない。
  すでにあるもののまねをする
  模倣
- □ 6b ユニークな発想で、新しい文化を**ソウゾウ**する。
  それまでなかったものを生み出す
  創造
- □ 7a もうだめだ、と将来を**ヒカン**する。
  ものごとを悪い方に考える
  悲観
- □ 7b なんとかなるさ、と**ラッカン**的に考える。
  ものごとを良い方に考える
  楽観
- □ 8a 先輩には**ギリ**があるので、頼まれたら断れない。
  世間の付き合いの上でしなければならないこと
  義理
- □ 8b 助けたいのは**ニンジョウ**だが、世間が許さない。
  自分の気持ちの上でしたいこと
  人情
- □ 9a いくら説得しても、**キョウコウ**な態度を崩さない。
  自分の主張を変えようとしない
  強硬
- □ 9b 説得されるとすぐに応じる、**ナンジャク**な姿勢。
  相手の主張に合わせがちな
  軟弱
- □ 10a 海を埋め立てて**ジンコウ**の島を造る。
  技術を用いて造り上げた
  人工
- □ 10b 遺伝子を**ジンイ**的に組み換える。
  ありのままではない形で
  人為
- □ 10c 川の流れによって、**シゼン**に土砂が堆積する。
  そのままにしておくだけで
  自然
- □ 10d 川に出かけて釣ってきた、**テンネン**の魚。
  誰かが育てたのではない
  天然

a 模は、手本にする。「模範《モハン》演技」。倣は、訓「**なら・う**」。まねをする。b 創も造も、訓「**つく・る**」。創は、特に、新しいものを生み出す。「独創性《ドクソウセイ》」。

a 悲は、訓「**かな・しい**」。うまくいかない時に抱く気持ち。b 楽は、訓「**たの・しい**」。うまくいった時に抱く気持ち。

a 義は、世間的な付き合いの上で正しいこと。「正義《セイギ》」「仁義《ジンギ》」。理は、筋道を立てて考えると、そうでなければならないこと。b 情は、訓「**なさ・け**」。プライベートな気持ち。

a 硬は、訓「**かた・い**」。簡単には変化しない。b 軟は、訓「**やわ・らかい**」。簡単に変化する。! 硬と軟は対義。「軟派《ナンパ》と硬派《コウハ》」「硬球《コウキュウ》と軟球《ナンキュウ》」「硬軟《コウナン》織り交ぜる」。

a 工は、上手に物を作る。「工芸品《コウゲイヒン》」。b 為は、何かをする。「乱暴な行為《コウイ》」。c 自は、他からの作用や影響を受けない。「自動《ジドウ》運転」。然は、○○なようす。d 天は、神などが作り出す。「天才《テンサイ》」。! 人工は、人が作り出す。人為は、人が行う。自然と天然は、人が作ったり行ったりした結果ではないもの。

5章 対義語③

□ 1a 優勝したのを鼻に掛けた、**ゴウマン**な態度。
自分は偉いと思い上がる

□ 1b 勝てたのは運が良かっただけだ、と**ケンソン**する。
自分は特別偉くはないと考える

傲慢
謙遜

a 傲は、自分を偉いと思う。慢は、気を緩めて思い上がる。「自慢《ジマン》」。 b 謙は、自分を偉いとは思わない。「謙虚《ケンキョ》に自分を見つめ直す」。遜は、自分を劣ったものだと考える。

□ 2a 完全な我流で料理を生み出す、**イタン**のシェフ。
主流からは外れたもの

□ 2b 本場で修業をした、**セイトウ**派のフランス料理人。
主流を受け継いでいるもの

異端
正統

a 異は、訓「**こと・なる**」。普通とは違う。端は、訓「**はし**」。ものごとのもっとも外れた部分。 b 統は、ひと続きの流れ。「血統《ケットウ》」「系統《ケイトウ》」。

□ 3a **カビ**になりすぎない服装で、祝賀会に出席する。
目立ってきらびやかな

□ 3b おかずは一品だけという、**シッソ**な食事。
飾り気がなく、余分な手を加えていない

華美
質素

a 華は、訓「**はな・やか**」。人目を引くほどすばらしい。「華麗《カレイ》な技を見せる」。 b 質は、それ本来のもの。「本質《ホンシツ》」。転じて、飾り気がない。素は、手を加える前の。「素材《ソザイ》」。

□ 4a 何人もの登場人物が織りなす、**フクザツ**な物語。
いくつかの要素が入り組んだ

□ 4b 猫が恩返しするだけの**タンジュン**な物語。
要素が一つだけですっきりしている

複雑
単純

a 複は、二つ以上の。「複数《フクスウ》」。雑は、入り混じる。「混雑《コンザツ》」。 b 単は、一つ。「単独《タンドク》」。純は、混じりけがない。「純粋《ジュンスイ》」。❗複と単は対義。「複数《フクスウ》と単数《タンスウ》」「複線《フクセン》と単線《タンセン》」「複眼《フクガン》と単眼《タンガン》」。

□ 5a けっして声を荒げることのない、**カモク**な人。
口数が少なく、あまりしゃべらない

□ 5b あの人は、趣味の話になると**タベン**になる。
たくさんしゃべる

□ 5c **ジョウゼツ**な語りに少々うんざりする。
必要以上にしゃべりすぎる

寡黙
多弁
冗舌

a 寡は、少ない。黙は、訓「**だま・る**」。 b 弁は、きちんと話す。「弁論《ベンロン》」。 c 冗は、必要以上の。「冗長《ジョウチョウ》な文章」。舌は、話すこと。「毒舌《ドクゼツ》」。❗寡と多は対義。「寡作《カサク》と多作《タサク》」「多寡《タカ》(＝たくさんか少ないか)」。また、「冗舌」は、常用漢字ではない字を用いて「饒舌」とも書く。

□ 6a 世界史の流れというキョシ的な目で戦争を見る。
多くのものごとを同時に眺めること

□ 6b 一市民の生活というビシ的な立場で戦争を語る。
小さなものごとに絞って観察すること

□ 7a 力の差を感じ、相手の命令にフクジュウする。
言われた通りにする

□ 7b 理不尽な命令にハンコウし、単独で行動する。
言われたことに逆らう

□ 8a A銀行はB社への百万円のサイケンを有する。
貸したお金を返してもらうことを求める自由

□ 8b B社はA銀行に対して百万円のサイムがある。
借りたお金を返さなければならないという束縛

□ 9a 社会のヒョウソウには現れない、隠れた問題。
ちょっと見ただけでわかる部分

□ 9b 心理のシンソウに潜む、漠然とした不安。
掘り下げないとわからない部分

□ 10a 練習せずに、ユウチョウに昼寝をしている。
のんびりしていて、時間がたつのを気にしない

□ 10b 練習の成果をセイキュウに求めて、けがをする。
余裕がなく、待っていられない

□ 11a 新しく出会った友人とシンミツな間柄になる。
付き合いが深くて濃い

□ 11b 引っ越して以来、昔の友人とはソエンになった。
連絡を取ることも会うこともめったにない

巨視 微視

服従 反抗

債権 債務

表層 深層

悠長 性急

親密 疎遠

a 巨は、とても大きい。「巨大《キョダイ》な建物」。視は、あるものに意識を向けて見る。とても小さい。「微小《ビショウ》な粒子」。b 微は、かすかな。とても小さい。 ❗ 巨視的はマクロ、微視的はミクロの訳語。

a 服は、相手の支配を受ける。「上官に服属《フクゾク》する」。従は、訓「したが・う」。b 反は、逆を向く。「反対《ハンタイ》」。抗は、相手に逆らう。「抵抗《テイコウ》」。

a 権は、したいことを自由にできる力。「権力《ケンリョク》」。b 務は、しなければいけないことがら。「任務《ニンム》」。❗ 債は、お金の貸し借りの関係。

a 表は、訓「おもて」。一番外側。b 深は、訓「ふか・い」。内の方へと進んだ部分。❗ 層は、積み重なったもののうちの一つ。「年齢層《ネンレイソウ》」。

a 悠は、のんびりしている。「悠々自適《ユウユウジテキ》」。長は、時間がかかる。b 性は、気質。「性格《セイカク》」。急は、ゆとりがない。「緊急《キンキュウ》避難」。

a 親は、訓「した・しい」。関係が深い。密は、隙間がない。「密着《ミッチャク》」。転じて、濃い。b 疎は、隙間がある。また、関係が薄い。「疎外感《ソガイカン》(＝仲間はずれにされているような気持ち)」。

第5章

□ 1a なにごともまじめに考えない、**ケイハク**な態度。
うわついていて、中身がない
軽薄

□ 1b 生きる意味を問う、**ジュウコウ**な長編小説。
落ち着いていて、内容が濃い
重厚

□ 2a ライバルに大差を付けて**アッショウ**する。
力の差を見せつけて打ち負かす
圧勝

□ 2b 選挙で与党が**ザンパイ**し、政権が交代する。
かわいそうなくらいの負け方をする
惨敗

□ 3a 強敵との正面衝突は、避ける方が**ケンメイ**だ。
判断力が高く、頭がよい
賢明

□ 3b **アング**な王が、国を破滅に追い込む。
判断力が低く、頭が悪い
暗愚

□ 4a 一ミリの狂いもない、**セイミツ**な仕上がり。
細かいところまで気を配った
精密

□ 4b ゆがみや隙間の目立つ、**ソザツ**な作りの木箱。
きちんと仕上げられていない
粗雑

□ 5a 資格を持っている人は、職場で**ユウグウ**される。
有利な取り扱いをする
優遇

□ 5b 社長に気に入られ、役員並みの**コウグウ**を受ける。
普通以上に良い取り扱いをする
厚遇

□ 5c チームで**レイグウ**され、試合に出る機会がない。
不当に低い取り扱いをする
冷遇

a 軽は、考えが足りない。「軽《かる》はずみ」。薄は、内容が乏しい。「選手層が薄《うす》い」。b 重は、簡単には揺るがない。「厳重《ゲンジュウ》な警戒」。厚は、中身が充実している。「選手層が厚《あつ》い」。

a 圧は、押さえ付ける。「圧迫《アッパク》骨折」。b 惨は、訓「**みじ・め**」。かわいそうな。! 「辛勝《シンショウ》(＝ぎりぎりで勝つ)」と「惜敗《セキハイ》(＝ぎりぎりで負ける)」も対義。

a 賢は、訓「**かしこ・い**」。b 愚は、訓「**おろ・か**」。「愚劣《グレツ》」。! 賢と愚、明と暗は対義。「賢者《ケンジャ》と愚者《グシャ》」。「明示《メイジ》と暗示《アンジ》」「明君《メイクン》と暗君《アンクン》」「明暗《メイアン》を分ける」。

a 精は、細かく行き届いた。「精緻《セイチ》」。密は、隙がない。手抜かりがない。「厳密《ゲンミツ》な計算」。b 粗は、訓「**あら・い**」。細かさが足りない。雑は、まとまりがない。「雑多《ザッタ》な情報」。

a 優は、訓「**すぐ・れる**」。他よりも良い。「優先的《ユウセンテキ》」。b 厚は、心がこもっている。「ありがたくご厚意《コウイ》を受ける」。c 冷は、思いやりがない。「冷淡《レイタン》に断る」。! 遇は、ある扱い方でその人に接する。「客としての待遇《タイグウ》を受ける」。

- □ 6a **フユウ**層向けの高級なリゾート。
  財産が多くて生活にゆとりがある
  富裕
- □ 6b 雇用を増やして**ヒンコン**問題の解決を図る。
  財産が少なくて生活が苦しい
  貧困
- □ 7a マニュアルにとらわれない、**ジュウナン**な発想。
  自由に変化できる
  柔軟
- □ 7b 規則に縛られた、**コウチョク**した対応。
  決まった通りにしかできない
  硬直
- □ 8a この工場では主に食用油を**セイサン**している。
  ものを作り出す
  生産
- □ 8b 食堂では毎日、食用油を**ショウヒ**している。
  ものを使ってなくしていく
  消費
- □ 9a たくさんの本を読み、知識を**キュウシュウ**する。
  取り込んで中に蓄える
  吸収
- □ 9b 思いっきり叫んで、ストレスを**ハッサン**する。
  たまったものを外に出してなくす
  発散
- □ 10a 天才アーティストとして世界に**ユウヒ**する。
  大きな舞台で盛んに活躍する
  雄飛
- □ 10b 人気俳優にも、売れない**シフク**の時期があった。
  準備しながら活躍のチャンスを待つこと
  雌伏
- □ 11a 支店の係長から本店の課長へと**エイテン**になる。
  重要性の高い仕事に移る
  栄転
- □ 11b 花形の部署から暇な職場へと**サセン**される。
  重要性の低い仕事に移る
  左遷

a 富は、訓「**とみ**」。財産が多いこと。裕は、ゆとりがある。「余裕《ヨユウ》」。b 貧は、訓「**まず・しい**」。困は、訓「**こま・る**」。苦しむ。❗貧と富は対義。「貧富《ヒンプ》の差」「貧農《ヒンノウ》と富農《フノウ》」。

a 柔も軟も、訓「**やわ・らかい**」。変化できる。b 硬は、訓「**かた・い**」。変化できない。直は、曲がらない。「直線《チョクセン》」。❗軟と硬は対義。「軟式《ナンシキ》と硬式《コウシキ》」「軟水《ナンスイ》と硬水《コウスイ》」「硬軟《コウナン》を使い分ける」。

a 生も産も、訓「**う・む**」。作り出す。b 消は、訓「**け・す**」。なくす。費は、訓「**つい・やす**」。使って減らす。

a 吸は、訓「**す・う**」。広く、中に取り込む。収は、きちんと中に入れる。「収入《シュウニュウ》」。b 発は、外に出す。「発表《ハッピョウ》」。散は、訓「**ち・らす**」。ばらばらにして存在をなくす。「解散《カイサン》」。

a 雄は、部首 隹《ふるとり》（＝鳥）⇩本来、オスの鳥。力強く羽ばたく⇩勢いよく活動することのたとえ。b 雌は、本来、メスの鳥。巣にこもって卵を抱く⇩力を蓄えながら待つことのたとえ。

a 栄は、訓「**さか・える**」。盛んになる。注目を集める状態になる。b 左は、昔、中国では右を高い地位だとしたところから、低い地位。遷は、移る。「平安京に遷都《セント》する」。

□ 1a 観光業の八月は**ハンボウ**期で、予約で一杯だ。
仕事が多くて余裕がない

□ 1b 夏休みが終わり、観光地も**カンサン**としている。
仕事が少なくのんびりしている

繁忙
閑散

□ 2a 天候不順により、野菜の値段が**コウトウ**する。
勢いよく上がる

□ 2b 不祥事を起こした企業の株価が**ゲラク**する。
どんどん低くなる

高騰
下落

□ 3a 誰も思い付かなかった、**カクシン**的なアイデア。
今までにないものに変えること

□ 3b 伝統を重んじる、**ホシュ**的な考え方。
これまでのやり方を変えないこと

革新
保守

□ 4a ドラマの途中に歌を**ソウニュウ**する。
間に挟み込む

□ 4b 全体の一部だけを**チュウシュツ**して検査する。
抜き取る

挿入
抽出

□ 5a 何度も話し合い、**ノウミツ**な人間関係を築く。
深みがあって中身が豊かな

□ 5b 都会では、隣近所とのつながりが**キハク**だ。
とても少なく中身に乏しい

□ 5c 恋人同士だけれど、互いに**タンパク**な間柄。
情熱的ではなく、こだわりも少ない

濃密
希薄
淡白

a 繁は、数が多くてにぎやかな。「繁華街《ハンカガイ》」。忙は、訓「**いそが・しい**」。b 閑は、のんびりと落ち着いている。「閑静《カンセイ》な住宅街」。散は、訓「**ち・る**」。密度が小さくなる。

a 騰は、部首馬《うま》⇩馬が跳ねる⇩勢いよく上がる。b 落は、訓「**お・ちる**」。低い方へ行く。

a 革は、変える。改める。「組織を改革《カイカク》する」。b 保は、訓「**たも・つ**」。それまでの状態を続ける。「態度を保留《ホリュウ》する」。

a 挿は、訓「**さ・す**」。中に割り込ませる。「本の挿《さし》絵《え》」。b 抽は、中から引き抜く。「抽選《チュウセン》で当たる」。

a 濃は、訓「**こ・い**」。「濃紺色《ノウコンショク》」。密は、隙がない。関係が深い。「親密《シンミツ》な間柄」。b 希は、とても少ない。「希有《ケウ》な存在」。薄は、訓「**うす・い**」。中身が乏しい。「浅薄《センパク》な知識」。c 淡は、訓「**あわ・い**」。本来、味や香り、色などが乏しい。! 淡白は、淡泊とも書く。

□ **6a** 調査結果を**ソウゴウ**して、結論を導く。
全体を一つにまとめる
総合

□ **6b** データを**ブンセキ**して、相手チームの弱点を探す。
細かく調べる
分析

□ **7a** 多数派に**ツイズイ**し、提案に賛成票を投じる。
後からくっついていく
追随

□ **7b** キャプテンが**ソッセン**して練習に取り組む。
前に立って引っ張る
率先

□ **8a** 動物を狭い場所に閉じ込め、**ギャクタイ**する。
ひどい扱いをして傷つける
虐待

□ **8b** 動物**アイゴ**の精神から、傷ついた野鳥を助ける。
大切に思って守る
愛護

□ **9a** 勉強に部活に、**ジュウジツ**した高校生活を送る。
やることがたくさんあって、やりがいがある
充実

□ **9b** 学校に行って帰るだけの、**クウキョ**な高校生活。
やることがなく、やりがいもない
空虚

□ **10a** **カゲキ**な発言で世相を批判する、辛口の評論家。
非常識なほど勢いが強い
過激

□ **10b** 常に理性的に振る舞う、**オンケン**な思想の持ち主。
常識を守り、騒ぎを起こさない
穏健

□ **11a** 準備不足のまま計画を実行するのは**セッソク**だ。
時間は短くて済むが、うまいやり方ではない
拙速

□ **11b** 計画を延期し、**コウチ**な方法で実現を目指す。
時間はかかるが、うまくいく
巧遅

a 総は、すべて。「総力《ソウリョク》を挙げて戦う」。**b** 析は、部首木《きへん》⇩木を割る⇩細かくして調べる。「実験結果を解析《カイセキ》する」。

a 追は、訓「**お・う**」。「追《お》いかける」。随は、くっついていく。「大臣に随伴《ズイハン》して海外へ行く」。**b** 率は、訓「**ひき・いる**」。上に立って導く。「教師が生徒を引率《インソツ》する」。

a 虐は、訓「**しいた・げる**」。ひどく傷つける。「残虐《ザンギャク》な兵器」。待は、もてなす。取り扱う。「客人を接待《セッタイ》する」。**b** 護は、守る。「首相の護衛《ゴエイ》」。

a 充は、いっぱいにする。実は、きちんとした中身。**b** 空は、訓「**から**」。中身がない。虚も、中身がない。[!] 実と虚は対義。「実像《ジツゾウ》と虚像《キョゾウ》」「実数《ジッスウ》と虚数《キョスウ》」「虚実《キョジツ》が入り混じる」。

a 激は、訓「**はげ・しい**」。勢いが強い。**b** 穏は、訓「**おだ・やか**」。落ち着いている。健は、訓「**すこ・やか**」。体や心が正常な⇩常識的な。

a 拙は、訓「**つたな・い**」。上手ではない。**b** 巧は、訓「**たく・み**」。技術が優れている。[!] 巧と拙は対義。「巧拙《コウセツ》(＝上手か下手か)を問わない」。なお、巧遅は、拙速とペアで使われるのがふつう。

column

類義語と対義語の勉強法

論理的な文章を読解する際には、類義語と対義語がとても重要です。なぜなら、論理の基本は、AとBが同じであると考えるか、AとBが対立していると捉えるかという二種類の判断に集約されるからです。

このうち、類義語は、指す範囲がかなり幅広く、まとめて勉強するのにはあまり向いていません。たとえば、「我慢」の類義語といえば、代表的なものは「忍耐」と「辛抱」でしょうが、文脈によっては「堪忍」「根気」「執着」「不屈」など、さまざまなことばを挙げることができるからです。類義語については、一つ一つのことばの意味をきちんと理解していくことによって、実際の文章の中で出会った際に類義語だと気づけるようにしておくのがよいでしょう。

その点、対義語はもう少し対象がはっきりしています。「原因」と「結果」、「義務」と「権利」、「需要」と「供給」のように、対比的な意味を表すことばとして一般的に知られている組み合わせが、少なくないからです。こういったことばは、合わせて学習して、それらの意味がどういった点で対比的なのか、理解しておくことが大切です。

また、漢字一文字のレベルで対比的な意味を持つ組み合わせもあります。たとえば、「主」と「客」、「単」と「複」、「雅」と「俗」、「精」と「粗」、「濃」と「淡」などがその例です。これらの組み合わせについて知っておくと、「主観」と「客観」、「単純」と「複雑」、「高雅」と「低俗」、「精密」と「粗雑」、「濃厚」と「淡白」などの対義性が、よりはっきりと認識できます。対義語を勉強する際には、こういった点にも着目するのがおすすめです。

第6章 慣用的な表現

語彙編

いくつかの単語がまとまって、ひとまとまりで使われる
習慣が定着しているものを、慣用表現と呼びます。
この章では、その中からまず、
代表的な慣用句や故事成語を取り扱います。
続いて、辞書の見出し語にはあまり見かけないものの、
知っておきたい表現も取り上げました。
最後には、漢字四文字から成る四字熟語も加えてあります。
いずれについても、類義の表現や参考になる表現を
解説欄でできる限り紹介するように心がけました。
さまざまな表現に触れて、ことばの世界を広げてください。

6章 慣用句・故事成語①（穴埋め）

□ 01 私は、迷った時に必ず「継続は力なり」という□□**の銘**に立ち返る。
いつも心に留めていることば

□ 02 もう宿題を全部済ませたので、これで□□**の憂い**なく遊びに行ける。
これから先のことで気になる心配ごと

□ 03 思ってもみなかった攻撃にすっかり□□**を突かれ**、大混乱に陥る。
予想外のところを狙って行動する

□ 04 アルバイトをしながら学校に通い、□□**の功**で司法試験に合格する。
苦労して勉強し、結果を残すこと

□ 05 輸送にかかる費用の高騰が、物価の上昇に□□**をかける**。
さらに勢いをつける

□ 06 校則の改定について、生徒会の役員たちが□□**泡を飛ばし**て議論する。
話し合いの勢いがとても激しいようす

□ 07 今、判明している違反の件数は、おそらく**氷山の**□□に過ぎない。
全体のうちのわずかな部分

□ 08 あの二人は、幼稚園以来の付き合いがある□□**の友**だ。
幼なじみ

座右　後顧　意表　蛍雪　拍車　口角　一角　竹馬

01 座右《ザユウ》は、いつも勉強や仕事をしている場所の右。そこに刻みつけ、忘れないようにすることば。**銘**《メイ》は、刻みつけられた文字。

02 後顧《コウコ》の顧は、訓「**かえり・みる**」。気にかける。**憂い**《うれ》は、心配や不安。

03 意表《イヒョウ》の表は、ここでは、外。「店の表《おもて》に出る」。類 不意打ちをする。

04 貧しくて油が買えず、蛍《ほたる》の光や雪《ゆき》の照り返しを頼りに勉強をして出世したという、昔の中国の人の話から。蛍雪《ケイセツ》は、蛍の光と窓の雪。

05 拍車《ハクシャ》は、馬の腹をたたいて刺激を与えより速く走らせるための、歯車《はぐるま》のような形をした器具。拍は、たたく。「拍手《ハクシュ》」。

06 唇の両脇から唾が泡になって飛ぶくらいに、激しい勢いでしゃべること。口角《コウカク》は、唇の両脇。類 侃侃諤諤《かんかんがくがく》（＝騒がしく議論するようす）。

07 氷山は、わずかな部分しか海面の上に出ていないことから。一角《イッカク》は、わずかな部分。類 片鱗《ヘンリン》（＝ほんの一部分）。

08 小さいころに一緒に遊んだ友達。竹馬《チクバ》は、竹の棒を馬のように見立てて遊ぶ、昔の子どもの玩具。

□ **09** 高校生活で最後の試合に勝利して、□□**の美を飾る**。
最後に残すすばらしい結果
有終

□ **10** その曲の情感あふれるメロディーは、多くの人の心の□□**に触れ**た。
感動を呼び起こす
琴線

□ **11** 優秀な人材を確保できず、新製品開発で他社の□□**を拝する**。
先を越される
後塵

□ **12** 国民からどんなに批判されようとも□□**にもかけない**、傲慢な政治家。
問題だとはまったく感じない
歯牙

□ **13** 昔、迷惑をかけたことを今になって謝っても、□□**盆に返らず**だ。
やってしまったことは元には戻せないということ
覆水

□ **14** 一九四七年生まれの祖父は、二〇二三年に□□を迎えた。
（数え年で）七十七歳
喜寿

□ **15** 私たちは、彼らの失敗を笑うのではなく、□□**の石**とするべきだ。
自分たちとは無関係のものから得る教訓
他山

□ **16** 絶対にもうかる話などというものは、**机上の**□□にすぎない。
現実に即していない考え
空論

09 有終《ユウシュウ》は、きちんとした最後が存在する。[!]「有終**の美**を飾る」の形で使うのが定番。[類]花道を飾る。[誤]優秀の美。

10 琴線《キンセン》は、琴の弦。それに軽く触れるだけで音が出ることを、感動して思わず声が出ることにたとえた表現。[!]怒る場合に用いるのは、誤用。[類]胸を打つ。胸に響く。

11 去っていく車が立てる土ぼこりに向かって、頭を下げる。後塵《コウジン》の塵は、訓「**ちり**」。[!]本来は、権力者にこびへつらうことのたとえ。

12 口先にひっかけることもしない⇩話題にすることもない。歯牙《シガ》は、口先。牙は、訓「**きば**」。[類]屁《へ》とも思わない。

13 器をひっくり返してこぼした液体は、元通りにはできない。覆水《フクスイ》の覆は、ひっくり返す。**盆**は、深さのある器（日本風の平たい「お**盆**」ではない）。[類]後《あと》の祭り。

14 喜《キ》のくずし字の一つが、「七十七」に見える形をしていることから。寿《ジュ》は、長生きの祝い。[参]傘寿《サンジュ》（＝「傘」の略字「仐」の形から、八十歳）。米寿《ベイジュ》（＝「米」の形から、八十八歳）。

15 宝石ではない**石**でも、宝石を磨くのには使える。他山《タザン》は、宝石が採れるのとは異なる、他の山。[類]反面教師。人のふり見て我がふり直せ。

16 **机上**は、**机**の**上**だけで考える⇩現実を踏まえていない。空論《クウロン》は、中身のない考え。[類]絵に描いた餅《もち》。捕らぬ狸《たぬき》の皮《かわ》算用《ザンヨウ》。

6章 慣用句・故事成語②（穴埋め）

□ 01 日本で活躍している選手に、海外の名門チームが□□**を動かす**。
手に入れたいという欲を起こす
食指

□ 02 おすしを一度に百貫も食べるとは、□□**を逸《いっ》した**食欲だ。
ふつうの人の振る舞い方から外れている
常軌

□ 03 会場が借りられなくなり、イベントの開催計画が□□**に乗り上げる**。
思わぬ障害のために先に進めなくなる
暗礁

□ 04 だまされた上に馬鹿にまでされて、**怒り**□□**に発する**。
腹立たしい思いが胸の中から湧き起こる
心頭

□ 05 作者の思いを適確に読み取る、**眼光**□□**に徹《てっ》する**読解力の持ち主。
文意を深く掘り下げて理解する
紙背

□ 06 あの人にまつわるおもしろいエピソードは、□□**にいとまがない**。
一つ一つ示すには時間が足りないほど多い
枚挙

□ 07 衆議院の解散は、総理大臣にとって□□**の宝刀**だ。
ここぞという場合にだけ使う、強力な手段
伝家

□ 08 試合に負けはしたが、終了間際にシュートを決めて□□**を報いた**。
わずかだがそれなりの効果がある反撃をする
一矢

01 おいしいものが食べられる前には、必ず人差し指がぴくんと動くジンクスがある人がいたという、中国の故事から。食指《ショクシ》は、人差し指。類 よだれを垂らす。

02 常軌《ジョウキ》は、ふつうに車が通る道⇩一般的な振る舞い方。**逸する**は、外れる。類 型破りな。規格外の。

03 暗礁《アンショウ》は、水面より下にあって見えない岩。なかなか気づかない障害のたとえ。礁は、水面下にある岩など。「珊瑚《サンゴ》礁《ショウ》」。類 壁に突き当たる。

04 心頭《シントウ》の頭は、ある場所の中。「念頭《ネントウ》に置く」。類 堪忍袋《カンニンぶくろ》の緒が切れる。怒髪《ドハツ》天をつく。誤 怒り心頭に達する。

05 理解力の鋭さを、目の輝きが紙の裏側まで達するとたとえた表現。紙背《シハイ》の背は、後ろ側。**徹する**は、突き抜けて届く。

06 枚挙《マイキョ》は、数えながら示す。枚は、ものを数える際に添えることば。「一枚《イチマイ》の紙」。挙は、取り出して示す。「列挙《レッキョ》」。**いとま**は、時間的な余裕。

07 伝家《デンカ》は、昔から家に伝わる。**宝刀**は、大切な刀。切れ味はいいが、刃こぼれすると困るのでそう簡単には使えないことから。類 奥の手（＝とっておきの方法）。

08 相手からたくさんの矢を当てられるが、一本だけ当て返す。一矢《イッシ》は、一本の矢。**報いる**は、やり返す。誤 一糸を報いる。一死を報いる。

□ **09** 次点の候補とはわずか二票の差しかなく、□□**を踏む**思いで当選する。
いつみじめな状態になってもおかしくない

□ **10** いつも澄ましている人が、異性からちやほやされて□□**を崩す**。
にこやかな表情になる

□ **11** あの二人はいつも一緒に行動していて、□□**相照らす**間柄だ。
互いの考えがはっきりとわかる

□ **12** その新人俳優の演技は、批評家に□□**なきまで**にこき下ろされた。
回復できないほどダメージが大きいようす

□ **13** 小さかったあの子がもう高校生だなんて、□□**矢のごとし**だ。
時の流れが速いことのたとえ

□ **14** 多数派に話を聞いてもらおうとしたが、□□**敵せず**、少数意見は黙殺された。
人数の差にはかなわない

□ **15** 権力に屈することなく、常識を疑いながら、**破**□□な生き方をする。
誰もやったことのないことをやるようす

□ **16** 大型店に客を奪われ、商店街は休日なのに□□**鳥が鳴い**ている。
客が来ず、静まり返っているようす

薄氷　相好　肝胆　完膚　光陰　衆寡　天荒　閑古

09 薄氷《ハクヒョウ》は、薄い氷。体重をかけると、いつ割れて冷たい水の中に落ちるかわからないところから。類 綱渡り。危機《キキ》一髪《イッパツ》。累卵《ルイラン》の危《あや》うき。

10 相好《ソウゴウ》は、仏教で、外見の特徴。転じて、表情。相は、見た目。「人相《ニンソウ》」「手相《テソウ》」。この場合の好は、細かい特徴。類 笑《え》みがこぼれる。白い歯を見せる。

11 肝胆《カンタン》は、昔は肝臓《カンゾウ》と胆嚢《タンノウ》に気力が宿ると考えられたことから、気持ちや考え。**相**《あい》は、互いに。「ライバル同士が相対《あいタイ》する」。類 気心が知れた。

12 本来、無傷なところが一つもないほど。完膚《カンプ》は、傷のついていない肌。膚は、肌。「皮膚《ヒフ》」。類 ぐうの音《ね》も出ないほど。

13 光陰《コウイン》は、明るさと暗さ⇩昼と夜⇩時の流れ。**矢**は、速いものの代表。**ごとし**は、…のようだ。類 歳月人を待たず。

14 衆寡《シュウカ》の衆は、人が多い。「大衆《タイシュウ》」「観衆《カンシュウ》」。寡は、数が少ない。「寡占《カセン》(＝少数の者が支配すること)」。**敵せず**は、相手にならない。類 多勢《タゼイ》に無勢《ブゼイ》。

15 **破**天荒《ハテンコウ》。本来、実りのない土地で実りを生む。天荒は、もともと作物が実らない土地。天は、元からの。「天性《テンセイ》」。荒は、作物が実らない。「荒野《コウヤ》」。類 奇想天外《キソウテンガイ》。前代未聞《ゼンダイミモン》。

16 カッコウの声だけが聞こえるほど静かな。閑古**鳥**《カンコどり》は、カッコウ。❗ 閑古は、閑がひまという意味を表すことを踏まえた、カッコウの鳴き声に対する当て字。

6章 慣用句・故事成語③(穴埋め)

□ 01 食品ロスの現状をレポートして、社会に**□□を投じる**。
反響が広がるような問題を提起する

一石

□ 02 警察が家宅捜索をしたが、**大山《たいざん》□□して鼠《ねずみ》一匹**、証拠は何も出なかった。
大騒ぎしたのに、たいした結果にならないこと

鳴動

□ 03 入学式のためにスーツを着ると、**□□にも衣装**で、みんな一人前に見える。
身なり次第で、誰でも立派に見えるということ

馬子

□ 04 W杯出場を逃した監督に対して、マスコミが批判の**□□を向ける**。
非難や攻撃の目標にする

矛先

□ 05 各自が意見を主張した結果、**□□多くして船《ふね》山に登る**で収拾がつかなくなった。
リーダーが多いと、おかしな方向に進みがちになる

船頭

□ 06 楽に勝てるつもりでいたら、**そうは□□が卸《おろ》さない**。先制点を奪われた。
ものごとは思い通りには進まないということ

問屋

□ 07 公式を当てはめるだけでは解けない、**□縄ではいかない**数学の問題。
ふつうの方法では取り扱いが難しい

一筋

□ 08 生活の苦しさから悪事に手を染めてしまう。**□すれば□する**とはこのことだ。
経済的に苦しいと、善悪の区別が付かなくなる

貧・鈍

---

01 反響が広がっていくようすを、水面に投げ込まれた一つの石(＝一石《イッセキ》)が、波を広げていくようすにたとえたもの。 類 波紋を呼ぶ。

02 **大**きな**山**が噴火でもするのかと思ったら、小さな**鼠**が**一匹**出て来ただけだった、というたとえ。 鳴動《メイドウ》は、音を立てながら揺れる。

03 馬子《まご》は、昔、馬に荷物を載せて運んだ運送業者。地位や財産を特には持たない、一般庶民の代表。

04 武器を相手に向けて突き刺そうとするところから。矛先《ほこさき》の矛は、剣と似た形で、相手を突き刺すための武器。

05 船頭《センドウ》は、船が進む方向を決める人。**船山に登る**とは、普通ならありえない方向に進んでしまうことのたとえ。

06 問屋《とんや》は小売店が思うような安値では商品を売ってくれないので、小売店が期待した利益はなかなか得られないということ。**卸す**は、問屋が小売店に売る。

07 問題を取り扱うことを、縄で縛ることにたとえた表現。一筋《ひとすじ》の**縄**で縛っておくだけでは、固定しておけないということ。

08 貧しくなることと、感じる力が鈍ることを、貧《ヒン》**する**と鈍《ドン》**する**という音読みを用いたことばで表現したもの。

□ **09** 突進してくるトラックをぎりぎりでかわし、**□死に□生を得る**。
助かりそうにない状況で、なんとか助かる
九・一

□ **10** 力ではかなわない相手をテクニックで倒す。これこそ、**□よく□を制す**だ。
しなやかさの方が、力よりも優れている
柔・剛

□ **11** うまく歌えているが、歌詞の意味を理解していない。**□作って□入れず**だ。
形はできているのに、肝心なものが欠けていること
仏・魂

□ **12** あの人が城めぐりが好きになったのは、**□に交われば□くなる**で、恋人の影響だ。
接する人に感化され、好みや性格などが変わること
朱・赤

□ **13** 今回の失敗を理由に計画全体を失敗だと言うのは、**□を見て□を見ず**の批判だ。
細かい点ばかり見て、全体が目に入らないこと
木・森

□ **14** 宿題を間に合わせるだけで精一杯の、**自転車□□**的な勉強スタイル。
収益をすべて借金の返済に当てるような経営状態
操業

□ **15** この服もあの服も気に入らない。どちらでも**□□歩百歩**だ。
よくない点ではたいした違いがないこと
五十

□ **16** あの人はうっかり者で、財布を置き忘れることなど**日常□□事**だ。
普段からよくあること
茶飯

09 九《キュウ》**死**《シ》は、九割方助からない。**一生**《イッショウ》は、一割ぐらいは助かる。類首の皮一枚でつながる。

10 柔《ジュウ》は、しなやかに変化できる。剛《ゴウ》は、強くて硬いが変化しにくい。**制す**は、勝利を手に入れる。「全国制覇《セイハ》」。

11 新しく作られた仏像(=仏《ほとけ》)には、魂《たましい》を入れる開眼供養《カイゲンクヨウ》という儀式が必要とされるが、それをしていないということ。類画竜点睛《ガリョウテンセイ》を欠く。

12 人付き合いを着色料にたとえた表現。朱《シュ》は、赤《あか》い色を付けるのに用いる、粉末状の着色料。

13 一本の木《き》を見ているだけで、その木が生えている森《もり》の全体像は見えていないこと。類鹿《しか》を追う者は山を見ず。

14 走るのをやめると立っていられなくなる**自転車**を、すぐにも倒産しそうな経営状態にたとえたもの。操業《ソウギョウ》は、機械などを使って仕事をする。

15 戦場で怖くて五十《ゴジッ》**歩**《ポ》逃げた者も**百歩**逃げた者も、臆病だという点では違いがないということ。類どんぐりの背比《せいくら》べ。目くそ鼻くそを笑う。

16 茶飯《サハン》は、お茶とご飯。それらを飲み食いするような、普通にある出来事。誤ニチジョウチャハンジ。類行住坐臥《ギョウジュウザガ》(=日常の立ち振る舞い)。

□ 01 来週に迫った次の試合に向けて、チームの立て直しが**焦□の急**だ。
すぐにも解決しなければいけない

□ 02 たまっていた不満を吐き出し始めたら、**騎□の勢い**で止まらなくなった。
途中でやめられなくなるようす

□ 03 将来、留学するための費用を稼ごうと、**寸□を惜しん**でアルバイトをする。
わずかな時間も無駄にしない

□ 04 相談できる相手がまわりにいなくて、**□方に暮れる**。
やりようがなく困り果てる

□ 05 試合開始早々に猛攻をしかけ、相手の**機□を制する**。
相手より早く行動を起こして、主導権を握る

□ 06 並み居るライバルたちを寄せつけない、**□巻**の成績を残す。
全体の中で最も優れているもの

□ 07 時代に合わなくなった法律を、いつまでも**墨□**していてはいけない。
古くからのものを大切にし続ける

□ 08 世界的に有名なデザイナーになることを夢見て、**□雲の志**を抱いて上京する。
ステータスが高い人間になるという決意

眉　虎　暇　途　先　圧　守　青

01 **焦**眉《ショウビ》は、眉《まゆ》が**焦**げる。危険が迫っている状態を、それくらい近くまで火が迫っているようすにたとえた表現。

02 いったんトラの背に乗ると、怖くて降りられなくなるところから。**騎**虎《キコ》の**騎**は、部首 馬《うまへん》⇩馬などの背に乗る。類 ジェットコースターに乗ったような。

03 **寸**暇《スンカ》の**寸**は、昔の長さの単位で、約三センチ⇩ほんのわずかな。類 寝る間も惜しむ。寝食《シンショク》を忘れる。

04 途**方**《トホウ》の途は、本来、道⇩手段。**暮れる**は、日が沈んで暗くなる⇩わからなくなる。「思案に暮れる」。類 八方ふさがりになる。参 途方もない（＝本来、手段がない）。

05 **機**先《キセン》の**機**は、重要な瞬間。「人生の転機《テンキ》」。**制する**は、支配下に置く。自分のものにする。「優勝争いを制する」。類 先手を打つ。出鼻《でばな》をくじく。

06 圧**巻**《アッカン》の圧は、押さえ付ける。**巻**は、冊子。❗一説に、昔の中国で、試験の答案をまとめる際に、最も優れた答案を一番上に置いたところから。類 白眉《ハクビ》。

07 **墨**守《ボクシュ》の**墨**は、**墨**子《ボクシ》という人物。彼が城を上手に守った、という中国の故事から。❗よい伝統を保つ場合にも、悪い伝統を捨てられない場合にも使う。

08 青**雲**《セイウン》は、青空高く浮かぶ**雲**。高い地位や高い境地のたとえ。

□ 09 人並み外れたセンスを発揮して、入部早々、□**角を現す**。
他のものがある中で目立ち始める

□ 10 優勝経験もあるベテランが、無名の新人にまさかの□**杯を喫する**。
つらい思いを味わう

□ 11 これまで報道されることのなかった不正の実態を、□**日の下**《もと》**にさらす**。
すべてがはっきりわかるようにする

□ 12 二人はどちらもギターが上手で、□**乙付け難い**腕前だ。
簡単には優劣を決められない

□ 13 入試ではケアレスミスが命取りになることを、**肝に**□**じて**おきなさい。
しっかり意識して忘れない

□ 14 あの先生は、日本におけるシェイクスピア研究の□**斗**だ。
非常に優れていて、名の通った学者

□ 15 ライバルたちを次々と打ち負かし、**破**□**の勢い**で快進撃を続ける。
止めることができないほどの激しさ

□ 16 練習量を増やしたいあまり、けがへの備えを**等**□**に付して**しまう。
特に注意をしないでおく

頭　苦　白　甲　銘　泰　竹　閑

09 埋もれていたものが、最も上の部分から見え始めるところから。頭角《トウカク》の**角**は、突き出た先端⇩てっぺん。

10 苦**杯**《クハイ》の**杯**は、訓「**さかずき**」。飲みものを入れる器。**喫**《キッ》**する**は、味わう。「喫茶《キッサ》」。類苦杯《クハイ》をなめる。苦汁《クジュウ》をなめる。

11 本来、太陽の光が当たる明るい場所に出す。白**日**《ハクジツ》は、明るく輝く太陽。**さらす**は、太陽の光に当てる。誤ハクジツのしたにさらす。

12 どちらが一番か決めにくい。甲**乙**《コウオツ》の甲は十干《ジッカン》の一番目で、乙は二番目。類伯仲《ハクチュウ》(＝本来、長男と次男⇩力に差がない)。

13 本来、心に文字を刻み付ける。**肝**は、内臓の一つ。昔は気力が宿る臓器だと考えられた。転じて、心。銘《メイ》**じる**は、文字を刻み付ける。銘**ずる**ともいう。

14 泰**斗**《タイト》は、泰山北**斗**《タイザンホクト》の略。泰山は、中国にある有名な山で、山の代表。**北斗**は、**北斗**七星で、星の代表。合わせて、代表的な存在のたとえ。

15 竹に端から刃物を入れると、割れ目が一気に広がっていくことから。**破**竹《ハチク》の破は、ここでは、刃物を入れる。類飛ぶ鳥を落とす勢い。向かうところ敵なし。

16 **等**閑《トウカン》は、何もしないのと同じ状態。閑は、特に何もしないこと。**付**《フ》**す**は、そういう状態にする。「不問に付す」。類目もくれない。眼中にない。

第6章

6章 慣用句・故事成語⑤（穴埋め）

□ 01 救急対応が可能な病院として、地域の医療の**一□を担う**。
ある役割を引き受ける

□ 02 定年退職した後、のんびりと暮らしながら**古□**の年を迎える。
（数え年で）七十歳

□ 03 夏目漱石《そうせき》の「こころ」は、日本近代文学の**□眉**だと評価されている。
多くの中でとりわけ優れているもの

□ 04 正社員とアルバイトでは、賃金や福利厚生に**雲□の差**がある。
ものすごく大きな違い

□ 05 一位と二位が互いにつぶし合いをし、三位の選手が**□夫の利**を得る。
第三者が手に入れるもうけ

□ 06 好きな人に恋人がいることを知り、**□落の底**に突き落とされる。
抜け出すことができそうにない、絶望的な状況

□ 07 先方から業務提携の打診があったのを**□貨として**、合併交渉を持ちかける。
うまく利用できそうだと考える

□ 08 家族を装い電話をしてきた詐欺師が、合言葉を言えず**□脚を現す**。
隠していた正体がばれる

翼　希　白　泥　漁　奈　奇　馬

01 本来、軍事作戦の上である役割を引き受ける。**一翼**《イチヨク》の翼は、訓「**つばさ**」⇩本隊から右や左に張り出して位置する隊。類 一角《イッカク》を占める。

02 **古**希《コキ》。「人生七十《ジンセイシチジュウ》、**古**来《コライ》、稀《まれ》なり（＝七十歳まで生きる人は昔から少ない）」という中国の詩の一節から。❗稀は常用漢字ではないので、現在では希と書くことが多い。

03 白**眉**《ハクビ》。五人兄弟の中で一番優秀な者の**眉**《まゆ》が白かった、という中国の故事から。類 圧巻《アッカン》。

04 **雲**泥《ウンデイ》は、高い空を流れる白い**雲**と、低い地面のくぼみにたまる黒ずんだ泥。その違いのような、大きな違い。❗**雲**の方がよい例で、泥の方が悪い例。類 月とスッポン。

05 鳥と貝がつかみ合いの争いをしていたところ、通りがかった漁**夫**《ギョフ》（＝漁師）に両方とも捕まえられたという、中国のたとえ話から。

06 奈**落**《ナラク》は、仏教で地獄を指すことば。古代インドからの外来語に対する当て字。類 絶望の淵《ふち》。

07 奇**貨**《キカ》の奇は、珍しくて価値がある。**貨**は、品物。「雑貨屋《ザッカや》」。この場合の**とする**は、…だと考える。

08 本来、芝居で馬**脚**《バキャク》（＝馬の脚）を演じている役者が、人間としての姿を見せてしまうこと。類 化けの皮が剝《は》がれる。

□ **09** 今年度の新人文学賞を受賞したのは、□**冠**十七歳の若者だった。
あることをするのにかなり若い年齢

□ **10** おなかの減り具合と集中力の低下は、**軌**《き》**を**□**にし**ている。
同じように進んでいく

□ **11** 相手がなかなか電話に出ないのに□**を煮やし**、直接、会いに行く。
思い通りに行かず、我慢ができなくなる

□ **12** 一日目は終わったが、世界一周の旅はまだ□**に就い**たばかりだ。
無事に始まり、少し落ち着く

□ **13** 騒がしい日常を忘れさせてくれる、□**源郷**のようなリゾート地。
のんびりしていて平和な別世界

□ **14** この映画賞は、多くの名優を輩出し、新人俳優の**登**□**門**と言われている。
出世への第一歩となる評価や資格

□ **15** 顧問の先生の方針に一人だけ従わず、みんなから□**眼視**される。
冷たく接すること

□ **16** 試験には合格したのに入学金が払えなくなるとは、**好事**□**多し**だ。
いいことはすんなりとは運ばないということ

弱　一　業　緒　桃　竜　白　魔

09 弱**冠**《ジャッカン》は、本来、二十歳。昔の中国で、二十歳を弱《ジャク》と呼び、男性はその年齢で初めて**冠**をかぶったことから。誤 若×干×。若×冠。参 志学《シガク》（＝十五歳。『論語』のことばから）。

10 **軌**は、部首 車《くるまへん》⇩車輪が地面に残すくぼみ⇩やり方や進み方。一《イツ》は、同じ。「同一《ドウイツ》人物」。誤 キをイチ×にする。

11 業《ゴウ》は、仏教で、理性ではコントロールできない心の動き。**煮やす**は、沸騰させる。気持ちが熱くなることのたとえ。類 はらわたが煮えくり返る。

12 緒《チョ》は、部首 糸《いとへん》⇩ひもの最初の部分⇩ものごとの始まり。**就く**は、安定した状態になる。! ショ**につく**と読んでも可。

13 桃**源郷**《トウゲンキョウ》。両岸に桃の花が咲く谷川の**源**に理想的な世界があった、という中国の説話から。類 理想郷。地上の楽園。ユートピア。

14 **登**竜**門**《トウリュウモン》。竜**門**は、中国の黄河にある急流。そこを越えて上流へと**登**ることができた魚は竜になる、という伝説から。

15 白**眼視**《ハクガンシ》。気に入らない相手には白目《しろめ》をむいて見せた、という中国のある人物の話から。類 白い目で見る。

16 構成としては、**好事**《コウジ》（には）魔《マ》**多し**。**好事**は、喜ばしいできごと。魔は、妨げになるもの。「邪魔《ジャマ》」。類 月に叢雲《むらくも》花に風。寸善尺魔《スンゼンシャクマ》。

第6章

6章 慣用句・故事成語⑥（穴埋め）

□ 01 卒業を前に、借りた本を返しておこう。**立つ鳥□を濁さず**だ。
去り際や別れ際は美しくするべきだということ

□ 02 まわりからどんなことを言われても、**□に風**と受け流して我が道を行く。
逆らわないが、きちんと対応もしない

□ 03 好きな人に振られた帰り道に転んでけがをするとは、**泣きっ面《つら》に□**だ。
悪いことが重なること

□ 04 お金があれば旅行にも行けるが、**無い□は振れない**から無理な話だ。
持っていないものは使いようがない

□ 05 機嫌の悪い先生に宿題を忘れたと言うのは、**□の尾を踏む**ほど怖い。
びくびくしながら危険なことをするようす

□ 06 物価の上昇に急な出費が重なり家計は**□の車**だから、お小遣いは増やせない。
財政状態がとても苦しいこと

□ 07 有名になった俳優が出身地で公演を行い、**故郷に□を飾る**。
成功してふるさとに帰る

□ 08 あのベテラン選手がこんな初歩的なミスをするとは、**弘法《こうぼう》にも□の誤り**だ。
どんなに優れた人にも失敗はあるということ

跡　柳　蜂　袖　虎　火　錦　筆

01 水面から飛び立つ鳥は、いた場所の水を汚さないということ。跡《あと》は、いた場所。❗「立つ鳥後×を濁さず」とは、ふつうは書かない。

02 柳《やなぎ》の細長い葉は、強い**風**に吹かれても揺れるだけで、吹きちぎられることはないところから。類 馬耳東風《バジトウフウ》。

03 泣いているだけでも不幸なのに、顔をさらに蜂《はち》に刺されるということ。類 弱り目にたたり目。踏んだり蹴ったり。

04 持っていないもの、特に持っていない金銭は使いようがないこと。❗昔は、着物の袖《そで》に財布を入れている人が多かったことから。

05 虎《とら》をわざわざ怒らせるくらい、危険なことをすること。類 火中の栗《くり》を拾う。参 虎口《ココウ》を脱《ダツ》する（＝非常に危険な状態から逃れる）。

06 本来、仏教で、罪を犯した者を地獄へと運ぶという、火《ひ》で燃えさかっている**車**。非常に苦しい状態のたとえ。類（借金で）首が回らない。

07 豪華な着物を着た華やかな姿を、**故郷**の人に見せるところから。錦《にしき》は、美しくて価値の高い織物。

08 **弘法**は、平安時代の書道の名人、弘法大師空海。筆《ふで》**の誤り**は、書き損じ。❗「弘法も筆の誤り」ともいう。類 猿も木から落ちる。カッパの川流れ。

☐ **09** 何度苦情を言ってもとり合ってくれず、とうとう**堪忍袋《かんにんぶくろ》の☐が切れる**。
我慢できなくなり、怒りを爆発させる

☐ **10** どんなにすばらしい料理でも、味がわからない人には**☐に小判**だ。
その人には価値の高さがわからないこと

☐ **11** この洗剤の効果を確かめるには、**☐より証拠**、使ってみるのが一番だ。
説明よりも実物の方がわかりやすいこと

☐ **12** 約束の時間に遅れそうだから、こんなところで**☐を売って**はいられない。
無駄話をして時間を過ごす

☐ **13** この学校が閉校になるというのは**根も☐もない**うわさ話だ、と否定する。
基づくものがまったくない

☐ **14** 私の意見に反対する人が多いことは**☐も承知**だが、あえて主張を貫く。
十分にわかっている

☐ **15** 試合の流れをつかむ力においては、先輩の方に**一日《いちじつ》の☐**がある。
経験の多さによる、優れている点

☐ **16** スタイリッシュなデザインを採用して、類似品とは**一線を☐す**。
はっきりとした違いを付ける

緒　猫　論　油　葉　百　長　画

09 **堪忍袋**は、怒りを我慢している心を、はち切れそうな袋にたとえた表現。**堪忍**は、我慢する。緒《お》は、袋の口を縛るひも。類 怒り心頭に発する。怒髪《ドハツ》天をつく。

10 猫《ねこ》をかわいがって**小判**を与えても、それが高額の貨幣だとはわからないということ。類 豚に真珠。馬の耳に念仏。

11 論《ロン》は、何が本当かについて、あれこれ言うこと。類 百聞《ヒャクブン》は一見《イッケン》にしかず。

12 この場合の油《あぶら》は、江戸時代に女性が使った整髪料。それを売る商人が、世間話をしながら商売をしていたところから。参 油を絞る（＝長時間、厳しくしかる）。

13 **根**は、元になるもの。葉《は》は、ことばに勢いを付けるために、**根**に合わせて添えたことば。参 根掘り葉掘り（＝事細かに）。

14 百《ヒャク》は、十分な状態のたとえ。❗「百も承知だが…」という、逆接の文脈で使うのが定番。

15 **一日**は、短くはあっても経験を積める期間。長《チョウ》は、よい点。誤 イチニチのチョウ。

16 **一線**は、境目を表すライン。画《カク》**す**は、線を引く。「漢字の画数《カクスウ》」。参 **一線**を越える（＝それまでとははっきりと違う状態になる）。

6章 慣用句・故事成語⑦(選択肢)

□ 01 受験勉強で忙しくなり、好きだった映画館からも□**が遠のく**。
以前はよく行っていた場所に行かなくなる

□ 02 「外から帰ってきたら手洗いをしなさい」と□**を酸っぱくして**言う。
しつこいほど繰り返して言うようす

□ 03 展示室に入った瞬間、すばらしい絵画に□**を奪われる**。
他のものには興味が向かない

□ 04 来る日も来る日も、朝早くから夕方遅くまで□**に汗して**収入を得る。
苦労をしながら働く

□ 05 燃え広がる火に対して、消防隊もただ□**をこまねいて**いるわけではない。
何もしないでいる

□ 06 あの新入部員の自由な振る舞いには、□**をひそめる**先輩も多い。
不快だという表情をする

□ 07 早起きが苦手なので、遅刻の多さを注意されると□**が痛い**。
自分の欠点を指摘され、聞くのがつらい

手・足・目・耳・口・眉・額

足　口　目　額　手　眉　耳

01 足《あし》は、ある場所へと行くこと。参足を運ぶ(＝ある場所に実際に行く)。足を伸ばす(＝予定していたより先まで行く)。足代《あしだい》(＝交通費)。

02 それ以上口《くち》にできないほど酸っぱい⇩それ以上言えないないほどしつこい。参口が裂けても(＝絶対に言わない)。口が滑る(＝うっかり言う)。

03 目《め》は、興味や注意力。参目を光らせる(＝注意して見張る)。目もくれない(＝興味を持たない)。目の付け所(＝興味や注意をもって見る部分)。

04 一生懸命仕事をすると、額《ひたい》から**汗**が流れることから。参額を集める(＝集まって話し合う)。猫の額(＝とても狭い場所)。

05 手《て》**をこまねく**は、腕組みをする。「手をこまぬく」ともいう。参手も足も出ない(＝何もできない)。手に余る(＝処理できない)。

06 眉《まゆ》**をひそめる**は、両目の間あたりにしわを寄せる。参眉を開く(＝ほっとする)。眉を曇らせる(＝不安に感じる)。眉に唾《つば》を付ける(＝だまされないように注意する)。

07 耳《みみ》は、聞くこと。**痛い**は、つらく感じる。参耳を傾ける(＝きちんと聞く)。耳を疑う(＝聞き間違いかと思う)。耳にたこができる(＝聞き飽きる)。

□ 08 ホストファミリーの暖かい気遣いに**後ろ□を引かれ**ながら、短期留学を終える。
そのままいつづけたいと感じる

□ 09 昔のアイドルのお宝グッズに、人々が**□を抜かす**ほどの高値が付く。
ものすごく驚く

□ 10 ロケットの打ち上げ実験が失敗し、関係者が**□を落とす**。
がっかりして元気をなくす

□ 11 好きなバンドが全国ツアーを開催するのを、**□を長くして**待つ。
楽しみにして待つようす

□ 12 ベテランの職人が作るこの店の和菓子は、**□が落ちる**ほどうまい。
とてもおいしい

□ 13 先輩の適切なアドバイスに、「なるほど」と**□を打つ**思いをする。
感心しているようす

□ 14 空襲の体験者から話を聞き、戦争の悲惨さを**□に刻む**。
しっかり覚えて忘れない

髪・頬・首・肩・胸・腰・膝

髪　腰　肩　首　頬　膝　胸

08 **後ろ**髪《がみ》は、頭の後ろの方から生えている毛。後ろから引き留められるようすを、その髪を引っ張られているようだ、とたとえた表現。

09 びっくりして腰《こし》の力が**抜**け、立てなくなるようすから。参 腰が低い(＝謙遜した態度を取る)。腰が引ける(＝消極的になる)。腰が砕ける(＝勢いが途中で弱くなる)。

10 意気込みを失うと、肩《かた》に入っていた力が抜けがちになることから。参 肩に力を入れる(＝意気込む)。肩の力を抜く(＝リラックスする)。

11 やって来るものを早く見たいと思うあまり、首《くび》がそちら向きに伸びてしまうという、誇張した表現。参 首をひねる(＝疑問に思う)。首を縦に振る(＝承諾する)。

12 おいしさが頬《ほほ》の内側いっぱいに広がるようすを、誇張して表現したもの。参 頬を染める(＝恥ずかしがる)。頬をつねる(＝夢ではないかと思う)。

13 感心した時に思わず膝《ひざ》をたたくところから。参 膝を交える(＝親しく話し合う)。膝を崩す(＝正座を崩す)。膝を突き合わせる(＝向かい合ってすぐ近くに座る)。

14 胸《むね》は、心。**刻む**は、後まで残るように文字を彫りつける。参 胸に手を当てる(＝じっくりと考える)。胸がはずむ(＝わくわくする)。胸に響く(＝感動する)。

6章 知っておきたい表現❶（穴埋め）

□ **01** この数年間のＡＩの進歩を振り返ると、□□**の感**を禁じ得ない。
時代が過ぎ去ったという思い
隔世

□ **02** 登山を計画する際には、雨が降る可能性も□□**に置く**必要がある。
考えの中に含める
念頭

□ **03** スパルタ式の指導では選手を潰してしまう、と□□**を鳴らす**。
危険だと告げる
警鐘

□ **04** そのことについて詳しく書きたいが、□□**が尽き**たので別の機会に譲る。
決められた文字数の残りがなくなる
紙幅

□ **05** あの監督は選手から信頼されていて、□□**をもって代え難《がた》い**存在だ。
同じようなことをできる者が他にはいない
余人

□ **06** 昨晩、遅くまでスマホを見ていたので、授業中に□□**に襲われる**。
ものすごく眠たくなる
睡魔

□ **07** 友人が招待されたのに付いて行き、自分も**お**□□**にあずかる**。
一緒になってもてなしを受ける
相伴

□ **08** 核兵器の使用が生む悲劇がどれほど悲惨なものかは、□□**に尽くし難《がた》い**。
ことばでは十分には表現できない
筆舌

01 隔世《カクセイ》の隔は、訓「**へだ・てる**」。距離や時間をあける。「隔年《カクネン》で開催されるイベント」。世は、時代。「中世《チュウセイ》（＝古代と近代の真ん中の時代）」。

02 念頭《ネントウ》にの念は、考え。思い。「後悔の念《ネン》」。この場合の頭は、ある場所の中。「街頭《ガイトウ》インタビュー」。対 念頭にない（＝考えにない）。

03 警鐘《ケイショウ》は、非常ベル。警は、非常事態に備える。危険を知らせる。「警戒《ケイカイ》」「警報《ケイホウ》」。鐘は、訓「**かね**」。

04 紙幅《シフク》は、本来、雑誌や新聞などで、その記事に割り当てられたスペース。

05 余人《ヨジン》の余は、その他の。「余罪《ヨザイ》を追及する」。**代え難い**は、簡単にはその役割を別のものにさせられない。

06 睡魔《スイマ》は、強い眠気を、化け物にたとえた表現。魔は、人に害を与える化け物。参 睡魔と闘う。

07 相伴《ショウバン》は、本来、連れ⇩客の連れが受ける、客と同等の扱い。**あずかる**は、○○していただく。「お褒めにあずかる」。

08 筆舌《ヒツゼツ》の筆は、書きことば。舌は、話しことば。「毒舌《ドクゼツ》」「弁舌《ベンゼツ》」。**尽くす**は、最後までやる。十分に表す。

□ **09** 病人が出たので、その飛行機は緊急着陸を□□**なくされ**た。
しかたなくそうする

□ **10** この戦争に費やされている税金は、□□**学的**な金額に達する。
普通では用いることがないような巨大な数の

□ **11** 最もおすすめなのはプランAだが、□□**の策**としてプランBも用意しておく。
二番目に優れている方法

□ **12** あの人はセンスは抜群だが本番に弱く、**未完の**□□だと言われている。
素質はあるのにまだそれを発揮できていない人

□ **13** 人のうわさや人間関係の愚痴など、友だちと□□**を弄**《ろう》**し**ながら過ごす。
どうでもいい話をして時間をつぶす

□ **14** つぶれかかっていた老舗《しにせ》の経営を立て直し、□□**の祖**と呼ばれる人物。
衰えた国や企業などを復活させた人

□ **15** 内閣の秘書官が首相を批判するような発言をし、□□**を醸**《かも》**す**。
人々の間で批判や論争などを引き起こす

□ **16** 失敗したらそのまま辞任するという、□□□**の決意**で組織改革に取り組む。
けっして後には引かない、という強い気持ち

余儀

天文

次善

大器

駄弁

中興

物議

不退転

09 その他の方法がない状態に追い込まれる。余儀《ヨギ》の余は、その他の。「余念《ヨネン》がない（＝他のことは考えない）」。儀は、やり方。「職人の流儀《リュウギ》」。

10 宇宙に関する研究の世界でしか使われないような、桁数の多い数。天文は、天《テン》の文様《モンヨウ》で、星々の描き出す形のこと。

11 次善《ジゼン》の次は、二番目の。**策**は、方法。「方策《ホウサク》」「政策《セイサク》」。誤 慈善の策。事前の策。

12 **未完**は、まだできあがっていない。大器《タイキ》は、重要な道具。能力が高く立派な人物のたとえ。器は、道具。「パソコンの周辺機器《キキ》」。

13 駄弁《ダベン》の駄は、価値や価格が低い。「駄作《ダサク》」「駄菓子《ダガシ》」。弁は、話をする。「弁護《ベンゴ》」「能弁《ノウベン》」。**弄する**は、たいした目的もなしに行う。**弄**は、訓「**もてあそ・ぶ**」。

14 中興《チュウコウ》は、衰えた勢いを取り戻す。興は、勢いを盛んにする。**祖**は、国や企業などを最初に作った人。

15 物議《ブツギ》の物は、世間。人々。「物情騒然《ブツジョウソウゼン》（＝世の中が落ち着かないようす）」。議は、意見を出し合う。**醸す**は、ある雰囲気を作り出す。

16 不退転《フタイテン》は、後ろへ引いたりひっくり返ったりしない。退は、訓「**しりぞ・く**」。転は、訓「**ころ・ぶ**」。

6章 知っておきたい表現②（穴埋め）

□ 01 今度の大会は重要だから、入念に調整して□石の構えで臨もう。
びくともしない状態

□ 02 一か月後に行われるコンクール本番に照□を合わせて、練習に励む。
狙いを定める

□ 03 普段はふざけ合っている生徒たちが、威□を正して卒業式に臨む。
重々しく作法通りに振る舞う

□ 04 高齢化が進む現在、介護について考えるのは□宜にかなっている。
タイミングがちょうどよい

□ 05 秋が深まり、紅葉狩りのシーズンも□境に入った。
いっそう興味を引く段階になる

□ 06 あと一点でも取られれば負け、という□地に陥《おちい》る。
追い詰められた状況に置かれる

□ 07 必要なものがそろっているか再確認し、準備に遺□がないようにする。
抜け落ちているものがない

□ 08 「将来は世界を舞台に活躍したい」と□託のない笑顔で語る。
悩みや迷いがない

盤　準　儀　時　佳　窮　漏　屈

01 盤石《バンジャク》の盤は、部首皿《さら》⇩平たくて大きな皿⇩どっしりした。類盤石の備え。盤石の態勢。

02 照準《ショウジュン》は、本来、銃などで狙いを付けること。照は、訓「て・らす」。光を当ててはっきり見る。準は、決める時のよりどころ。「基準《キジュン》」。類照準を定める。照準を絞る。

03 威儀《イギ》は、重々しく作法にかなった振る舞い。威は、まわりを恐れさせるような重々しさ。「威厳《イゲン》」「権威《ケンイ》」。儀は、作法。「礼儀《レイギ》」「儀式《ギシキ》」。類威儀を繕《つくろ》う。

04 時宜《ジギ》の宜は、ちょうどよい。「適宜《テキギ》、調整する」「便宜《ベンギ》を図る」。かなうは、よく当てはまる。「理にかなった考え方」。類時宜を得た。

05 佳境《カキョウ》の佳は、よい。興味深い。「佳作《カサク》に入選する」。境は、あるものが置かれている状態。「心境《シンキョウ》」「境遇《キョウグウ》」。類佳境を迎える。

06 窮地《キュウチ》の窮は、部首穴《あなかんむり》⇩穴にはまるなどして、身動きが取れなくなる。陥るは、中に落ち込む。類窮地に立たされる。窮地に追い込まれる。対窮地を脱する。

07 遺漏《イロウ》の遺は、置き忘れる。「遺失物《イシツブツ》」「遺留品《イリュウヒン》」。漏は、訓「も・れる」。「漏電《ロウデン》」。転じて、含め損ねる。

08 屈託《クッタク》は、屈惑《クツワク》の読み方がクツワク⇩クッタクと変化した結果、漢字も変化した語。屈は、心が晴れない。「退屈《タイクツ》」。惑は、訓「まど・う」。きちんと判断できない。

□ 09 この道場は日が当たらないので、冬は**尋□ではなく**寒い。
普通ではありえないほど激しい

□ 10 どこかで間違えているのではないか、という**□抹の不安**を抱く。
ほんのわずかな心配

□ 11 生まれてきたものがやがて死ぬのは、**自然の摂□**だ。
この世界を支配している法則

□ 12 毎日の水やりや雑草取りを欠かさず、**丹□を込めて**花を育てる。
心から大切に思って取り扱うようす

□ 13 今、この問題を解決しておかないと、将来に**禍□を残す**だろう。
不幸の原因がそのまま存在し続ける

□ 14 旧型の製品が、熱心なファンに支えられて**□脈を保つ**。
細々と生き永らえる

□ 15 コンビニが扱う商品は、生活用品、食料品、文房具など**□岐にわたる**。
さまざまな分野を含んでいる

□ 16 幼い子どもに重労働をさせるのは、**□倫にもとる**行為だ。
守るべき道徳に反する

常　一　理　精（誠）　根　命　多　人

09 **尋**常《ジンジョウ》は、ありふれた。普通の。この場合の**尋**は、両手を広げた長さ。常は、その二倍。どちらも、昔の基本的な長さの単位⇩よくあるもの。

10 一**抹**《イチマツ》は、絵の具などをちょっとこすりつける。**抹**は、こする。「抹消《マッショウ》(＝本来、文字などをこすって消す)」。参一**抹**の寂しさ。一**抹**の期待。

11 **摂**理《セツリ》の**摂**は、コントロールする。「不摂生《フセッセイ》で体を壊す」「摂政《セッショウ》(＝君主の代わりに政治をコントロールする役)」。理は、筋道、方法。「原理《ゲンリ》」「理論《リロン》」。類神の**摂**理。

12 **丹**精《タンセイ》(**丹**誠《タンセイ》)の**丹**は、本来、赤色⇩血の通った心⇩まごころ。精は、心や気力。「精神《セイシン》」「精気《セイキ》」。誠は、訓「**まこと**」。うそのない心。

13 **禍**根《カコン》の**禍**は、不幸なできごと。「戦争の惨禍《サンカ》」。対**禍**根を断つ(＝不幸の原因が残らないようにする)。

14 命**脈**《メイミャク》は、生きている状態が先へとつながる。**脈**は、本来、血管⇩細長く伸びているもの。「山脈《サンミャク》」「文脈《ブンミャク》」。対命**脈**を断つ(＝生き永らえさせない)。

15 多**岐**《タキ》は、たくさんの分野。**岐**は、部首 山《やまへん》⇩本来、山道が分かれる。「国道と県道の分岐点《ブンキテン》」。**わたる**は、境界を越えて広がる。「広範囲にわたる被害」。

16 人**倫**《ジンリン》の**倫**は、社会で生きていく上で守るべきこと。「政治**倫**理《リンリ》」「不**倫**《フリン》の関係」。**もとる**は、反する。類人**倫**に反する。

6章 知っておきたい表現③（穴埋め）

□ **01** 新しいアイドルが出て来たらすぐに推しを変える、□**操がない**人。
行動の規準が一定しない

□ **02** この喫茶店で出すカレーは、専門店のものと比較しても**遜□がない**。
劣っているところがない

□ **03** ご先祖はさる藩の家老を務めたという、□**緒正しい**家柄。
きちんとした歴史のある

□ **04** 宝くじで一万円当たって、周囲から**羨□のまなざし**で見られる。
「いいなあ」という目つき

□ **05** 糖分の取り過ぎは、多くの病気のきっかけとなる□**悪の根源**だ。
さまざまないけないことの原因

□ **06** ドアに内側から鍵がかかっているので、**窮□の一策**として、窓を割って入る。
行き詰まった状況で最後に残された手段

□ **07** 現在の私があるのは、すばらしい先生方の□**陶を受け**たおかげだ。
感化されて人格や才能を磨く

□ **08** 机や椅子はもちろん、壁の装飾にまで□**匠を凝らし**たおしゃれな喫茶店。
表現にさまざまな工夫をする

節　色　由　望　諸　余　薫　意

01 節操《セッソウ》は、欲に流されず、心をきちんとコントロールすること。節は、訓「**ふし**」。一区切り⇩区切りに収める⇩欲を抑える。**操**は、訓「**あやつ・る**」。「操縦《ソウジュウ》」。類無節**操**な。

02 **遜**色《ソンショク》の**遜**は、本来、自分を劣っていると考える。「謙遜《ケンソン》」。転じて、劣っている。この場合の色は、ある状態であることを示す特徴。「敗色《ハイショク》が濃厚だ」。

03 由**緒**《ユイショ》は、ものごとの起源とその後の経過。由は、あるところを通る。「経由《ケイユ》」。転じて、ものごとの経過。**緒**は、本来、糸口⇩始まり。類由**緒**ある。

04 **羨**望《センボウ》の**羨**は、訓「**うらや・ましい**」。望は、訓「**のぞ・む**」。実現を願う。**まなざし**は、目の動かし方。目つき。

05 諸**悪**《ショアク》の諸は、いろいろな。全ての。「同級生の諸君《ショクン》」「諸国《ショコク》の名産品」。**根源**は、元になるもの。

06 **窮**余《キュウヨ》の**窮**は、部首 穴《あなかんむり》⇩穴にはまるなどして、身動きが取れなくなる。余は、最後に残ったもの。**一策**は、それしかない方法。

07 薫**陶**《クントウ》は、比喩的な熟語。薫は、訓「**かお・る**」。この場合は、よい香りを付ける。**陶**は、焼き物を作る。「**陶**器《トウキ》」。どちらも人格を育てることのたとえ。類薫**陶**よろしきを得る。

08 意**匠**《イショウ》は、表現上の工夫。デザイン。**匠**は、優れた技術や知識を持つ人⇩優れた技術や知識を用いた工夫。**凝らす**は、気持ちや技術を集中する。

☐ **09** あいつは、競技かるたをさせたら□後に**落ちない**実力の持ち主だ。
他の者たちにひけを取らない

☐ **10** ゲームをしてもいい時間を決めよう。そうしないと**際□がなく**なる。
終わりがない

☐ **11** 練習をまじめにしない者が「プロを目指す」と言うとは、**噴□もの**だ。
思わず笑い出してしまうほどおかしなこと

☐ **12** まさか最優秀賞に選ばれるなんて、**望□の喜び**だ。
願ってもいなかったことが実現したうれしさ

☐ **13** あのころ、先生に反抗してばかりいたのは、今思えば**若□の至り**だった。
年少者にありがちな考えの結果

☐ **14** 今回の選挙で落選したのは、私の□**徳の致すところ**です。
人間性の足りなさが引き起こした結果

☐ **15** 今の世の中に不満を持つ者たちが**徒□を組んで**、暴力事件を起こす。
指導者的な立場ではない人々が集団化する

☐ **16** 失敗した時の影響を考えると、**蛮□を振るう**わけにはいかない。
よく考えずに意気込みだけでやろうとする

人　限　飯　外　気　不　党　勇

09 人後《ジンゴ》は、他の者より劣った立場。**落ちる**は、取り残される。「脱落《ダツラク》」「落選《ラクセン》」。誤 人語（×）に落ちない。

10 **際**限《サイゲン》の**際**は、訓「**きわ**」。ぎりぎりのところ。「窓際《まどぎわ》に座る」。限は、訓「**かぎ・る**」。あるところより先がない。「先着十名様限《かぎ》り」。

11 比喩的な表現。**噴**飯《フンパン》は、口の中に入れた食事を勢いよく出す。**噴**は、勢いよく出す。「噴出《フンシュツ》」「噴火《フンカ》」。

12 **望**外《ボウガイ》の**望**は、訓「**のぞ・む**」。実現を願う。「希望《キボウ》」「熱望《ネツボウ》」。外は、ある範囲に含まれない。「予想外《ヨソウガイ》のできごと」。類 **望外の結果**。**望外の幸せ**。

13 **若**気《わかゲ》は、年少の者によくある、後先を考えない心の状態。**至り**は、あるものごとの行き着く先。結果。

14 不**徳**《フトク》は、人間性の上で足りない部分。**徳**は、優れた人間性。**致す**は、引き起こす。**致**は、本来、連れてくる。「オリンピックの招致《ショウチ》」。**ところ**は、ものごと。

15 **徒**党《トトウ》の**徒**は、本来、誰かに付き従う立場の人々。「徒弟《トテイ》（＝親方に従う者）」「教徒《キョウト》（＝本来、宗教的な指導者に従う人）」。党は、利害を同じくする集団。「政党《セイトウ》」「党員《トウイン》」。

16 **蛮**勇《バンユウ》の**蛮**は、力強いが深い知恵には欠ける。「野蛮《ヤバン》」「蛮行《バンコウ》」。勇は、やってみようとする意気込み。「勇気《ユウキ》」「勇敢《ユウカン》」。**振るう**は、力を発揮する。「権力を振るう」。

第6章

□ **01** 容疑者が逮捕され、事件の真相の追究は、**□直の手に委ねら**れた。
検察官や裁判官の判断に任せる

□ **02** あの人は正義感が強く、間違った行いは**容□なく**批判する。
全く手加減しないようす

□ **03** 十分に準備をして試合に臨み、持てる力を**□憾なく**発揮する。
心残りが全くないほどに

□ **04** グラウンドが工事で使えない今、練習場所の確保が**喫□の課題**だ。
差し迫っていると感じられる事柄

□ **05** 月の出ない夜、灯り一つないそのあたりは**漆□の闇**に包まれた。
真っ暗な状態

□ **06** 高校生なのに部活も勉強もせず、**惰□を貪《むさぼ》る**だけの毎日。
するべきことをせず、怠けた暮らしを続ける

□ **07** その意見は鋭い指摘を含んでいるので、**傾□に価する**。
きちんと聞くだけの値打ちがある

□ **08** あの人は有名な俳優らしいが、ちょっと見は**何の□哲もない**おじさんだ。
普通と違う点は特にない

司　赦　遺　緊　黒　眠　聴　変

01 司**直**《シチョク》の司は、責任を持って担当する。「司会《シカイ》」「司法《シホウ》」。直は、訓「**なお・す**」。間違った行いを正しくする。**委ねる**は、任せる。「委任《イニン》」。

02 **容**赦《ヨウシャ》は、本来、受け入れて許す。容は、受け入れる。「許容《キョヨウ》範囲」。赦は、許す。「恩赦《オンシャ》によって釈放される」。類 **容**赦しない。

03 **遺**憾《イカン》は、心残り。**遺**は、置き忘れる⇩後まで残る。「遺産《イサン》」「遺言《ユイゴン》」。憾は、残念に思う。参 **遺**憾の意を表す。**遺**憾に思う。甚だ**遺**憾だ。

04 **喫**緊《キッキン》の**喫**は、味わう。「喫茶店《キッサテン》」。転じて、感じる。「自由を満喫《マンキツ》する」。緊は、差し迫った。「緊急《キンキュウ》」「緊迫《キンパク》」。

05 **漆**黒《シッコク》の**漆**は、訓「**うるし**」。ウルシの木から取れる、墨汁のような色の塗料。参 **漆**黒の髪。❗「漆喰《しっくい》（＝白い壁の材料）」は、当て字。

06 **惰**眠《ダミン》は、無気力な状態で寝ている。**惰**は、やる気がない。「怠惰《タイダ》」。**貪る**は、はてしなく欲しがる⇩快楽をいつまでも続けようとする。

07 **傾**聴《ケイチョウ》は、注意をして聴《き》く。**傾**は、訓「**かたむ・ける**」⇩心をそちらに向ける。「村上春樹に傾倒《ケイトウ》する」。**価《あたい》する**は、それ相応の重要性がある。「値する」とも書く。

08 変**哲**《ヘンテツ》の語源は未詳。変は、ふつうとは異なる。**哲**は、おそらく当て字。

□ 09 「あいつは必ずやってくれる」と監督が□**幅の信頼**を置く選手。
任せておいて絶対に大丈夫だという思い

□ 10 コンクールで優勝した漫才師が、観客から□**雷の拍手**を浴びる。
たくさんの人が手をたたいて出す、とても大きな音

□ 11 都会から遠く離れた山の中で、**文明の□器**に頼らずに暮らす。
技術の進歩が生み出した、役に立つ道具

□ 12 今日のあの選手は体調でも悪いのか、プレーに□**彩を欠い**ている。
活気が足りない

□ 13 密室殺人の謎に名探偵が挑む、古き良き探偵小説の□**鉢を継ぐ**作品。
先人の業績の後を受ける

□ 14 我が部の未来は、新しく入ってきた君たちの**双□にかかっ**ている。
その人の行動によってどのようになるかが決まる

□ 15 あの人は日本文学の研究者だが、ヨーロッパの美術にも**造□が深い**。
詳しく知っていて、よく理解している

□ 16 観客は、人気グループがくり広げる**一□乱れぬ**ダンスに魅了された。
全体が秩序正しいようす

全　万　利　精(生)　衣　肩　詣　糸

09 全幅《ゼンプク》は、本来、ものごとの一番端から反対側の一番端まで。転じて、ありったけの。

10 万雷《バンライ》は、多くの人が立てるものすごく大きな音を、多くのかみなりにたとえた表現。万は、ものすごく多くの。

11 利器《リキ》は、本来、切れ味のよい刃物⇩役に立つ道具。利は、切れ味がよい。「鋭利《エイリ》な刃物」。器は、道具。「事務機器《キキ》」「器《キ》械《カイ》体操」。

12 精彩《セイサイ》(生彩《セイサイ》)は、目立って気力があるようす。精は、人間の活動のもとをなすもの。「精神《セイシン》」「精力《セイリョク》」。彩は、訓「**いろど・り**」⇩目に映る感じ。対 精彩(生彩)を放つ。

13 衣鉢《イハツ》は、本来、禅僧が使う上着と食器。鉢は、ものを入れる器。❗禅で、師から弟子へと教えを伝える際に、その象徴として上着と食器が渡されたことから。

14 双肩《ソウケン》は、ものごとを下から支えて動かしていく能力のたとえ。双は、二つ。「双子《ふたご》」。肩は、訓「**かた**」。

15 造詣《ゾウケイ》は、本来、奥まで行き着く⇩深く理解する。造は、部首、辶《しんにょう》(=移動)⇩本来、行き着く。詣は、訓「**もう・でる**」。貴い場所へ行く。「初詣《はつもう》で」。誤 ゾウシ×が深い。

16 一糸《イッシ》は、一筋《ひとすじ》の糸《いと》。ほんのわずかなもののたとえ。ぬは、古語の打ち消しの助動詞「ず」の連体形。誤 一矢×乱れず。一指×乱れず。

第6章

6章 知っておきたい表現⑤(選択肢)

□ **01** 二人のけんかは突然起こったのではなく、□□**の恨み**が爆発した結果だ。
季節が何度もめぐるような長い間にたまった不満

積年

□ **02** 大きな病気を克服して復帰した歌手が、□□**の思い**を込めて歌う。
あふれるようなさまざまな気持ち

万感

□ **03** あの人の説明を信じるべきかどうかは、□□**を要する**問題だ。
少し検討しないといけない

一考

□ **04** あいつの歌のうまさは学校一だ、と評しても□□**ではない**。
おおげさな表現ではない

過言

□ **05** 悲しんでいるのか喜んでいるのか、□□**としない**表情。
はっきりとはわからない

判然

□ **06** 不祥事を起こしたことを謝罪をしようとしない人に、記者が□□**を浴びせる**。
口汚い非難のことばをぶつける

罵声

□ **07** 突然、勤務先から解雇され、家族を抱えて□□**に迷う**。
生活に非常に困る

路頭

一考・万感・過言・路頭・積年・罵声・判然

01 積年《セキネン》の積は、訓「**つ・もる**」。いくつも重なる。「財政の累《ルイ》積《セキ》赤字」。参積年の怒り。積年の疑問。積年の努力。

02 万感《バンカン》の万は、非常に多くの。「万里《バンリ》の長城」「巨万《キョマン》の富」。参万感胸に迫る。

03 一考《イッコウ》の一は、ちょっと。「一見《イッケン》しただけで、おかしいとわかる」。**要する**は、なくてはならない。「必要《ヒツヨウ》」「重要《ジュウヨウ》」。参一考の余地がある(＝少し検討してもよい)。

04 過言《カゴン》の過は、訓「**す・ぎる**」。ある限度を超える。誤カゲ×ンではない。

05 判然《ハンゼン》の判は、基本、はっきり区別する。「判別《ハンベツ》」。また、はっきりする。「判明《ハンメイ》」。

06 罵声《バセイ》の罵は、訓「**ののし・る**」。口汚く非難する。「嫌いな相手を罵倒《バトウ》する」。**浴びせる**は、部首氵《さんずい》(＝水)⇩本来、水を掛ける。参罵声が飛ぶ(＝非難が発せられる)。

07 本来、住む場所を失って道で暮らし、どこに行けばいいかわからない。路頭《ロトウ》の頭は、何かの中。「街頭《ガイトウ》演説」。

□ 08 有名な企業からの誘いもあったが、□□**だにしない**で家業を継ぐ。
まったく関心を持たない
一顧

□ 09 制限時間内にこれほど大量の問題を解くのは、□□**の業**だ。
成し遂げられる可能性がほとんどない挑戦
至難

□ 10 音楽家になることに反対する親を、□□**を尽くし**て説得する。
気持ちの面でも筋道の面でもとことんまで話す
情理

□ 11 この商品については、操作性が優れているのが□□**すべき**ポイントだ。
とりわけ強調しておくのがふさわしい
特筆

□ 12 不採用の理由について説明を受けたが、□□**としない**思いが残る。
すっきりしない気持ちが残るようす
釈然

□ 13 たまたま出会ったさる映画監督の□□**を得**て、俳優デビューを果たす。
才能を認められ、面倒を見てもらう
知遇

□ 14 体育祭を中止すると決めたのは、□□**の事情**を考慮した結果だ。
関係するいろいろなものごとの状態
諸般

諸般・情理・特筆・至難・釈然・知遇・一顧

08 一顧《イッコ》は、関心をちょっと示す。顧は、本来、顔をある方向に向ける⇩あることに特別な意識を払う。**だに**は、それすらも。それさえも。

09 至難《シナン》の至は、ある状態に行き着く⇩それより上がない。「至上《シジョウ》命令」。難は、訓「**むずか・しい**」。❗この場合の**わざ**は、一般的には技(=テクニック)とは書かない。

10 情理《ジョウリ》の情は、気持ち。「感情《カンジョウ》」。理は、ものごとの筋道。「理屈《リクツ》」。**尽くす**は、最後までやる。誤条理を尽くす。

11 特筆《トクヒツ》は、とりわけ強調して書き記す。筆は、文章に書く。「筆舌《ヒツゼツ》に尽くし難い」。類特筆に値する。

12 釈然《シャクゼン》の釈は、わかるように述べる。「英文を解釈《カイシャク》する」「失敗について釈明《シャクメイ》する」。転じて、わかって心がすっきりする。

13 知遇《チグウ》の知は、その人の能力などを認める。遇は、ある扱い方でその人に接する。「待遇《タイグウ》」「冷遇《レイグウ》」。

14 諸般《ショハン》の諸は、いろいろな。「諸外国《ショガイコク》」「諸経費《ショケイヒ》」。般は、さまざまなものごと。「全般的《ゼンパンテキ》」「一般的《イッパンテキ》」。

□ 01 今回の失敗は積極的にトライした結果だから、**不問に□す**ことにする。
批判や処罰の対象にはしない

□ 02 新しく開発した商品を、「世界初」と□**打って**大々的に売り出す。
宣伝文句を添える

□ 03 自分のやり方に自信があるので、まわりに反対されても**意に□さない**。
関係はないと考える

□ 04 一年前に教頭先生を説得したのと**同じ□で**、校長先生も説得する。
前にやったのと違わない方法で

□ 05 国王から直々におことばを賜る、という**栄誉に□する**。
ありがたい経験をさせてもらう

□ 06 先輩が自ら部室を整頓して、後輩たちに**□を示す**。
手本となるような行動を取る

□ 07 多くの人が賛成する意見だから正しい、と思い込む□に**陥**《おちい》**る**。
ありがちな誤りにはまり込む

伝・付・銘・弊・浴・範・介

付 銘 介 伝 浴 範 弊

01 **不問**の**問**は、訓「**と・う**」。転じて、議論の対象にする。「責任を問《と》う」。付《フ》**す**は、そういう状態にする。「一笑に付す」。

02 本来、商品に製作者名やブランド名などを刻み込む。銘《メイ》は、刻み込まれた文字。**打つ**は、道具などでたたいてものを作る。「そばを打つ」。

03 **意**は、考え。介《カイ》**さない**は、関わりを持たない。介は、本来、間に入る。「紹介《ショウカイ》」。転じて、関わりを持つ。

04 伝《デン》は、昔の人から受け継ぐ。「伝統《デントウ》」「秘伝《ヒデン》のレシピ」。転じて、以前からあった方法。

05 **栄誉**は、世間から受ける高い評価⇩もったいないくらいのありがたい経験。浴《ヨク》**する**は、体全体で受け取る。浴は、訓「**あ・びる**」。参 恩恵に浴する。

06 範《ハン》は、従うべき前例やきまり。「模範《モハン》」「規範《キハン》」。類 範を垂れる。

07 弊《ヘイ》は、悪い結果。転じて、間違った行動。「弊害《ヘイガイ》」「悪弊《アクヘイ》」。**陥る**は、中に落ち込む。はまり込む。

□ **08** テレビで活躍している人気芸人が、**一堂に□する**合同ライブ。
同じところに集まる

□ **09** 思いもよらず鋭い質問をされて、その場の**答えに□する**。
返すべきことばが出て来ない

□ **10** 脇役で演技を磨いてきたベテラン俳優が、**□を持して**主演デビューを果たす。
準備が十分に整った状態になる

□ **11** 芸能人が不祥事を起こすと、共演者や事務所にも**□が及ぶ**。
直接の関係はない人までが災いに巻き込まれる

□ **12** アメリカ市場で株価が暴落したのに**□を発して**、経済危機が世界中に広がる。
きっかけとなって大きな事態が生じる

□ **13** その画家は、世界的アーティストとして**名声を□して**いる。
高い評価を広い範囲から得る

□ **14** もうアイデアが尽きてしまい、**□にもつかない**発想しか出て来ない。
ばかばかしいとさえ言えないほどばかばかしい

博・満・会・端・累・愚・窮

会　窮　満　累　端　博　愚

08 **一堂**は、同じ建物。何かが行われる同じ場所。**堂**は、りっぱな建物。「講堂《コウドウ》」「公会堂《コウカイドウ》」。**会《カイ》する**は、顔を合わせる。「面会《メンカイ》」「会合《カイゴウ》」。誤 **一同**に会する。

09 窮《キュウ》**する**は、何もできなくなる。窮は、部首 穴《あなかんむり》 ⇩穴にはまり込むなどして身動きが取れなくなる。「窮屈《キュウクツ》な姿勢」。

10 本来、弓を引き絞って構える。満《マン》は、訓「**み・ちる**」。いっぱいになる。この場合は、弓をいっぱいに引いた状態。**持《ジ》す**は、ある状態を保つ。「持続《ジゾク》」「維持《イジ》」。

11 累《ルイ》は、本来、積み重ねる。「累積《ルイセキ》」「累計《ルイケイ》」。縦に積み重なる⇩(方向を置き換えて)横につながる⇩巻き添えになる。**及ぶ**は、影響が到達する。「被害が及ぶ」。

12 端《タン》は、訓「**はし**」。ものごとが終わる部分⇩ものごとの始まり。**発する**は、生み出す。「発生《ハッセイ》」「発明《ハツメイ》」。

13 **名声**は、よい評判。**声**は、評判。「声望《セイボウ》が高い」。博《ハク》**する**の博は、基本、広い範囲にわたる。「博物館《ハクブツカン》」。

14 愚《グ》は、訓「**おろ・か**」。頭の働きが悪い。**つかない**は、そういう評価にならない。この場合の**つく**は、ある状態になる。

第6章

6章 知っておきたい表現⑦（選択肢）

□ **01** あんなに優しい人が実は泥棒だなんて、（　　　）真実ではあるまい。
いくらなんでも
よもや

□ **02** どうしてもあの大学に合格したいならば、（　　　）猛勉強せねばならない。
当然
すべからく

□ **03** 部屋の中からどんな音が聞こえてきても、（　　　）ドアを開けてはいけない。
絶対に
決して

□ **04** AIによって作り出された人物の画像は、（　　　）実在する人のようだ。
ほとんど
あたかも

□ **05** 報道されている内容が（　　　）事実ならば、議員を辞職します。
万が一
いやしくも

□ **06** 報道されている内容が（　　　）事実であっても、私はあの人を信じる。
もし仮に
よしんば

□ **07** この方法はコスパが悪いと言われれば、（　　　）その通りだろう。
考えてみると確かに
けだし

あたかも・いやしくも・けだし・決して・すべからく・よしんば・よもや

01 ありえないことを推測する気持ちを表す。❗後に**あるまい**、**するまい**などの打ち消しを伴うのが定番。類まさか…ではあるまい（するまい）。

02 それが当たり前だという気持ちを表す。❗後に**ねばならない**、**べきだ**などを伴うのが定番。

03 絶対にないという気持ちを表す。❗後に**してはいけない**、**するな**、**ない**といった、禁止や打ち消しの表現を伴うのが定番。

04 間違えるぐらいよく似ていることを表す。❗後に**のようだ**を伴うのが定番。類まるで…のようだ。

05 最もよくない状態を仮定する気持ちを表す。参「いやしくも学生たる者、授業には出るべし（＝学生ならば最低でも授業には出るべきだ）」。

06 仮にそうだとしても、という逆接の仮定を表す。❗後に**であっても**、**だとしても**などを伴うのが定番。

07 可能性が高いことを推測する気持ちを表す。❗後に推測を表す**だろう**を伴うのが定番だが、可能性の高さから、断定してしまうこともある。

□ **08** 信頼してくれる相手との約束を破ることは、**取りも**（　　　）裏切り行為だ。
（それはそのまま）
直さず

□ **09** 今年のチームはとても強い、と言っていたら、（　　　）**かな**、優勝した。
（考えていた通りに）
果たせる

□ **10** 会議は五時には終わるはずだったが、**あに**（　　　）、もう七時だ。
（思ってもいなかったことに）
図らんや

□ **11** 忙しいのはみんな同じだから、時間がないなんて**言わず**（　　　）のことだ。
（ことばにする必要がない）
もがな

□ **12** とてもすてきな町だから、住みたい人が多いのも（　　　）**かな**だ。
（そうなるのは当然のこと）
むべなる

□ **13** ライトアップされた夜桜は、幻想的で（　　　）**言われぬ**美しさだ。
（表現することができない）
えも

□ **14** この計画には無理がある。中止するか、**しから**（　　　）延期するしかない。
（そうでなければ）
ずんば

えも・ずんば・直さず・図らんや・果たせる・むべなる・もがな

08 別のものにする必要がない⇩同じものである。**取り**直す（＝別のものに換える）を**…も…**ずによって強く否定した表現。 参 思い**も**寄ら**ず**（＝「思い寄る」の強い否定）。

09 最終的には考えていた通りになったなあ。果たす（＝最終的にそうなる）に完了の助動詞りの連体形と詠嘆の終助詞**かな**が付いた表現。

10 どうしてこうなると考えただろうか（いや、考えなかった）。図る（＝考える）を、**あに…ん**や（＝どうして…だろうか）によって反語にした表現。

11 ことばにしないで欲しい。もがなは、願望を表す終助詞。 ! 転じて、言うまでもなく。「美術部のあの部長は、絵は言わずもがな、楽器もうまい」。

12 なるほどそうなるよなあ。むべ（＝なるほど）に断定の助動詞なりの連体形と詠嘆の終助詞**かな**が付いた表現。

13 なんともことばにできない。えも…**ず（ぬ）**は、どうしても…できないという不可能を表す。 ! よい場合に使うのがふつうだが、よくない場合に使われることもある。

14 **しから**ずばが変化したもの。**しかり**（＝そうである）の未然形に、打ち消しの助動詞ずと仮定を表す接続助詞ばが付いた表現。

6章 四字熟語❶(書き取り)

□ 01 新技術開発のために、さまざまな実験をして**シコウサクゴ**を繰り返す。
やってみては失敗すること
試行錯誤

□ 02 普通の高校生が実は宇宙人だという、**コウトウムケイ**なSF小説。
おおげさで根拠がないようす
荒唐無稽

□ 03 過去の災害の記録から未来の防災の教訓を得る、**オンコチシン**の活動。
古いことの中から、将来に役立つことを学び取ること
温故知新

□ 04 本心なのか演技なのかわからない、**テンイムホウ**な振る舞い。
とても自然で、わざとらしさがないようす
天衣無縫

□ 05 あの有名な会社が倒産するなんて、**エイコセイスイ**は世のならいだなあ。
運勢がよくなったり悪くなったりすること
栄枯盛衰

□ 06 会う人がみんな自分を嫌っているのではないか、と**ギシンアンキ**になる。
はっきりした理由もないのに、信じられなくなること
疑心暗鬼

□ 07 教わった練習方法の中から、自分に合うものを**シュシャセンタク**する。
それぞれを採用するか不採用にするかを決めること
取捨選択

□ 08 さまざまな問い合わせに対して、**リンキオウヘン**に受け答えする。
その時の状況に合わせた行動を取るようす
臨機応変

01 試行は、実際にやってみる。錯誤は、勘違いしてうまく行かない。錯は、混乱して間違える。「目の錯覚《サッカク》」。

02 荒唐は、おおげさなようすを表す、昔の中国語の擬態語。漢字に深い意味はない。稽は、何かに基づいて考える。「稽古《ケイコ》(=本来、昔のことを調べて研究する)」。誤荒唐無計。

03 温は、冷えたものを「**あたた・める**」⇩改めて学び直す。故は、古い。「故事《コジ》成語」。誤温古知新。

04 本来、技巧のあとが見えない。❗ある男性が天女《テンニョ》と親しくなったが、彼女の衣服《イフク》には縫《ぬ》った跡が無《な》かった、という中国の物語から。誤天衣無法。

05 栄は、部首木《き》⇩本来、花を咲かせる。盛は、訓「**さか・ん**」。勢いがある。衰は、訓「**おとろ・える**」。勢いがなくなる。

06「疑心、暗鬼を生ず(=不信の念から理由もない不安が生まれる)」の略。暗鬼は、正体のわからない魔物。

07 取は、自分のものにする。「資格を取得《シュトク》する」。捨は、訓「**す・てる**」。自分のものから外す。

08 臨は、ある場所や状況に身を置く。「会議に臨席《リンセキ》する」。機は、ある瞬間。「出世の機会《キカイ》をつかむ」。応は、ある働きかけを受け、それに合わせて行動する。

□ **09** あの学校の将棋部は強豪で、**イッキトウセン**のつわものがそろっている。

人並み外れて戦いに強いようす

一騎当千

□ **10** この映画のストーリーは、昔のある映画を**カンコツダッタイ**したものだ。

すでにあるものを新しいものに作り替えること

換骨奪胎

□ **11** 服装に関する細かい規定は、校則の中でも**ショウマッセツ**に過ぎない。

本筋から離れた、あまり重要ではないことがら

枝葉末節

□ **12** イエスともノーともつかない、**イミシンチョウ**な返事をする。

はっきりとは表されていない考えがあるようす

意味深長

□ **13** 理由も示さずとにかく練習させようとする、**キュウタイイゼン**な指導法。

古いままで変わっていないようす

旧態依然

□ **14** どの先輩にもおべっかを使ってばかりの、**コウガンムチ**な人間。

自分のみっともなさが気にならないようす

厚顔無恥

□ **15** 相手をその気にさせる、詐欺師の**コウゲンレイショク**に気をつけろ。

口のうまさや愛想のよさ

巧言令色

□ **16** 何を言いたいのかまったくわからない、**シリメツレツ**な発言。

ばらばらでまとまりがないようす

支離滅裂

09 一人で千人を相手にできる、という誇張表現。騎は、部首馬《うまへん》⇩馬に乗る⇩馬に乗った武将。当は、相手にする。

10 本来、仙人になるために肉体を改造すること。換は、訓「**か・える**」。別のものにする。奪は、訓「**うば・う**」。取り去る。この場合の胎は、内臓。誤換骨奪体。

11 枝葉は、木の幹から分かれた部分。末節は、竹の幹の先っぽの「**ふし**」。

12 深長は、はっきりとはわからないが何かがある。この場合の深は、奥がはっきりとは見えない。長は、奥行きがある。誤意味深重。意味慎重。

13 旧態は、ものごとの古いあり方。依然は、元のまま。依は、よりかかって動かない⇩変化しない。誤旧体依然。旧態以前。

14 厚顔は、いわゆる「面の皮が厚《あつ》い」こと。何があっても表情が変わらない⇩あつかましい。誤厚顔無知。

15 巧言は、口がうまいこと。巧は、訓「**たく・み**」。上手な。令色は、愛想がいい表情。令は、人当たりがいい。色は、目に見えるもの⇩表情。誤巧言麗色。

16 四文字とも、まとまりがないことを表す。支は、分かれる。「新しく支店《シテン》を出す」。滅は、なくなる。「絶滅《ゼツメツ》」「滅菌《メッキン》」。

6章 四字熟語②（書き取り）

□ 01 一年生のあの選手をレギュラーにするのは、**ジキショウソウ**だ。
まだそういう段階ではないこと

□ 02 記者会見で厳しい質問をされたが、**トウイソクミョウ**な返事で切り返す。
その場の思いつきで気の利いた言動を取るようす

□ 03 ずっと不安だったが、うれしい知らせを聞き**ハガンイッショウ**する。
表情を穏やかにして、にっこりすること

□ 04 マスコミの論調にあおられ、人々は簡単に**フワライドウ**してしまった。
強い意見に考えもなく従うこと

□ 05 楽ができそうだという理由で志望校を選ぶのは、**ホンマツテントウ**だ。
重要度の低いものを優先すること

□ 06 二人は長い付き合いだから、互いの考えが**イシンデンシン**でわかる。
ことばに頼らないでもわかること

□ 07 二人は初対面だったが、鉄道の話で盛り上がって**イキトウゴウ**した。
好き嫌いなどがぴったり一致すること

□ 08 敵チームに攻め込まれたが、キーパーが**コグンフントウ**してゴールを守る。
助けのない中で力を尽くすこと

01 時期尚早
02 当意即妙
03 破顔一笑
04 付和雷同
05 本末転倒
06 以心伝心
07 意気投合
08 孤軍奮闘

01 尚早は、まだその段階ではない。尚は、まだ。誤 時機×尚早（時機は、ある瞬間）。

02 当意は、その時の気持ちにぴったり合う⇩その場の思いつき。即は、それがそのまま。妙は、優れている。気が利いている。「絶妙《ゼツミョウ》な判断」。

03 破顔は、緊張していた表情を崩す。一笑は、表情全体でにっこりする。この場合の一は、全体。「東北一円《イチエン》に雪が降る」。

04 付和は、人の意見に従って同調する。付は、ぴったり寄る。和は、一緒になる。雷同は、比喩的な熟語。本来、雷《かみなり》が鳴ると多くのものが同《おな》じように震えること。

05 本は、木の根元⇩全体を支える、重要度が高い部分。末は、枝先⇩重要度が低い部分。

06 以は、手段や方法を示す漢字。以心は、精神のはたらきという手段で。! 本来、禅で、ことばに頼らずに、師匠が弟子に教えを理解させること。

07 投合は、ぴったり一致する。投は、ねらったところに届ける。「新聞に投書《トウショ》する」。誤 意気統×合。

08 孤軍は、味方のいない戦闘部隊。孤は、仲間がいない。「孤立《コリツ》」「孤独《コドク》」。奮闘は、気力を尽くして戦う。奮は、気持ちを高める。「興奮《コウフン》」「発奮《ハップン》」。

□ 09 両国の軍隊が国境付近でにらみ合い、**イッショクソクハツ**の状態になる。
ちょっとしたきっかけで騒動がおこりそうなようす
一触即発

□ 10 他人の発明なのに、最初に思い付いたのは自分だとする、**ガデンインスイ**の主張。
自分の都合を優先して行動すること
我田引水

□ 11 気になっている相手からメールの返信があり、**キショクマンメン**になる。
うれしさが顔全体に現れているようす
喜色満面

□ 12 あらゆる可能性に対処できるよう、**シンボウエンリョ**をめぐらす。
先々のことまでいろいろ考えて計画を練ること
深謀遠慮

□ 13 誰かを差別したり中傷したりする発言は、**コウジョリョウゾク**に反する。
社会人が守るべき決まりや習慣
公序良俗

□ 14 六十代になってから傑作を書いた、**タイキバンセイ**型の小説家。
年を取ってから才能を発揮すること
大器晩成

□ 15 大事な大会の直前にけがをしてしまい、すっかり**ジボウジキ**になる。
本人が本人のことをどうなってもいい、と考えるようす
自暴自棄

□ 16 今回の件は明らかな犯罪で、**ジョウジョウシャクリョウ**の余地はない。
いろいろ考慮して、穏やかな扱いで済ませること
情状酌量

09 一触は、ちょっとした刺激を与える。触は、訓「**ふ・れる**」。即は、その場ですぐに。「即席《ソクセキ》」。

10 日本のことわざ「我《わ》が田《た》に水《みず》を引《ひ》く」を、漢文風に表現し直したもの。みんなが必要としている水を、自分の田んぼにだけ引いてくること。

11 喜色は、うれしそうな表情。色は、目に見えるもの⇩表情。満面は、顔全体。面は、訓「**つら**」。顔。「泣きっ面《つら》」。

12 深謀は、さまざまな場合に備えて方法を考える。謀は、訓「**はか・る**」。具体的に方法を考える。遠慮は、先々のことまで考えをめぐらす。慮は、考えをめぐらす。「考慮《コウリョ》」。

13 公序は、社会のきまり。序は、本来、決まった並び方。「順序《ジュンジョ》」「序列《ジョレツ》」。転じて、きまり。良俗は、従うべき優れた習慣。俗は、習慣。「伝統習俗《シュウゾク》」「社会風俗《フウゾク》」。

14 人間の能力を入れ物や道具にたとえたことば。晩成は、遅く出来上がる。出来上がるのに時間がかかる。晩は、遅い。「晩年《バンネン》」。誤 大器晩生。

15 暴は、荒々しい。「暴力《ボウリョク》」「横暴《オウボウ》」。棄は、捨てる。「廃棄《ハイキ》」「棄権《キケン》」。

16 情状は、ものごとの実際のようす。酌量は、本来、酌の部首 酉《とりへん》（＝酒）⇩液体がどれくらいあるか調べる⇩実際のようすを調べて、それを考慮して判断する。誤 上々酌量。

6章 四字熟語③（書き取り）

□ 01 高校に入って環境が変わり、**シンキイッテン**、学校生活を楽しむ。
あるきっかけで気分をがらっと変えること
心機一転

□ 02 あの人は悪人ではないが、かといって**セイレンケッパク**な人間でもない。
欲がなく、悪いことはしないようす
清廉潔白

□ 03 まわりを敵に取り囲まれ、**ゼッタイゼツメイ**のピンチに陥る。
今にも破滅しそうになること
絶体絶命

□ 04 初対面の挨拶もそこそこに、要件を**タントウチョクニュウ**に切り出す。
いきなり本題の話を始めるようす
単刀直入

□ 05 幼いころに両親が他界し、兄弟姉妹もなく**テンガイコドク**の身となる。
世の中に頼れる人がいないようす
天涯孤独

□ 06 効率第一主義と顧客サービスの充実とは、**ニリツハイハン**しがちだ。
片方の考えを認めると、もう片方が成り立たないこと
二律背反

□ 07 自分らしい表現方法がなかなか見つからず、**アンチュウモサク**する。
先行きが見えない状態で、手探りで進むこと
暗中模索

□ 08 友だちをだましたあいつがひどい目に遭うのは、**インガオウホウ**だ。
悪い行いには必ず罰が下ること
因果応報

01 心機は、ある瞬間の気持ちの動き。機は、ある瞬間の動き。「機転《キテン》が利く」。一転は、がらっと変わる。一は、全体。まること。「九州一円《イチエン》に雨が降る」。誤新規一転。心気一転。

02 清廉は、心がきれいで欲がない。廉は、欲がない。潔白は、悪事とは縁がない。潔は、けがれがない。「純潔《ジュンケツ》」。

03 体も命も存在しなくなるということ。絶は、存在しなくなる。「絶滅《ゼツメツ》」「絶望《ゼツボウ》」。誤絶対絶命。

04 本来、剣一本を手に、脇見もせず突撃する。単刀は、刃物一本。単は、一つ。「単数《タンスウ》」「単独《タンドク》」。誤短刀直入。

05 天涯は、本来、空の果て⇩世界の果てまで⇩世の中全体。涯は、部首氵《さんずい》(＝水)⇩水際の崖⇩陸地の果て。誤天外孤独。

06 二律は、両方の考え方。律は、本来、きまり。「法律《ホウリツ》」。転じて、理論や考え方。背反は、お互いを受け入れない。背は、訓「**そむ・く**」。逆を向く。

07 模索は、手探りで進む。模は、手本にする。「模倣《モホウ》」。転じて、手探りする。索は、探し求める。「ネットで検索《ケンサク》する」「本の索引《サクイン》」。

08 因果は、理由となるものと、それによって生じたもの。「原因《ゲンイン》と結果《ケッカ》」。応は、働きかけを受けて何かをする。報は、訓「**むく・いる**」。ふさわしいお返しをする。

□ **09** 声優を目指し、アルバイトをしながら**コックベンレイ**する。
つらさに耐えながら努力するようす
刻苦勉励

□ **10** 本土から離れた無人島に移り住み、**ジキュウジソク**の生活を始める。
必要としているものを、本人たちだけで調達すること
自給自足

□ **11** 毎日欠かさず武道の鍛錬に励み、**シツジツゴウケン**な人間に育つ。
飾り気がなく真心があり、意志が強く体も丈夫なこと
質実剛健

□ **12** あの人はどんな時でも落ち着いていて、**キドアイラク**を表情に出さない。
さまざまな感情
喜怒哀楽

□ **13** あの大きな川の向こうには、**ジンセキミトウ**の原生林が広がっている。
まだ誰も行ったことがないようす
人跡未踏

□ **14** 一流大学を卒業している、**サイショクケンビ**のアイドル。
能力もあるし、外見も優れているようす
才色兼備

□ **15** 相手の本拠地に一人で乗り込むという、**ダイタンフテキ**な行動。
気合い十分でまったく恐れないようす
大胆不敵

□ **16** 目標をしっかり持つべきだ。練習試合の結果に**イッキイチユウ**してはいけない。
うれしくなったり心配になったりすること
一喜一憂

09 刻苦は、とてもつらいこと。刻は、厳しい。「深刻《シンコク》なダメージ」。勉励は、一生懸命に努力する。勉は、努力する。励は、訓「**はげ・む**」。一生懸命やる。

10 給は、必要なものを与える。「給食《キュウショク》」「水分補給《ホキュウ》」。足は、訓「**た・りる**」。十分な状態になる。「満足《マンゾク》」「充足《ジュウソク》」。

11 質は、飾り気がない。「質素《シッソ》」。実は、真心がある。「誠実《セイジツ》」。剛は、強くて硬い。特に、意志が強い。健は、体が丈夫である。

12 四文字とも、さまざまな感情の代表。哀は、訓「**あわ・れむ**」。「人生の悲哀《ヒアイ》」。誤喜怒愛楽。

13 人跡は、誰かがそこにいた印。未踏は、まだそこに行っていない。未は、まだ○○していない。踏は、その場所へ行く。

14 才は、能力。「才能《サイノウ》」「天才《テンサイ》」。色は、目に見えるもの⇩外見。「容色《ヨウショク》」。❗主に女性について言う。誤彩色兼備。才色兼美。

15 大胆は、気力に満ちている。胆は胆嚢《タンノウ》で、昔、気力が宿ると考えられていた臓器。不敵は、相手にしない⇩恐ろしいと思わない。

16 憂は、訓「**うれ・える**」。不安になる。❗一の繰り返しは、○○したり△△したりすることを表す。

6章 四字熟語④(書き取り)

□01 事前に綿密な下調べをして、**ヨウイシュウトウ**な計画を立てる。
細かいところまできちんと準備するようす

用意周到

□02 組織が内部の派閥争いによって**リゴウシュウサン**を繰り返し、弱体化する。
一緒になったり別れたりすること

離合集散

□03 この本の内容は、多くの経営者にとって**キンカギョクジョウ**となっている。
絶対的なよりどころとなるもの

金科玉条

□04 いずれは海外にも出店するという、**キウソウダイ**な計画を思い描く。
考えにスケール感や勢いがある

気宇壮大

□05 できる対策はすべてやったので、今は**メイキョウシスイ**の心持ちだ。
何でも受け入れられる、澄み切った心境

明鏡止水

□06 頼りにしていた仲間がいなくなり、**コリツムエン**の状態になる。
味方が存在せず、誰も助けてくれない状態

孤立無援

□07 ライバルの二人が学校への不満では協調するとは、**ゴエツドウシュウ**だ。
敵対する者が協力すること

呉越同舟

□08 友だち関係を長続きさせるコツは、**フソクフリ**であることだ。
親密すぎず疎遠すぎもしない関係

不即不離

01 周到は、隅々まで考え抜く。周は、隅々まで。「方針の変更を周知《シュウチ》させる」。到は、あるところまで届く。「北極点に到達《トウタツ》する」。

02 離合は、別々になったり一緒になったりする。集散は、まとまったりばらばらになったりする。

03 ゴールドや宝石のように価値がある規則ということ。科は、規則。玉は、宝石。条は、規則の文章。「条文《ジョウブン》」。誤金貨×玉条。

04 気宇は、心の広がり。宇は、広い空間。「宇宙《ウチュウ》」。壮は、勢いがある。「勇壮《ユウソウ》な踊り」。

05 明鏡も止水も、ありのままの姿を映し出すもの⇩すべてを受け入れられる心境のたとえ。明は、くもりがない。止は、波が立っていない。

06 孤は、一人だけ。一つだけ。「孤独《コドク》」「孤島《コトウ》」。援は、力添えする。「応援《オウエン》」「支援《シエン》」。誤孤立無縁×。

07 敵対する国民であっても、一緒に海で嵐に遭えば協力するということ。呉と越は、昔の中国で長年、争いをくり広げた国。同舟は、海を渡る際に乗り合わせる。

08 不即は、強く結びついてはいない。即は、その場ですぐに⇩間に何もない⇩強く結びつく。不離は、まったく別ではない。

□ **09** 心配した友だちがアドバイスしても、**バジトウフウ**で聞き入れない。
人の言うことを適当に聞き流すようす
馬耳東風

□ **10** あの人が真剣なのは、表情を見れば**イチモクリョウゼン**だ。
ちょっと見るだけではっきりわかるようす
一目瞭然

□ **11** 相手チームの守備の乱れを突き、**ムニムサン**に攻撃をしかける。
一つの目標に向かってまっしぐらに行動するようす
無二無三

□ **12** 行政の無駄をなくすため、新市長が**カイトウランマ**の組織改革を実行する。
難題を鮮やかに処理すること
快刀乱麻

□ **13** 舞台の上でも萎縮することなく、**イフウドウドウ**と振る舞う。
どっしりとして立派なようす
威風堂堂

□ **14** これだけ悪いことが続くと、**イチヨウライフク**で、きっといいことがあるよ。
不運が極まると、幸運が訪れること
一陽来復

□ **15** 休日でにぎわう商店街のど真ん中という、**シュウジンカンシ**の中で演説を行う。
多くの人がまわりで見ているようす
衆人環視

□ **16** 祖母は心臓が少し悪いが、**イチビョウソクサイ**で八十を越えても元気だ。
少し不調がある方が、健康でいられるということ
一病息災

09 東風は、春の訪れを告げる東《ひがし》からの風《かぜ》。❗春の風が耳をなでても馬は気づかない⇩忠告などを聞き流すたとえ。

10 一目は、ちょっと見る。瞭然は、はっきりしている。瞭は、部首目《めへん》⇩見ればわかる。

11 二も三も無い⇩一つの目標だけ。

12 快刀は、気持ちよく切れる剣。快は、訓「**こころよ・い**」。麻は、長い茎が特徴的な植物。❗快刀乱麻**を断つ**の略。からまった麻を鮮やかに切り離すということ。

13 威風は、人を気後れさせるほど立派な雰囲気。風は、雰囲気。❗威風堂々と書いても可だが、書き取りでは々は用いない方が無難。

14 陽は、明るい運勢。来復は、戻って来る。❗本来、占いで、運勢が完全に暗くなると、明るくなるきざしが必ず見られること。[誤]一陽来福（福に×）。

15 衆人の衆は、多くの者たち。「民衆《ミンシュウ》」「大衆《タイシュウ》」。環は、輪になる⇩取り巻く。視は、見る。[誤]衆人監視（監に×）。

16 息災は、悪いことが活動を起こさない。息は、活動を停止する。「休息《キュウソク》」「噴火活動が終息《シュウソク》する」。災は、訓「**わざわ・い**」。

6章 四字熟語⑤（穴埋め）

□ **01** 最後には正義が必ず勝つという、**勧**□**懲**□のストーリー。
よい行いを称賛し、だめな行いを罰すること
善・悪

□ **02** 子どものころからの憧れの人に会える、□**載**□**遇**のチャンス。
二度とないと思われる、貴重なめぐり合わせ
千・一

□ **03** ちょっとけがしただけなのに、重傷だ、と**針**□**棒**□に言いふらす。
つまらないことを誇張して表現すること
小・大

□ **04** 忠実な部下のふりをして陰では悪口を言う、□**従**□**背**の卑劣な人物。
言うことを聞いているようで、実は裏切っていること
面・腹

□ **05** 優勝候補同士の試合は点の取り合いとなり、□**進**□**退**の攻防が続いた。
よくなったり悪くなったりするようす
一・一

□ **06** 金もうけや出世争いを忘れ、山小屋で過ごす□**耕**□**読**の日々。
自然の中でのんびり生活すること
晴・雨

□ **07** 一口にパソコンと言っても、それぞれの性能やデザインは□**差**□**別**だ。
一つ一つがすべて違っているようす
千・万

□ **08** 今年に入って三回目のルール変更に、□**令**□**改**だという批判が高まる。
決まりがころころ変わるようす
朝・暮

01 **勧**善《カンゼン》の**勧**は、訓「**すす・める**」。何かをするように促す。「裁判所が和解を**勧**告《カンコク》する」。**懲**悪《チョウアク》の**懲**は、訓「**こ・らしめる**」。「懲罰《チョウバツ》」「懲戒《チョウカイ》処分」。

02 千**載**《センザイ》は、とても長い年月。**載**は、**歳**と同じ。一**遇**《イチグウ》は、その時だけの出会い。**遇**は、たまたま出会う。「UFOに遭遇《ソウグウ》する」。誤センサイイチグウ。

03 **針**ほどのものを**棒**のように表現すること。**針**小《シンショウ》の**針**は、細いものの代表。**棒**大《ボウダイ》の**棒**は、太いものの代表。

04 面**従**《メンジュウ》は、表向きには言うことを聞く。腹**背**《フクハイ》は、心の中では裏切っている。**背**は、訓「**そむ・く**」。反対を向く。

05 本来、前に出たり後ろに下がったりする。❗一の繰り返しは、○○したり△△したりすることを表す。

06 自然の移り変わりに逆らわず、体と頭をバランスよく動かすこと。晴**耕**《セイコウ》は、天気のいい日には田畑に出て働く。雨《ウ》**読**《ドク》は、天気の悪い日には書物と向き合う。

07 千**差**《センサ》も万**別**《バンベツ》も、非常に多くの違い。❗**差**と万の順序を入れ替えて、千万もの**差**や区**別**があると考えると、わかりやすい。類十人《ジュウニン》十《と》色《いろ》（＝人それぞれ）。誤センサマンベツ。

08 朝**令**《チョウレイ》は、明け方にきまりを定める。**令**は、きまり。「法《ホウ》令《レイ》」「政令《セイレイ》」。暮**改**《ボカイ》は、夕方に変更する。❗朝と暮は、時間の間隔が短いことのたとえ。誤朝礼暮改。

□ **09** 夕食後、急な腹痛に襲われ、一晩中、□**転**□**倒**する。
非常に大きな苦しみを味わうようす
七・八

□ **10** 母は、留学から息子が帰国するのを、□**日**□**秋**の思いで待っていた。
待ち遠しくてしかたがないようす
一・千

□ **11** この町のあちこちで目撃情報がある、□**出**□**没**の野良猫。
どこに現れるか、予測できないようす
神・鬼

□ **12** 迷惑をかけて怒らせてしまった相手に、**平**□**低**□して謝罪する。
必死になって謝ったり頼んだりするようす
身・頭

□ **13** 不要になった品を古道具屋に売ったが、□**束**□**文**にしかならなかった。
値段がとても安いこと
二・三

□ **14** 先生がみんなを笑わせてくれたおかげで、張り詰めた雰囲気が□**散**□**消**した。
あっという間になくなるようす
雲・霧

□ **15** このドラマのストーリー展開は、実は有名なおとぎ話と□**工**□**曲**だ。
出来上がりは違うが、発想や技法は一緒であること
同・異

□ **16** どんなに苦しい状況になっても、**徹**□**徹**□、夢の実現を信じ続ける。
全体にわたってぶれることがないようす
頭・尾

09 七転《シチテン》も八倒《バットウ》も、何度もひっくり返る。七転は、シッテンとも読む。❗**転**と八の順序を入れ替えて、七回も八回も**転倒**すると考えると、わかりやすい。誤シチテンハットウ。

10 一日《イチジツ》(＝二十四時間)が千年かと思うほど長く感じられるということ。千秋《センシュウ》は、とても長い年月。**秋**は、年。誤イチニチセンシュウ。

11 神出《シンシュツ》は、人知を超えた存在のように現れる。鬼没《キボツ》は、幽霊のように見えなくなる。❗**出**と鬼の順序を入れ替えて、神や鬼のように**出没**すると考えると、わかりやすい。

12 **平**身《ヘイシン》は、体をぺしゃんこにする。はいつくばる。**低**頭《テイトウ》は、こうべを垂れる。参三拝九拝《サンバイキュウハイ》(＝非常な敬意を表す)。

13 二**束**《ニソク》は、あれとこれをまとめて。**束**は、訓「**たば・ねる**」。三**文**《サンモン》は、安い値段のたとえ。**文**は、昔の貨幣の単位。❗二**足**三**文**と書いても可。

14 雲**散**《ウンサン》も霧**消**《ムショウ》も、きれいになくなる。❗**散**と霧の順序を入れ替えて、雲や霧のように**散**って**消**えると考えると、わかりやすい。

15 本来、音楽に関することば。同**工**《ドウコウ》は、一緒の技術。この場合の**工**は、作曲技術や演奏技術。異**曲**《イキョク》は、違う音楽作品。

16 **徹**頭《テットウ》は、最初から貫く。**徹**尾《テツビ》は、最後まで貫く。**徹**は、端まで行き着く。類終始一貫《シュウシイッカン》・首尾一貫《シュビイッカン》(＝最初から最後まで同じ調子で)。

第6章

6章 四字熟語⑥（穴埋め）

□ 01 人気俳優のスキャンダルが、世間の□象□象の輩の関心を集める。
不特定多数の人々

有・無

□ 02 家電製品の見本市を見て、技術の世界は□進□歩だと実感する。
次々と新しいものが生まれているようす

日・月

□ 03 王手をかけられた棋士が、逆転を狙って起□回□の一手を繰り出す。
絶望的な状況を、希望の持てる状況に変えること

死・生

□ 04 殺人の容疑をかけられたが、アリバイが確認されて□天□日の身となる。
とがめられる点がないこと

青・白

□ 05 私はあの人のことがまだ好きなのだろうか、と自□自□する。
本人が本人に向かい尋ねては返事をすること

問・答

□ 06 高校生活最後のコンサートなので、全□全□を込めて演奏する。
肉体と精神のあらゆる力

身・霊

□ 07 数学の難問を解こうと、腕組みをして沈□黙□する。
静かな状態で頭を使うこと

思・考

□ 08 週一日でも働かせてくれるアルバイト先を探し、□奔□走する。
あちこち忙しく動き回ること

東・西

01 形のあるものもないものも⇩素性のはっきりしている人もそうでない人も。有象《ウゾウ》は、形のあるもの。無象《ムゾウ》は形のないもの。**象**は、目に見える形。「象形《ショウケイ》文字」。

02 日進《ニッシン》も月歩《ゲッポ》も、次々に新しくなる。❗**進**と月の順序を入れ替えて、日ごと月ごとに**進歩**すると考えると、わかりやすい。

03 **起**死《キシ》は、命を絶たれそうな状況から立ち上がる。**起**は、行動を始める。「起業《キギョウ》」「発起人《ホッキニン》」。**回**生《カイセイ》は、命を保てる状態に戻る。**回**は、向きを変える。「今年を回顧《カイコ》する」。

04 暗い部分がまったくない⇩やましい点がまったくない。青**天**《セイテン》は、雲一つない昼間の空。白**日**《ハクジツ》は、明るく輝く太陽。誤 ×晴天白日。

05 **自**問《ジモン》は、本人が本人に尋ねる。**自**答《ジトウ》は、本人が本人に返事をする。❗「**自**《みずか》ら問答する」ことを漢字四文字にした表現。

06 **全**身《ゼンシン》は、肉体的に残らず。**全**霊《ゼンレイ》は、精神的に残らず。霊は、魂。精神。

07 **沈**思《チンシ》も**黙**考《モッコウ》も、静かな状態で頭を使う。**沈**は、静かになる。「騒動が沈静化《チンセイカ》する」。❗思と**黙**の順序を入れ替えて、**沈黙**して思考するととらえるとわかりやすい。

08 東**奔**《トウホン》は、日が昇る方角へ勢いよく進む。西**走**《セイソウ》は、日が沈む方角へ速く進む。❗**奔**と西の順序を入れ替えて、東西に**奔走**すると考えると、わかりやすい。

□ **09** 勉強が最優先の今、趣味にはまって**酔**□**夢**□していてはいけない。
現実から逃避して暮らすようす
生・死

□ **10** 現職の首相が逮捕されるという、**驚**□**動**□の大事件。
世の中を非常にびっくりさせるようす
天・地

□ **11** 少しでも気を抜くとライバルに蹴落とされてしまう、□**肉**□**食**の世界。
力のない者が力のある者に打ち負かされること
弱・強

□ **12** 季節、時刻、天候などに応じて、山の風景は**千**□**万**□する。
さまざまな状態になるようす
変・化

□ **13** 店によって違いはあるが、どれもハンバーグだという点では**大**□**小**□だ。
細かい違いはあるが、だいたい一緒であること
同・異

□ **14** 幼いころから夢や悩みを語り合ってきた、**唯**□**無**□の親友。
他に代わりになるものがないこと
一・二

□ **15** 組織の雰囲気を引き締めるためには、**信**□**必**□を徹底すべきだ。
明確な規準に従って、ほめたり怒ったりすること
賞・罰

□ **16** 家庭でも職場でもトラブル続きで、まさに□**憂**□**患**の状態だ。
中の関係でも他との関係でも問題を抱えること
内・外

09 **酔**生《スイセイ》も**夢**死《ムシ》も、現実離れした暮らし方のたとえ。❗生と**夢**の順序を入れ替えて、**酔**って見る**夢**の中で生き死にすると考えると、わかりやすい。

10 **驚**天《キョウテン》の**驚**は、訓「**おどろ・かせる**」。**動**地《ドウチ》の**動**は、揺さぶる。❗天と**動**の順序を入れ替えて、天地を**驚**かせて**動**かすと考えるとわかりやすい。

11 弱い者の**肉**体が強い者の**食**料になるということ。弱**肉**《ジャクニク》は、力の劣る動物の体。強**食**《キョウショク》は、力の勝る動物の餌。

12 **千**変《センペン》も**万**化《バンカ》も、非常に多くの状態になること。❗変と**万**の順序を入れ替えて、**千万**もの変化をすると考えると、わかりやすい。誤センベンマンケ。

13 **大**同《ダイドウ》は、ざっくり見れば一緒である。**小**異《ショウイ》は、細かく見れば違う。❗普通、**大**同の方に重点を置いて使われる。

14 **唯**一《ユイツ》は、それしかない。**唯**は、ただそれだけ。**無**二《ムニ》は、似たものや代わりになるものがない。

15 **信**賞《シンショウ》は、ほめる規準をはっきりさせる。**信**は、疑いがない。**必**罰《ヒツバツ》は、悪い行いにはきちんとペナルティを科す。

16 内**憂**《ナイユウ》は、ある集団などの中での心配ごと。**憂**は、訓「**うれ・える**」。心配する。外**患**《ガイカン》は、他の集団などとの関係上のもめごと。**患**は、心の悩みや体の不具合。

6章 四字熟語⑦（読み）

□ 01 誰に尋ねても、「そんなものは見たことがない」と**異口同音**に答える。
複数の人の言うことが一致するようす
いく どうおん

□ 02 日本古来の宗教では、この世の中の**森羅万象**に神が宿ると考える。
あらゆる存在とあらゆるできごと
しんら ばんしょう

□ 03 道幅いっぱいに広がって歩いている、**傍若無人**な高校生のグループ。
まわりの迷惑を気にしないようす
ぼうじゃく ぶじん

□ 04 無駄遣いをした結果、お金が足りなくて困るのは、**自業自得**だ。
悪事の結果が本人に返ってくること
じごう じとく

□ 05 学校の改革に、教職員と生徒と保護者が**三位一体**となって取り組む。
あれとこれとそれが緊密に結び付くこと
さんみ いったい

□ 06 中学生が大人たちを抑えて優勝するなんて、**前代未聞**だ。
これまでに耳にしたことがないこと
ぜんだい みもん

□ 07 辞書を作るのには長い時間がかかる。**一朝一夕**にできるものではない。
短い期間
いっちょう いっせき

□ 08 長年の夢だった金メダルを獲得し、**大願成就**の喜びに浸る。
実現へのハードルが高い希望が、現実になる
たいがん じょうじゅ

01 **異口**は、別々の人が話すこと。**同音**は、ことばが一致すること。誤イコウドウオン。

02 **森羅**は、多くの存在。**森**は、多くのもの。**羅**は、並んで存在する。「羅列《ラレツ》」。**万象**は、あらゆるできごと。**象**は、感じ取れるもの。「現象《ゲンショウ》」。誤シンラマンゾウ。

03 漢文で「**傍**《かたわ》らに**人**《ひと》**無**《な》きが**若**《ごと》し」と読み、まるで近くに人がいないかのようだという意味。**若**は、○○のようだ。誤ボウニャクムジン。

04 **業**は、仏教で、来世で報いを受けるような行い。**自得**は、報いを本人が受ける。誤ジギョウジトク。

05 本来、キリスト教の用語。**三位**は、神と、その子イエスと、個々人に宿る聖霊。**位**は、霊的な存在。「位牌《イハイ》」。**一体**は、本来は同じものであること。誤サンイイッタイ。

06 **代**は、ある期間。「時代《ジダイ》」「十代《ジュウダイ》の悩み」。**未聞**の**未**は、まだ○○していない。「未定《ミテイ》」「未知《ミチ》」。誤ゼンダイミブン。

07 **一朝**は、ある日の明け方。**一夕**は、ある日の暮れ方。[!] **一朝**も**一夕**も、短い時間の代表。誤イッチョウイチゆう。

08 **大願**は、たいへんだけれど実現したいと思っていたこと。**成就**は、実現する。**成**は、作り上げる。「完成《カンセイ》」。**就**は、安定した状態になる。「就職《シュウショク》」。誤ダイガンセイシュウ。

□ 09 彼らの要求は理不尽だから、それを**唯唯諾諾**と受け入れてはいけない。
相手の言うことに「はいはい」と従うようす
いいだくだく

□ 10 緑豊かな森が住宅地になったのを知り、**有為転変**の激しさに驚かされる。
あらゆるものが違う状態になっていくこと
ういてんぺん

□ 11 誰でも楽しめるこの公園は、週末になると**老若男女**でにぎわう。
年齢・性別を問わないさまざまな人々
ろうにゃくなんにょ

□ 12 健康だった人が急に亡くなったと聞き、**諸行無常**の思いを強くする。
すべては移り変わり、永遠には続かないということ
しょぎょうむじょう

□ 13 まわりのみんなが大慌てする中、一人、**泰然自若**として読書を続ける。
ゆったりとして動じないようす
たいぜんじじゃく

□ 14 連立政権への参加をめぐり、いくつもの政党が**合従連衡**を繰り返す。
さまざまな勢力が、結び付いたり離れたりすること
がっしょうれんこう

□ 15 生演奏が聴けるコンサートは、演奏者と聴衆の**一期一会**の場だ。
人生でその時だけの貴重な顔合わせ
いちごいちえ

□ 16 会社が倒産するかもしれない、という**危急存亡**の瀬戸際に立たされる。
組織や集団が消滅しかねない、差し迫った状態
ききゅうそんぼう

09 この場合の**唯**は、「はい」と返事する。**諾**は、受け入れる。「承諾《ショウダク》」「受諾《ジュダク》」。❗**唯々諾々**と書いても可だが、書き取りでは**々**は使わない方が無難。誤ユイユイダクダク。

10 **有為**は、仏教で、この世のすべてのものごと。**転変**は、元の状態にとどまらず違う状態になる。**転**は、向きを変える。「方向転換《テンカン》」。誤ユウイテンペン。

11 **老若**は、年を取った人もそうでない人も。年齢に関係なく。**男女**は、性別に関係なく。誤ロウジャクダンジョ。

12 **諸行**は、移り変わっていくあらゆるものごと。**諸**は、いろいろな。**行**は、移り変わる。**無常**は、一定していない。永遠ではない。誤ショコウムジョウ。

13 **泰**は、ゆったりしている。「安泰《アンタイ》」。**自若**は、我を忘れることがない。**自**は、己を保つ。**若**は、○○するようす。誤タイゼンジニャク。

14 **合従**は、南北に並んだ勢力が結び付く。**従**は、縦(地図上の南北)。**連衡**は、東西に並んだ勢力が結び付く。**衡**は、横(地図上の東西)。誤ゴウジュウレンコウ。

15 **一期**は、本来、ある区切られた時間。終わりのある時間⇩生涯。**会**は、顔を合わせる。誤イッキイッカイ。

16 **危急**は、今にも困ったことになりそうな。**急**は、差し迫った。「緊急《キンキュウ》速報」。**存亡**は、続けられるか終わりになるか。「存続《ソンゾク》か滅亡《メツボウ》か」。誤キキュウゾンボウ。

第6章

6章 四字熟語⑧（読み）

□ 01 汚職事件がきっかけとなり、官僚の**綱紀粛正**の必要性が話題となる。
規律を引き締めること

□ 02 気になる相手を自分の方に振り向かせるために、**手練手管**の限りを尽くす。
うまく操る方法

□ 03 一流大学を卒業して一流企業で働くという、**順風満帆**な人生。
ものごとが何の妨げもなく進むようす

□ 04 主人公がさまざまな困難を乗り越えていく、**波乱万丈**の物語。
浮き沈みの差が大きいようす

□ 05 仲間のがんばりで全国大会に連れていってもらおう、と**他力本願**な考えを抱く。
自分は努力せずに目標の達成を望むこと

□ 06 従来品をベースにしつつ新しい挑戦もできる、**不易流行**が我が社の強みだ。
変わらないものと変わっていくものを融合させること

□ 07 久しぶりに休みが取れたので、どこかへ**物見遊山**に出かけよう。
行楽地などに出かけること

□ 08 相手の言うことに集中して耳を傾け、**片言隻句**も聞き逃さない。
ほんのちょっとしたことば

01 こうきしゅくせい
02 てれんてくだ
03 じゅんぷうまんぱん
04 はらんばんじょう
05 たりきほんがん
06 ふえきりゅうこう
07 ものみゆさん
08 へんげんせっく

01 **綱紀**は、本来、太いロープと細いロープ⇩基本になる法律と細かい規則。**粛正**は、引き締めてあるべき状態にする。**粛**は、気を引き締める。「厳粛《ゲンシュク》」。誤コウキシュクショウ。

02 語源は未詳だが、**手練**も**手管**も、人を操る方法。**手**は、方法。「その手《て》があったか」。誤シュレンシュカン。

03 **順風**は、船が進む方向に向けて吹く空気の流れ。**満帆**は、船を進ませるために掲げる大きな布が、いっぱいにふくらむ。誤ジュンプウマンぽ。

04 **波乱**は、安定しない水面。**万丈**は、落差の激しさをいう。**丈**は、昔の長さの単位で、一**丈**は約三メートル。！波瀾万丈とも書くが、瀾は常用漢字外。誤ハランマンジョウ。

05 **他力**は、自分以外のもののおかげ。**本願**は、とても重要な望み。！本来は、仏教で、阿弥陀如来《アミダニョライ》によって救われたいと望むこと。誤タリョクホンガン。

06 **不易**は、変化しない。**易**は、変化する。「易者《エキシャ》（＝運命の変化を占う人）」。誤フイリュウコウ。

07 **物見**は、何かを目にする。**遊山**は、森や林などに出かける。**遊**は、自由に動き回る。「宇宙遊泳《ユウエイ》」。誤ものみユウサン。

08 **片言**は、まとまりのないことば。**片**は、かけら。**隻句**は、たった一つのことば。**隻**は、連れ立つものがない。！ヘンゲンセキクと読んでも可。誤ヘンゴンセキク。

□ 09 君はすぐにかっとなるからいけない。**隠忍自重**することが大切だ。
感情に流されず、軽率な行動を取らないこと
いんにんじちょう

□ 10 子どもに先立たれるのはつらいが、**老少不定**だからしかたがない。
年の順に死ぬとは限らないということ
ろうしょうふじょう

□ 11 同じメンバーで続けるとマンネリ化するので、**新陳代謝**を行う。
元からあるものを今までにないものと入れ替えること
しんちんたいしゃ

□ 12 昔は仲が良かった仲間たちも、今では**四分五裂**の状態だ。
ばらばらになるようす
しぶんごれつ

□ 13 同じ学校の生徒でも生い立ちはさまざまだし、好みも**十人十色**だ。
それぞれ個性があって異なるということ
じゅうにんといろ

□ 14 怠けているのを先生に叱られて**一念発起**、猛勉強して大学を目指す。
何かを始めようという強い決意を抱くこと
いちねんほっき

□ 15 大いに期待された新政策も、たいした効果は上がらず**竜頭蛇尾**に終わった。
最初は勢いがいいが、最後は勢いがなくなること
りゅうとうだび

□ 16 急に倒れてから意識が戻るまで、丸三日間、**人事不省**だった。
まわりで起こっていることが認識できない状態
じんじふせい

09 **隠忍**は、感情を抑えて我慢する。**隠**は、感情を表に出さない。**忍**は、我慢する。「忍耐《ニンタイ》」。**自重**は、軽々しい行動を慎む。誤 イソニンジジュウ。

10 年寄りが若者よりも先に死ぬとは限らないということ。**少**は、若い。**不定**は、決まっていない。そうとは限らない。誤 ロウショウフテイ。

11 **陳**は、古くさい。「陳腐《チンプ》な表現」。**代謝**は、入れ替える。この場合の**謝**は、古いものを取り去る。誤 シンチンダイシャ。

12 **四分**も**五裂**も、ばらばらになる。❗ **分**と**五**の順序を入れ替えて、**四**つや**五**つに**分裂**すると考えると、わかりやすい。誤 シブゴレツ。

13 **十人**いれば、同じことに対しても**十**通りの態度があるということ。この場合の**色**は、態度。「不満の色《いろ》を見せる」。誤 ジュウニンジュッショク。

14 **一念**は、ある強い思い。**発起**は、ある活動を始める。「イベントの発起人《ホッキニン》」。誤 イチネンハッキ。

15 **頭**は**竜**のように立派だったが、**尾**は**蛇**程度のものだったということ。❗ リョウトウダビと読んでも可。誤 リュウトウジャビ。

16 **人事**は、世間のできごと⇩まわりで起きていること。**不省**は、認識しない。**省**は、気をつけて見る。「帰省《キセイ》(＝本来、帰って親のようすを気をつけて見る)」。誤 ジンジフショウ。

第6章

索引

本書で問題として取り扱った語を五十音順に並べて読み方を掲げ、掲載ページと問題番号を記した。

第6章「慣用的な表現」については、末尾にまとめた。

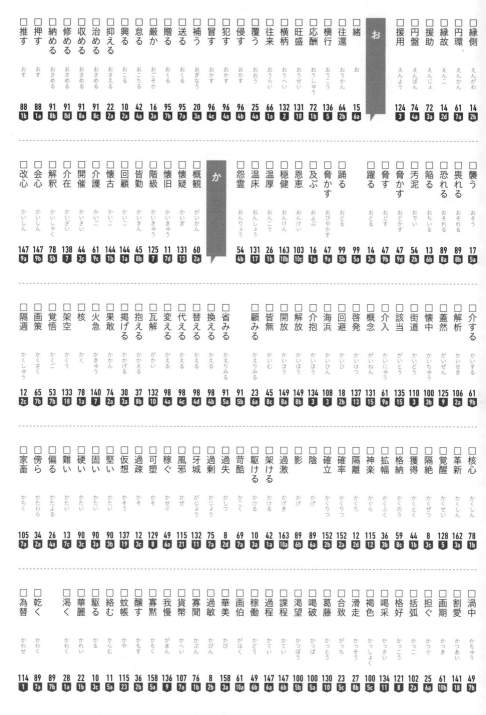

き

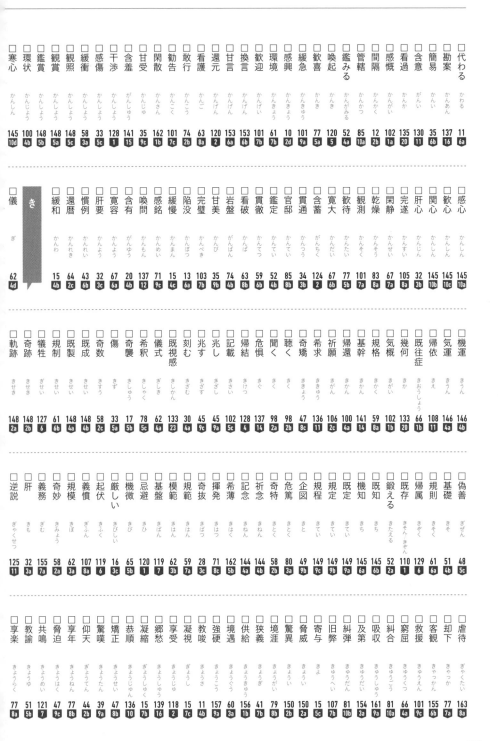

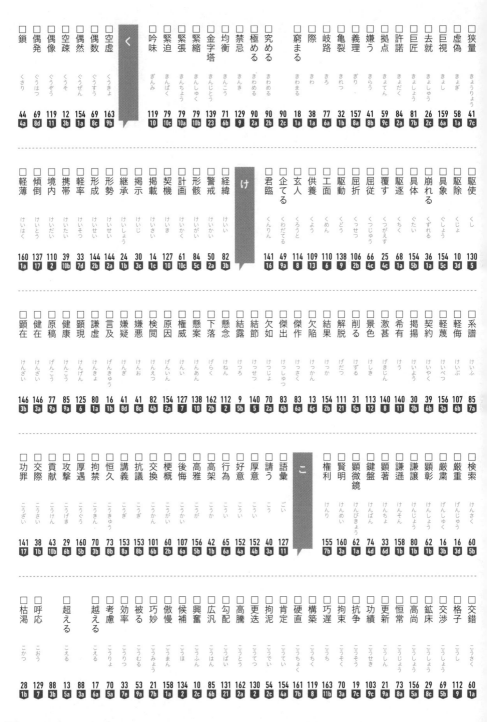

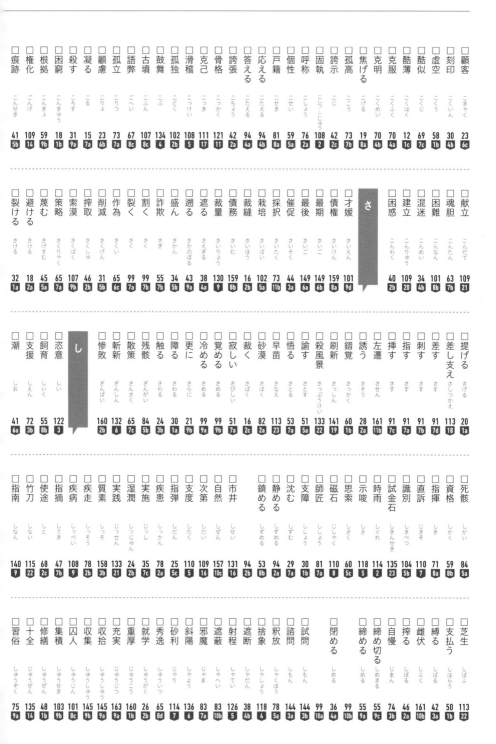

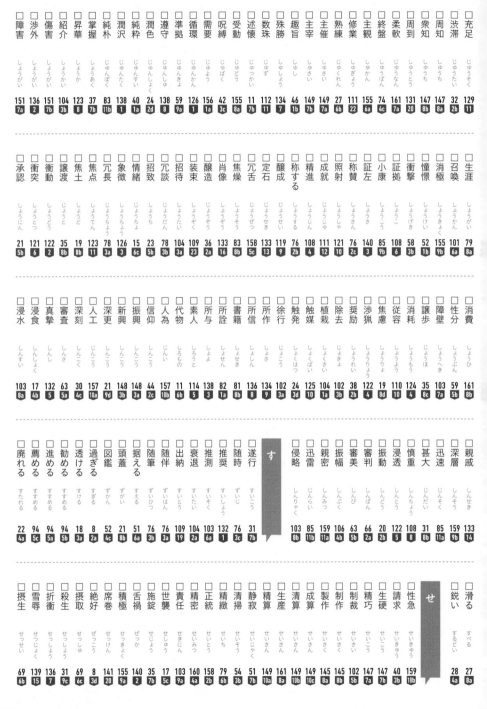

す

せ

□拙速	せっそく	163	11a
□絶対	ぜったい	156	2b
□折衷	せっちゅう	84	4b
□切迫	せっぱく	19	6c
□折半	せっぱん	138	2
□絶望	ぜつぼう	8	3b
□絶妙	ぜつみょう	68	4a
□摂理	せつり	69	6a
□狭い	せまい	41	7a
□迫る	せまる	19	6a
□攻める	せめる	94	3b
□責める	せめる	94	3a
□繊維	せんい	75	5a
□戦渦	せんか	150	5b
□戦火	せんか	150	5c
□戦禍	せんか	150	5a
□旋回	せんかい	73	9a
□先駆	せんく	10	3b
□遷宮	せんぐう	75	8a
□善後策	ぜんごさく	141	21
□繊細	せんさい	75	5b
□潜在	せんざい	17	7d
□詮索	せんさく	82	1b
□漸次	ぜんじ	78	4a
□漸進	ぜんしん	78	4b
□潜水	せんすい	17	7a
□選択	せんたく	73	11a
□前兆	ぜんちょう	45	9b
□前途	ぜんと	68	2a
□浅薄	せんぱく	12	1b
□選抜	せんばつ	28	3b
□専用	せんよう	103	10a
□戦慄	せんりつ	139	14
□旋律	せんりつ	73	9b
□鮮烈	せんれつ	74	1b
□洗練	せんれん	27	6c

そ

□粗悪	そあく	8	1b
□沿う	そう	88	4a
□添う	そう	88	4b
□憎悪	ぞうお	8	1c
□雑巾	ぞうきん	110	11
□遭遇	そうぐう	46	4b
□宗家	そうけ	111	18
□総合	そうごう	163	6a
□荘厳	そうごん	108	7
□相殺	そうさい	31	9d
□捜索	そうさく	60	5a
□掃除	そうじ	109	22
□喪失	そうしつ	45	7b
□増殖	ぞうしょく	104	1b
□壮絶	そうぜつ	75	6b
□創造	そうぞう	157	6b
□相対	そうたい	156	2a
□荘重	そうちょう	84	3b
□贈呈	ぞうてい	67	9c
□遭難	そうなん	13	7d
□挿入	そうにゅう	162	4a
□壮年	そうねん	75	6a
□造反	ぞうはん	139	20
□増幅	ぞうふく	36	3c
□相貌	そうぼう	79	7b
□添える	そえる	37	6a
□疎遠	そえん	159	11b
□疎外	そがい	152	3b
□阻害	そがい	152	3a
□訴求	そきゅう	139	17
□即位	そくい	63	9d
□促進	そくしん	139	12
□即する	そくする	63	9c
□即物	そくぶつ	63	9b
□狙撃	そげき	53	6b
□粗雑	そざつ	160	4b
□阻止	そし	31	6b
□組織	そしき	104	5a
□訴訟	そしょう	21	6b
□遡上	そじょう	43	9b
□租税	そぜい	135	19
□唆す	そそのかす	11	4a
□育つ	そだつ	55	8a
□措置	そち	131	19
□疎通	そつう	12	3d
□即効	そっこう	63	9a
□率先	そっせん	163	7b
□率直	そっちょく	33	7c
□供える	そなえる	97	7b
□備える	そなえる	97	7a
□素朴	そぼく	83	11a
□粗末	そまつ	23	8b
□粗野	そや	23	8c
□損害	そんがい	155	10d
□尊敬	そんけい	156	3b
□損失	そんしつ	155	10c

た

□代価	だいか	11	6c
□待遇	たいぐう	60	3b
□退屈	たいくつ	66	4b
□滞在	たいざい	32	2c
□対照	たいしょう	151	9b
□対称	たいしょう	151	9a
□対象	たいしょう	151	9c
□代償	だいしょう	139	18
□体制	たいせい	147	10d
□体勢	たいせい	147	10a
□態勢	たいせい	147	10b
□大勢	たいせい	147	10c
□堆積	たいせき	103	6b
□泰然	たいぜん	80	2b
□怠惰	たいだ	73	10a
□代替	だいたい	43	8b
□台頭	たいとう	138	4
□退廃	たいはい	22	4c
□逮捕	たいほ	50	3e
□怠慢	たいまん	42	4c
□貸与	たいよ	15	5b
□倒す	たおす	10	1a
□多寡	たか	76	1a
□妥協	だきょう	80	5b
□抱く	だく	37	8a
□卓越	たくえつ	17	6c
□託児所	たくじしょ	82	5c
□託する	たくする	82	5b
□託宣	たくせん	82	5a
□諾否	だくひ	84	2b
□巧み	たくみ	21	7a
□蓄える	たくわえる	18	4a
□妥結	だけつ	80	5c
□山車	だし	114	10
□携える	たずさえる	39	10a
□尋ねる	たずねる	93	9a
□訪ねる	たずねる	93	9b
□惰性	だせい	73	10b
□戦う	たたかう	96	1a
□闘う	たたかう	96	1b
□立ち退く	たちのく	113	19
□裁つ	たつ	16	2a
		96	2c
□絶つ	たつ	8	3a
		96	2b
□断つ	たつ	96	2a
□奉る	たてまつる	46	3a
□妥当	だとう	80	5a
□足袋	たび	114	3
□多弁	たべん	158	5b
□弾	たま	25	5a
□黙る	だまる	23	7a
□矯める	ためる	47	8a
□堕落	だらく	105	6a
□担架	たんか	25	6b
□弾劾	だんがい	131	14
□単純	たんじゅん	158	4b
□端整	たんせい	9	6e
□端緒	たんちょ	15	6b
□端的	たんてき	124	5
□丹念	たんねん	130	4

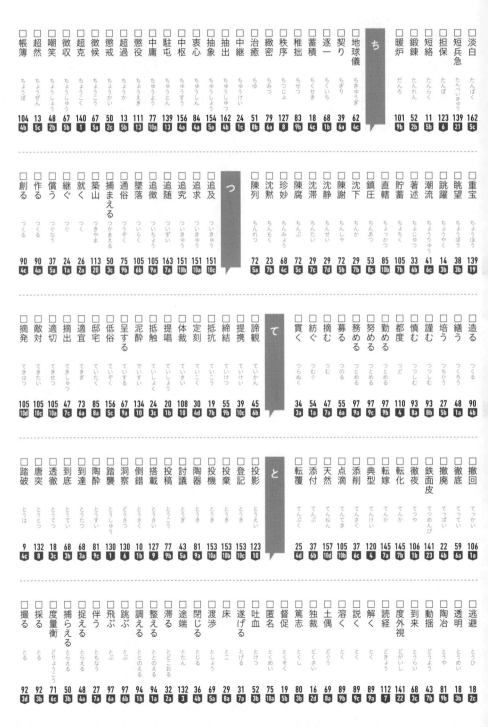

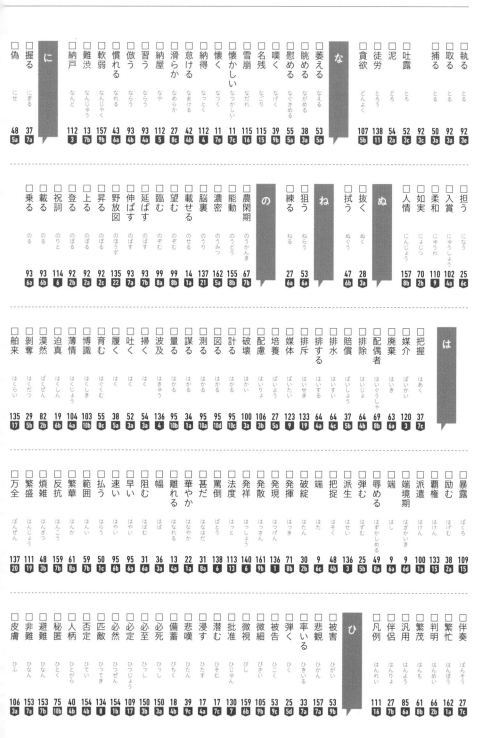

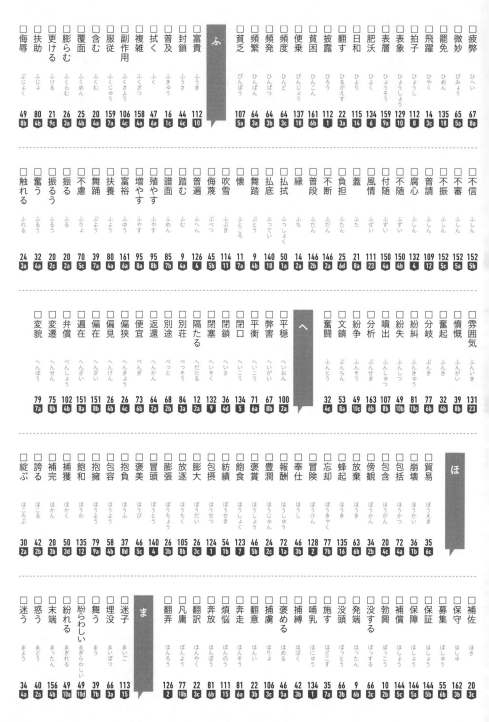

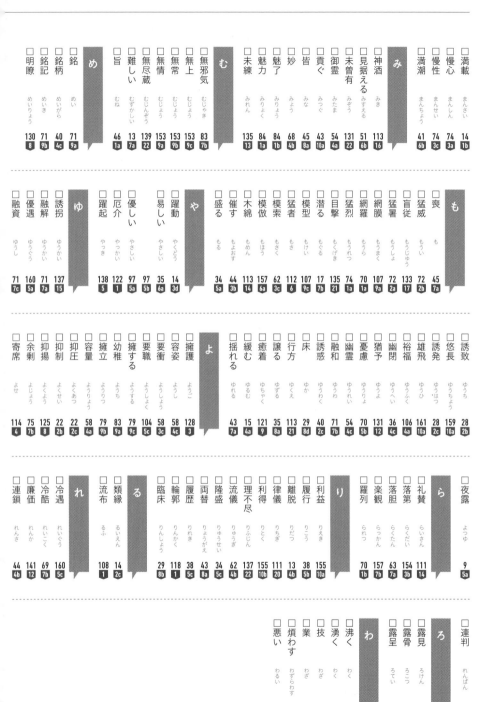

第6章 慣用的な表現

あ〜お

か〜こ

円満字二郎（えんまんじ・じろう）

1967年生まれ。大学卒業後、出版社で国語教科書や漢和辞典などの編集を担当。2008年に独立。現在は、ライターとして漢字に関する辞書やエッセイなどを執筆するほか、東京や名古屋のカルチャーセンターで漢字に関する講座を持つ。著書に、『語彙力をつける 入試漢字2600』（筑摩書房）、『漢字が日本語になるまで』（ちくまQブックス）、『漢字ときあかし辞典』『部首ときあかし辞典』『漢字の使い分けときあかし辞典』『四字熟語ときあかし辞典』（以上、研究社）、『漢字の動物苑 鳥・虫・けものと季節のうつろい』（岩波書店）など多数。

装幀／坂本弓華（株式会社dig）
イラスト／大野文彰

高校生《こうこうせい》のための 語彙《ごい》＋漢字《ぷらすかんじ》 2000

2023年10月20日　初版第1刷発行

著者　円満字二郎（えんまんじ・じろう）
発行者　喜入冬子
発行所　株式会社　筑摩書房
東京都台東区蔵前2-5-3　〒111-8755
電話 03-5687-2601（代表）
印刷・製本　TOPPAN株式会社

ISBN 978-4-480-91103-2 C7081